Operatives Marketing
kompakt

Verkaufsplanung & Distribution

Die Lösungen finden Sie unter www.klv.ch beim jeweiligen Produkt.

Markus Bittmann

Eugen Renner

Markus Bittmann
wurde 1967 in Arbon geboren und ist nun seit über 30 Jahren in den Bereichen Verkauf und Führung tätig. Nach einer kaufmännischen Grundausbildung nahm er die Stufen im Verkauf/Führung step by step; Speditionsleiter Industrie, Arbeitsaufenthalt in Australien/USA, Leiter Verkauf-Innendienst, Verkaufsleiter Maschinenbau, Marketingleiter Lebensmittel-Industrie, Regionenleiter Versicherungen, CEO Maschinenbau und Direktor im Gesundheitswesen (Akutspital, Pflegeinstitutionen). Das gemeinsame Erreichen von Zielen stand und steht dabei im Vordergrund. Stetige persönliche Weiterbildung (u. a. Marketingplaner, eidg. dipl. Verkaufsleiter, Dozent HF) motiviert ihn nun seit 14 Jahren, selbst als Dozent HF, Prüfungsexperte eidg. dipl. VL) tätig zu sein. Der intensive Austausch mit den Studierenden und das gegenseitige Lernen voneinander machen ihm bis heute enorm Spass.

Eugen Renner
wurde 1958 in St. Gallen geboren und ist seit über 35 Jahren in den Bereichen Verkauf und Führung tätig. Nach einer Ausbildung im Maschinenbau wechselte er in den Verkauf und durchlief alle Stufen vom Aussendienst über Verkaufsleitung, CEO Bettwarenfabrik und eigener Unternehmung im Gesundheitswesen. Er lässt sich stetig weiterbilden (u. a. zum dipl. Handelsreisender, Betriebsökonom, systemischer Businesscoach) und ist bereits seit über 25 Jahren als Dozent in den Fächern BWL, Verkauf, Marketing und Leadership tätig.

© by KLV Verlag AG

Alle Rechte vorbehalten
Ohne Genehmigung des Herausgebers ist es nicht gestattet, das Buch oder Teile daraus in irgendeiner Form zu reproduzieren. Trotz intensiver Nachforschungen gelang es uns nicht in allen Fällen, die Rechteinhaber zu ermitteln. Wir bitten diese, sich mit dem Verlag in Verbindung zu setzen. Meldung bitte direkt an den Verlag per E-Mail: rechte@klv.ch oder telefonisch +41 71 845 20 10.

Layout und Cover
KLV Verlag AG, Mörschwil

1. Auflage 2017

ISBN 978-3-85612-477-9

KLV Verlag AG | Quellenstrasse 4e | 9402 Mörschwil
Telefon +41 71 845 20 10 | Fax +41 71 845 20 91
info@klv.ch | www.klv.ch

Inhaltsverzeichnis

Vorwort 10

1 Grundlagen des Verkaufs — 11

- 1.1 Aufgaben des Verkaufs 11
- 1.2 Aufgabenbereiche im Verkauf 12
- 1.3 Verkauf im Marketingsystem 13
- 1.4 Das Marktsystem (nach Kühn) 13
- 1.5 Marktpartner 15
- 1.6 Verkaufsprozess 16

Aufgaben zu Kapitel 1 18

2 Das Verkaufsplanungskonzept in der Übersicht — 19

3 Verkaufs-Situationsanalyse — 20

- 3.1 Umweltanalyse (externe Analyse) 21
- 3.2 Analyse der eigenen Unternehmung (interne Analyse) 22
- 3.3 SWOT-Analyse (Stärken-Schwächen-/Chancen-Gefahren Analyse) 22

Aufgaben zu Kapitel 3 26

4 Verkaufsziele — 27

- 4.1 Sinn & Zweck 27
- 4.2 Zielkriterien 28
- 4.3 Zieldefinition 29
- 4.4 Zielarten 29
  - 4.4.1 Absatzziele 29
  - 4.4.2 Umsatzziele 29
  - 4.4.3 Deckungsbeitragsziele 29
  - 4.4.4 Wissensziele 30
  - 4.4.5 Verhaltensziele 30
  - 4.4.6 Imageziele 30

Aufgaben zu Kapitel 4 31

5 Verkaufsstrategie — 32

- 5.1 Kundenselektion 33
  - 5.1.1 Selektion der Kundenklassen 33
  - 5.1.2 ABC-Kundenanalyse 34
  - 5.1.3 Kundenportfolio 35
    - 5.1.3.1 Cross-Selling 36
    - 5.1.3.2 Up-Selling 36
  - 5.1.4 Selektion der Kontaktpersonen beim Kunden/Buying Center ... 36

	5.2	Die Produktselektion	37
		5.2.1 Gründe für eine Produktselektion	37
		5.2.2 Durchführung einer Produktselektion	38
	5.3	Kontaktqualität	39
		5.3.1 Ausgestaltung der Kontaktqualität	40
		5.3.2 Kontaktarten/Verkaufsarten	40
		5.3.2.1 Feldverkauf	40
		5.3.2.2 Platzverkauf	41
		5.3.2.3 Unterschiede im Verkaufsprozess von Produkten	41
		5.3.3 Matrix-Kontaktqualität	41
	5.4	Kontaktquantität	42
	5.5	Kontaktperiodizität	43
	5.6	Feldgrösse	44

Aufgaben zu Kapitel 5 44

6 Primäre Verkaufsplanung 45

6.1	Umsatzplanung	45
6.2	Absatzplanung	46
6.3	Informationen für eine Umsatz- & Absatzplanung	47
	6.3.1 Markt	47
	6.3.2 Eigene Unternehmung	47
	6.3.3 Absichten der Konkurrenz	48
	6.3.4 Rahmenbedingungen	48
6.4	Die Einsatzplanung	48
	6.4.1 Streuplanung	48
	6.4.1.1 Markt	50
	6.4.1.2 Eigene Unternehmung	50
	6.4.2 Zeitplanung	51
	6.4.2.1 Planungsmethoden	52
	6.4.2.2 Kuchenprinzip	52
	6.4.2.3 Blattprinzip	53

Aufgaben zu Kapitel 6 55

7 Sekundäre Verkaufsplanung 56

7.1	Organisation	56
7.2	Personalplanung	58
	7.2.1 Selektion von Verkaufspersonen	58
	7.2.1.1 Stellenbeschreibung	59
	7.2.1.2 Das Anforderungsprofil	60
7.3	Motivation & Entlöhnung von Verkaufsmitarbeitern	63
	7.3.1 Motivationsplanung	63
	7.3.2 Entlöhnung	63
	7.3.2.1 Direkte finanzielle Anreize	64
	7.3.2.2 Nicht finanzielle Anreize	64
	7.3.2.3 Entlöhnung	65
	7.3.3 Ausbildung von Verkaufsmitarbeitern	65

		7.3.4	Planung der Verkaufshilfen	67
			7.3.4.1 Präsentationshilfeplanung	67
			7.3.4.2 Planung der Informationshilfen	67
			7.3.4.3 Planung der Transporthilfen	68

Aufgaben zu Kapitel 7 69

8 Planung der Verkaufskosten — 70

8.1	Verkaufskosten – Inhalte AD/ID	70
8.2	Kostenarten	71
	8.2.1 Beispiel DB-Rechnung	72
	8.2.2 Beispiel Verkaufskosten/Budgetstruktur	73

Aufgaben zu Kapitel 8 74

9 Verkaufskontrolle — 75

9.1	Kontrolle – Zielsetzungen	76
9.2	Kontrollprozess im Verkauf	77
9.3	Kontrollarten	78
	9.3.1 Kontrollmethoden	79
	9.3.2 Schwerpunkte der Verkaufskontrolle	79
	9.3.3 Hauptarten von Kontrollen	79
	9.3.4 Verkaufs-Kontrollplan	80
	9.3.5 Checkliste der Verkaufskontrollen	81
	9.3.6 Mögliche Instrumente für die Kontrolle	81
	9.3.7 BSC (Balanced Scorecard)	82

Aufgaben zu Kapitel 9 83

10 Verkaufsunterstützende Massnahmen — 84

10.1	Franchising	84
	10.1.1 Anwendung	84
	10.1.2 Vorteile für den Franchise-Nehmer	84
	10.1.3 Nachteile für den Franchise-Nehmer	85
	10.1.4 Vorteile für den Franchise-Geber	85
	10.1.5 Nachteile für den Franchise-Geber	85
	10.1.6 Weitere Beispiele von Unternehmen im Franchising	85
10.2	Messe- & Ausstellungskonzepte	86
	10.2.1 Die Stellung der Messen im Marketing-Mix	86
	10.2.2 Zielsetzungen	86
	10.2.3 Die Wahl der Messen	86
	10.2.4 Messebudget	87
	10.2.4.1 Kosten Vorbereitungsphase	87
	10.2.4.2 Kosten Durchführungsphase	87
	10.2.4.3 Follow-up-Phase	88
	10.2.5 Das Messe-Team	88

		10.2.6	Messe-Training	88
			10.2.6.1 Trainingskonzept	88
			10.2.6.2 Interner und externer Trainer	89
			10.2.6.3 Information und/oder Training	89
			10.2.6.4 Ergänzende Kommunikationsmassnahmen zur Messe	89
		10.2.7	Verhalten des Standpersonals/Tipps für das Messe-Team	90
		10.2.8	Aktivitäten vor der Messe	90
		10.2.9	Aktivitäten nach der Messe	90
		10.2.10	Lessons Learned	90
		10.2.11	Das Messekonzept (Checkliste)	90
	10.3	Verkaufsförderung		93
		10.3.1	Schema-Darstellung eines Verkaufsförderungskonzeptes	93
		10.3.2	Verkaufsförderungsmassnahmen	94
	10.4	Beziehungsmanagement (CRM)		96
		10.4.1	Begriff CRM	96
		10.4.2	Ziele CRM	96
		10.4.3	Massnahmen	96
	10.5	Multichannel		98
	10.6	Networking		98

Aufgaben zu Kapitel 10 100

11 Kundenbindung 101

	11.1	Grundlagen Kundenbindung		101
		11.1.1	Strategische Bedeutung der Kundenbindung im Rahmen der markt- und forschungsbezogenen Entwicklungen	101
		11.1.2	Definition Kundenbindung/Kundenbindungsmanagement	102
		11.1.3	Wirkungskette der Kundenbindung	103
		11.1.4	Typologisierung von Bindungsursachen	103
	11.2	Kundenbindung aus theoretischer Perspektive		104
		11.2.1	Kundenbindung aus sozialpsychologischer Perspektive	104
		11.2.2	Kundenbindung aus verhaltenswissenschaftlicher Perspektive	105
		11.2.3	Kundenbindung aus transaktionskostenorientierter Perspektive	105
	11.3	Kundenbindung aus strategischer Perspektive		106
		11.3.1	Kundenbindung im Zielsystem des Unternehmens	106
		11.3.2	Strategische Dimensionen des Kundenbindungsmanagements	107
	11.4	Instrumente des Kundenbindungsmanagements		108
		11.4.1	Ansatzpunkte eines isolierten Kundenbindungsmanagements	108
		11.4.2	Instrumente eines integrierten Kundenbindungsmanagements	110
	11.5	Implementierung des Kundenbindungsmanagements		112
		11.5.1	Systemorientierte Massnahmen	112
		11.5.2	Strukturelle Massnahmen	113
		11.5.3	Kulturelle Massnahmen	113
	11.6	Kontrolle des Kundenbindungsmanagements		114
		11.6.1	Bewertung der Effektivität des Kundenbindungsmanagements	114
		11.6.2	Bewertung der Effizienz des Kundenbindungsmanagements	114

12 Key-Account-Management — 116

- 12.1 Trends & Herausforderungen in der Zukunft — 116
- 12.2 Strategische Erfolgsgrundsätze — 118
- 12.3 Stellung des Key-Account-Managements in der Konzepthierarchie — 123
- 12.4 Durchbrechen der gläsernen Decke – Problemlösungen für Schlüsselkunden — 125
- 12.5 Schlüsselkunden — 126
  - 12.5.1 Eigenschaften von Schlüsselkunden — 128
  - 12.5.2 Bestimmung der Schlüsselkunden — 128
    - 12.5.2.1 Kategorisierung des Kundenstamms nach Vorjahreszahlen — 128
    - 12.5.2.2 Kundenkategorisierung nach Zukunftswerten — 129
    - 12.5.2.3 Portfolio-Methodik für die Kundenkategorisierung — 130
    - 12.5.2.4 Kategorisierung international tätiger Kunden — 132
  - 12.5.3 Das Marktsystem des Schlüsselkunden — 132
  - 12.5.4 Das Buying Center des Schlüsselkunden — 133
  - 12.5.5 Kurztest zum Key-Account-Management — 137
- 12.6 Organisatorische Eingliederung des Key-Account-Managements — 138
  - 12.6.1 KAM in funktionsorientierten Organisationen — 138
  - 12.6.2 KAM in divisionalen Organisationen — 139
  - 12.6.3 Hierarchische Eingliederung des KAM — 141
  - 12.6.4 Abgrenzung des KAM gegenüber anderen Funktionen — 142
    - 12.6.4.1 Abgrenzung zum Produktmanager — 142
    - 12.6.4.2 Abgrenzung zum Projektmanager — 143
    - 12.6.4.3 Abgrenzung zum Verkaufsleiter — 143
- 12.7 Die Person des Key-Account-Managers — 144
  - 12.7.1 Aufgaben des KAM — 144
    - 12.7.1.1 Rolle 1: Der Account-Manager als Konzeptionist und Stratege — 145
    - 12.7.1.2 Rolle 2: Der Account-Manager als interner Koordinator — 145
    - 12.7.1.3 Rolle 3: Der Account-Manager als Verkäufer, Kundenbetreuer und Berater — 146
    - 12.7.1.4 Rolle 4: Der Account-Manager als Analytiker — 146
  - 12.7.2 Anforderungen an einen KAM — 147
- 12.8 Der Accountplan — 149
  - 12.8.1 Die Bedeutung des Accountplans — 149
  - 12.8.2 Aufbau und Inhalt eines Accountplans (Account-Management-Prozess) — 149
    - 12.8.2.1 Analysephase — 150
    - 12.8.2.2 Strategieentwurf — 153
    - 12.8.2.3 Aktionsplanung — 153
    - 12.8.2.4 Realisierung — 154
    - 12.8.2.5 Erfolgskontrolle — 155

Aufgaben zu Kapitel 12 — 155

13 Exportkonzepte — 156

- 13.1 Einleitung — 156
- 13.2 Grundsatzentscheide — 156
- 13.3 Exportstrategie: Direkter oder indirekter Export — 158
  - 13.3.1 Direkter Export — 158
  - 13.3.2 Indirekter Export — 158
- 13.4 Direktvertrieb oder indirekter Vertrieb — 158
  - 13.4.1 Absatzmittler im Export — 159
  - 13.4.2 Vorgehen zur Auswahl geeigneterer Absatzmittler im Export — 160

13.4.3 Analyse der eigenen Exportprobleme 160
13.4.4 Anforderungen an Absatzmittler 161
13.4.5 Wie findet man den geeigneten Absatzmittler? 161
13.4.6 Verkaufsniederlassung/Tochterfirma im Ausland? 161
13.5 Fehler bei Erschliessung/Ausbau eines Exportmarktes 162

Aufgaben zu Kapitel 13 164

14 Distribution

14.1 Marketing 165
14.2 Definition der Distribution 166

Aufgaben zu Kapitel 14 167

15 Strategische Distribution

15.1 Absatzkanäle 168
  15.1.1 Funktionen der Distribution 168
    15.1.1.1 Eigentumsflüsse 169
    15.1.1.2 Zahlungsflüsse 169
    15.1.1.3 Informationsflüsse 170
    15.1.1.4 Absatzförderungsflüsse 170
    15.1.1.5 Unterscheidung nach der Anzahl der Stufen 171
    15.1.1.6 Unterscheidung nach dem Grad der Bindung des Vertriebs ... 173
    15.1.1.7 Unterscheidung nach dem Grad der Mobilität der Verkaufsstellen 175
15.2 Organisationsformen des Handels 176
  15.2.1 Unabhängige Detaillisten 176
  15.2.2 Angeschlossener Detailhandel 177
  15.2.3 Freiwillige Ketten 177
  15.2.4 Integrierter Handel 178
  15.2.5 Evolution von Handelsorganisationen 180
  15.2.6 Feststellen der gegebenen Beschränkungen und Festlegung der Absatzkanalziele 181
  15.2.7 Differenzierung der Absatzkanalalternativen 181
15.3 Distributionsdifferenzierung 182
15.4 Standort 183
  15.4.1 Standortwahl 183
  15.4.2 Standortfaktoren 184
  15.4.3 Standortplanung 185

Aufgaben zu Kapitel 15 189

16 Physische Distribution

16.1 Einleitung 190
16.2 Serviceniveau 191
16.3 Servicekosten 191
16.4 Kosteneinsparung durch E-Procurement in Unternehmen 192
16.5 Supply-Chain-Management 192
  16.5.1 Vertikale Distributionsstruktur 193

        16.5.2   Horizontale Distributionsstruktur 193
        16.5.3   Kostenstruktur der Distributionslogistik 193
        16.5.4   Efficient Consumer Response (ECR) 194
                  16.5.4.1   Logistikkomponenten 194
                  16.5.4.2   Milk Run 197
        16.5.5   Collaborative Planning, Forecasting and Replenishment (CPFR) 198
        16.5.6   Telematiksysteme und Strategien der Sendungsverfolgung 198
                  16.5.6.1   Tracking and Tracing 199
                  16.5.6.2   Barcoding 199
                  16.5.6.3   EAN-Codes 200
                  16.5.6.4   Radio Frequency Identification (RFID) 200
                  16.5.6.5   Global Positioning System (GPS) 201
        16.5.7   Verpackung 201
        16.5.8   Transport 202
                  16.5.8.1   Transportmittel 203
                  16.5.8.2   Transportwege 203
                  16.5.8.3   Lagerarten 203

Aufgaben zu Kapitel 16 203

17 Distributionskontrolle   204

    17.1   Distributionskennzahlen 204
            17.1.1   Gewichteter/numerischer Distributionsgrad 204
            17.1.2   Gewichteter Distributionsgrad 204
            17.1.3   Distributionsfaktor 205
            17.1.4   Out of Stock 205
            17.1.5   Share in Handlers 205
            17.1.6   Forward Stocks 206
            17.1.7   Coverfaktor 206
    17.2   Logistik-Controlling 206
            17.2.1   Beispiele für Lagerkennzahlen 206
            17.2.2   Benchmarking in der Logistik 206
                      17.2.2.1   Internes Benchmarking 207
                      17.2.2.2   Externes Benchmarking 207
                      17.2.2.3   Wettbewerbs-Benchmarking 207
                      17.2.2.4   Branchen-Benchmarking 207
    17.3   Einflussfaktoren auf die Entscheidungen der Distribution 209
            17.3.1   Distributions-Ziele 210
                      17.3.1.1   Lager 210
                      17.3.1.2   Transport 211
                      17.3.1.3   Make or Buy 211
                      17.3.1.4   Geldstrom 211

Aufgaben zu Kapitel 17 212

Anhang   213

    Literaturverzeichnis 213
    Bildquellenverzeichnis 213
    Stichwortverzeichnis 214

Vorwort

Dieses Buch dient als Lehrmittel zur Vermittlung des Grundlagenwissens in den Fächern Verkaufsplanung und Distribution. Gleichzeitig wirkt es als Nachschlagewerk, indem das Wissen von führenden Autoren zusammengetragen und aufbereitet ist. Vom niveaumässigen Level her werden die Anforderungen der HF-Lehrgänge abgedeckt.

Verkaufsplanung und Distribution sind als Teil des gesamten Themenkomplexes, dem ein Unternehmen gegenübersteht zu verstehen. Das Buch gliedert sich demnach in zwei Teile:

- Teil 1: Verkaufsplanung (Kapitel 1–13)
- Teil 2: Distribution (Kapitel 14–17)

Beide Teile sind zudem ergänzt durch Repetitionsfragen. Wir haben uns bemüht, die benutzten Quellen so präzise wie möglich wiederzugeben. Sollte doch einmal etwas übersehen worden sein, wird eine Lösung angestrebt. Wer sich weitergehend mit den Themen Verkaufsplanung und Distribution befassen möchte, sei auf das Literaturverzeichnis im Buch hingewiesen.

Die Autoren

> Die Lösungen finden Sie auf unserer Webseite **www.klv.ch** unter dem jeweiligen Produkt.

Übersicht über die Lehrmittel des Handlungsfeldes Marketing/PR

Qualitätsansprüche

KLV steht für **K**LAR • **L**ÖSUNGSORIENTIERT • **V**ERSTÄNDLICH

Bitte melden Sie sich bei uns per Mail (feedback@klv.ch) oder Telefon (+41 71 845 20 10), wenn Sie in diesem Werk Verbesserungsmöglichkeiten sehen oder Druckfehler finden. Vielen Dank.

1 Grundlagen des Verkaufs

> **Lernziele**
> Nach der Bearbeitung dieses Kapitels …
>
> - kennen Sie die Aufgabenbereiche des Verkaufs.
> - können Sie ein Unternehmen im Marktgeschehen abbilden.
> - kennen Sie die unterschiedlichen Umweltfaktoren.
> - können Sie den Verkauf in das Marketing eingliedern.
> - kennen Sie die formelle und partnerschaftliche Beziehung.
> - kennen Sie die Schritte des Verkaufsplanungskonzeptes.

1.1 Aufgaben des Verkaufs

Verkauf Allgemein

Grundsätzliche Aufgabe des Verkaufs ist es, den Kunden zu gewinnen, optimal zu betreuen und langfristig an das Unternehmen zu binden. Der Verkauf widerspiegelt beim Kunden das Unternehmen. Der Verkäufer **ist** das Unternehmen.

Verkaufen ist – wie Werbung und Verkaufsförderung – eine Marktbearbeitungsmassnahme, ein Teilaufgabenbereich und ein absatzpolitisches Instrument der Unternehmung. Die drei Aktivitäten unterscheiden sich im Wesentlichen hinsichtlich der Form und des Inhalts der damit verbundenen sozialen Prozesse. Im Zentrum steht die Person des Verkäufers, aber auch die gesamte Organisation. Viele Bereiche wie Technik, Produktion, Qualitätsmanagement etc. wurden in den letzten Jahrzenten professionell reorganisiert und neu definiert. Der Verkauf inkl. Ausbildung, Verkaufsplanung etc. wurden stiefmütterlich behandelt. Dabei ist es heute zentral, rasch neue Kunden zu gewinnen und die bestehenden langfristig und gewinnbringend an unser Unternehmen zu binden.

Heute sind Kunden sehr anspruchsvoll: Produkt- und Servicequalität sind selbstverständlich, der Verkäufer wird eher als Berater und Partner verstanden. 40 % der Aufgaben dienen dem Vertrauensaufbau, 30 % der Bedarfsanalyse, ca. 20 % der Präsentation und 10 % dem Abschluss. Die Ressourcen sind in der Regel beschränkt, d. h. wir müssen mit den gegebenen Mitteln das Maximum erreichen. Daher ist es zentral, die Mittel im Verkauf zu planen und effektiv einzusetzen. Eine klare Planung sowie eine konsequente Zielsetzung und Kontrolle sind heute überlebenswichtig.

1.2 Aufgabenbereiche im Verkauf

Der «Verkauf» ist wie beschrieben die Anlaufstelle der Unternehmung für den Kunden und das wichtigste Organ, um die Unternehmung am Leben zu halten. Somit wird dieser Abteilung zwangsläufig hohe Priorität zugewiesen.

Aufgaben Verkauf

Folgende nicht abschliessende Aufgaben gehören zwingend zur Verkaufsabteilung:

- Beschaffung von kundenrelevanten Informationen
- Beschaffung von konkurrenzrelevanten Informationen
- Klärung von Kundenbedürfnissen
- Neukundenakquisition
- Beziehungsmanagement (CRM)
- Präsentation der eigenen Unternehmung
- Präsentation der eigenen Marktleistung (Produkt)/Dienstleistung
- Reklamationsbehandlung
- Verkaufsabschlüsse
- Schulung der Kunden (z. B. techn. Produkte)
- Merchandising

Wichtig: Kundenentwicklung beachten!

Kundenentwicklung

Erstkontakt	Kunden-zufriedenheit	Kunden-loyalität	Kunden-bindung	Ökonomischer Erfolg
- Kauf - Inanspruch-nahme einer Leistung	- Bewertung durch Soll-/Ist-Vergleich	- Akzeptanz - Vertrauen - Positive Ein-stellungen	- Wiederkauf - Cross-Buying - Weiteremp-fehlung	
Phase 1	Phase 2	Phase 3	Phase 4	Phase 5

Quelle: (o.V.)

Gründe

- Trotz starkem E-Commerce schätzt der Kunde den persönlichen Kontakt.
- Märkte sind gesättigt, Wachstum in vielen Branchen nur noch langsam
- Konkurrenz nimmt massiv zu.
- USP sind keine oder eher selten vorhanden.
- Produkte/Dienstleistungen werden immer komplexer.
- Produkte sind vergleichbar, Unterschied besteht in der Dienstleistung

Verkauf ist teuer und muss effizienter und effektiver werden.

1.3 Verkauf im Marketingsystem

Um die Stellung des Verkaufs innerhalb der Unternehmung näher zu betrachten, muss vorerst der Standort des Marketings im System Unternehmung geklärt werden.

Geht man mit Weinhold (Prof. für Betriebswirtschaftslehre) einig, dass «Marketing» marktgerichtete und damit marktgerechte Unternehmungspolitik bedeutet, so haben sich die übrigen Unternehmungsfunktionen wie die Produktion, der Einkauf, die Finanzen, die Administration usw. danach auszurichten.

Der «Verkauf» kann wie folgt in das System Marketing eingegliedert werden:

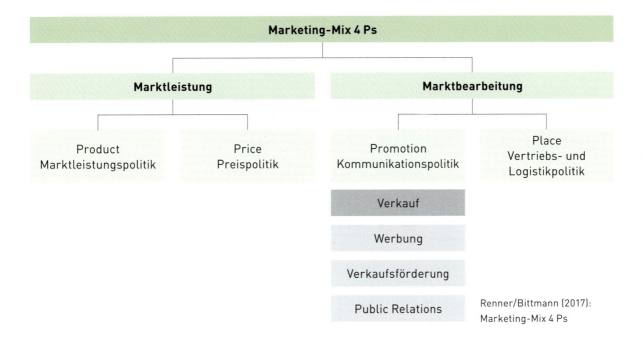

Renner/Bittmann (2017): Marketing-Mix 4 Ps

1.4 Das Marktsystem (nach Kühn)

Beim Marktsystem geht es vorerst darum, den Markt klar zu definieren und abzugrenzen. Dabei wird die Struktur des Marktes erfasst und dargestellt. Es ist sinnvoll, das Marktgeschehen als System aufzufassen bzw. aufzuzeichnen. Dies macht es leichter, das komplexe Netz von Beziehungen zwischen den verschiedenen Elementen zu ordnen und die Zusammenhänge logisch zu begreifen.

Marktsystem

Die abgebildete Marktstruktur ist als Beispiel zu verstehen und kann in der Praxis je nach analysiertem Markt stark variieren. Speziell das Element «Zwischenhandel» wird sich in gewissen Märkten wesentlich komplexer darstellen; in anderen Märkten kann dieses Element auch ganz wegfallen.

Das Systemschema ist ebenfalls für die einzelnen Analyseschritte von grosser Bedeutung und wird in der gesamten Situationsanalyse als Leitfaden genutzt.

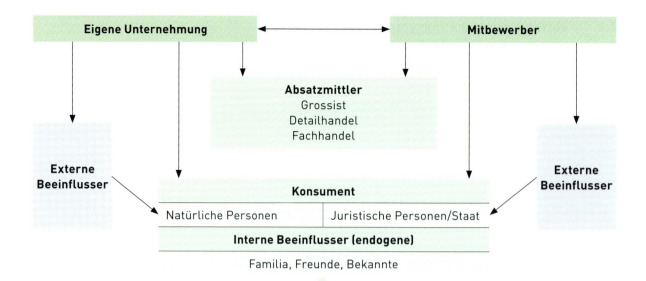

Renner/Bittmann (2017): STÖÖPFR

Interne Beeinflusser bei juristischen Personen sind Mitarbeitende, Buying Center, z. B. Einkäufer, Produktionsleiter, Marketingleiter.

		Umweltfaktoren
Sozial	Kaufverhalten, Einstellung, Gesellschaft	
Technologisch	Entwicklungen, Substitutionsprodukte	
Ökologisch	Anspruch der Gesellschaft, Auflagen	
Ökonomisch	Anforderungen Shareholder, Rentabilität	
Politik	Rahmenbedingungen	
Finanzen	Kapital, ROI, Geldmarkt	
Recht	Wirtschaftsrecht, Auflagen, Personalrecht etc.	

1.5 Marktpartner

Die Unternehmung steht in ihrem Markt verschiedenen Partnern gegenüber, mit denen indirekt alle mit dem Verkauf in irgendeiner Beziehung stehen.

Die Abbildung zeigt diese Aussenbeziehungen einer Unternehmung zu den verschiedenen Marktpartnern:

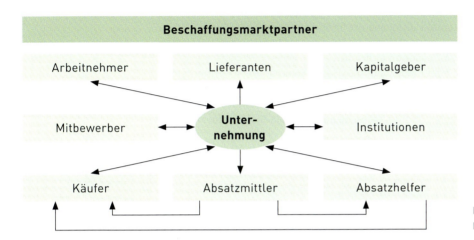

Renner/Bittmann (2017): Marktpartner

Absatzmarktpartner
In einer direkten Beziehung zum Verkauf stehen vor allem die nachstehenden Marktpartner:

Arbeitnehmer
Dabei steht die Rekrutierung des geeigneten Verkaufspersonals für den Innen- und Aussendienst im Vordergrund. Es wird immer schwieriger, mehrsprachige Mitarbeitende (ausser Englisch) für die Marktbearbeitung Schweiz zu finden.

Mitbewerber (Oligopol/Polypol)
Abgesehen von Monopolisten sieht sich der Verkauf in seinem Markt den Anstrengungen der Konkurrenz ausgesetzt und hat die Zusatzaufgabe, die gegenwärtigen Aktivitäten der Konkurrenz zu beobachten und mögliche Reaktionen auf die eigene Strategie zu beachten.

Monopol bedeutet einen Anbieter oder Abnehmer, Oligopol wenige und Polypol viele.

Absatzmittler (Händler)
Unter Absatzmittlern sind sämtliche Stufen des Handels zu betrachten, die oftmals auch die Produkte von Konkurrenten in ihrer Verkaufspalette führen. Die Schweiz hat die Eigenheit, dass im Detailhandel die Branchenführer Coop und Migros weit über 70 % des Markvolumens abdecken.

Absatzhelfer (interner und externer Beeinflusser)
Als Absatzhelfer bezeichnet man Personen, die ohne kommerzielles Interesse am Absatz eines bestimmten Produktes dessen Absatz fördern, z. B. Zahnärzte für bestimmte Zahnpasten.

Käufer, Verwender, Eigentümer
Oftmals sind diese genannten Absatzpartner in einer Person vereint, oft aber auch getrennt, so beispielsweise beim Geschenkkauf oder beim Einkauf für Unternehmungen. Oder welches Baby kauft seine Windeln selbst?

Der Verkauf hat den Vorteil, dass er, im Gegensatz zur Werbung oder zur Verkaufsförderung, gezielt und **ohne** Streuverlust die richtigen Absatzpartner auswählen und bearbeiten kann, indem er

- jeden einzelnen Kundenkontakt gezielt plant.
- jeden einzelnen Kundenkontakt differenziert gestaltet (Argumentation).
- sich auf die besonders kostengünstigen Kontakte konzentriert.
- Kontakte mit ungeeigneten Personen abbricht.
- Kontakte mit ungewollten oder inkompetenten Gesprächspartnern vermeidet.

Entgegen der weitläufigen Meinung, dass nur «warme» Besuche Erfolg bringen, zeigen oftmals auch Kaltbesuche Erfolge, wenn es auch nur die Kontaktdaten der Bezugsperson sind.

Markt
Wir unterscheiden folgende Begriffe:

- Gesamtmarkt umfasst alle Anbieter und Nachfrager in einem geografischen Gebiet.
- Marktsegment ist eine möglichst homogene Gruppe von Kunden. Heute spricht man schon eher von hybriden Kunden, beim Autokauf spielt der Preis keine Rolle, bei den FMCG (Fast Moving Consumer Goods) wird auf jeden Rappen geschaut.
- Teilmarkt bezieht sich auf Produkte/Dienstleistungen.
- SGF (Strategisches Geschäftsfeld) bezieht sich auf den Markt (Cluster).
- SGE (Strategische Geschäftseinheit) bezieht sich auf das Unternehmen.
- Marktnische ist ein Teil des Gesamtmarktes (Marktlücke).

1.6 Verkaufsprozess

Der Verkaufsprozess umschreibt den gesamten Prozess von Adressselektion, erstem Kontakt, Besuch, Abschluss, Betreuung, Customer-Relationship-Management etc.

Der Verkaufsstufenplan (VDN = Vorbereitung/Durchführung/Nachbearbeitung) erlaubt es, diese logische Abfolge sinnvoll zu gestalten.

Einflussfaktoren für den Verkaufsprozess:

- Produkt (Konsumgut, Investitionsgut, Dienstleistung)
- Erklärungsbedarf
- Marktlage (Sättigung, Konkurrenz, Substitutionsprodukte)
- Abnehmer (Konsument, Handel, Multi-Chanel)
- Beratung vs. Verkauf
- Verkaufsort (Platz- oder Feldverkauf)
- Verkaufssituation

Im Zentrum des Verkaufsprozesses steht die Gestaltung der Beziehungen zwischen Käufer und Verkäufer.

In der Regel ist es achtmal günstiger, einen Kunden zu binden, als einen neuen zu gewinnen. Bruhn (Prof. Betriebswirtschaft) spricht von den 3 Rs: Recruitment (Kundenakquisition), Retention (Kundenbindung) und Recovery (Rückgewinnung).

Kundenbeziehung

Wir unterscheiden zwischen zwei Möglichkeiten:

1. **formelle Beziehung**
2. **partnerschaftliche Beziehung**

Die formelle Beziehung
Im Zentrum stehen der Kontakt, die Dienstleistung und Beratung sowie die Lösung des Kundenproblems. Time to market, hohe Zuverlässigkeit und ein den Kunden angepasstes Verhalten sind heute Standard.

Die partnerschaftliche Beziehung
Das Ziel ist es, den Kunden langfristig an uns zu binden. Mittels eines geeigneten CRM (Customer-Relationship-Management), dabei ist nicht nur die Software gemeint, versucht man, den Kunden langfristig an das Unternehmen zu binden. Gemeinsame Produktentwicklungen, Vendor Managed Inventory, gemeinsames Marketing etc. sind geeignete Instrumente dafür.

Partnerschaftliche Beziehungen werden vor allem in der Dienstleistungsbranche seit Jahrzehnten professionell gepflegt. Kundenevents (Wanderungen, Logen in den grossen Fussballstadien, Formel-1-Rennen etc.) werden jedes Jahr geplant und erfolgreich durchgeführt. Auch in der Industrie besteht heute bereits ein grosses Angebot von Kundenevents, Tag der offenen Tür, Messebesuche etc.

Dagegen hält der Trend vieler Grossfirmen (Migros, SBB, Gesundheitswesen etc.) an, bei denen der Verkäufer gar keine Kundengeschenke oder Einladungen mehr anbieten darf.

Grundsätzlich arbeitet man heute mit folgendem Konzeptraster:

A	Analyse	**Konzept**
Z	Ziele	
P	Pläne	
E	Entscheid	
R	Realisation	
K	Kontrolle	

Aufgaben zu Kapitel 1

1. Welche Möglichkeiten bestehen für den Verkauf, Informationen über einen potenziellen Kunden zu erhalten?

2. Welche möglichen Umweltfaktoren beeinflussen folgende Branchen (nennen Sie je vier Faktoren): Banken, Autohersteller, Grossverteiler?

3. Nennen Sie je ein Beispiel für Monopol, Oligopol und Polypol.

4. Was ist der Unterschied zwischen einem Strategischen Geschäftsfeld (SGF) und einer Strategischen Geschäftseinheit (SGE)?

5. Warum ist ein Verkaufsplanungskonzept wichtig?

2 Das Verkaufsplanungskonzept in der Übersicht

Die Übersicht zeigt die einzelnen Elemente der Verkaufsplanung. Wichtig ist dabei: Keines der einzelnen Elemente darf bei der Ausführung der Planung vergessen werden.

Verkaufsplanungskonzept

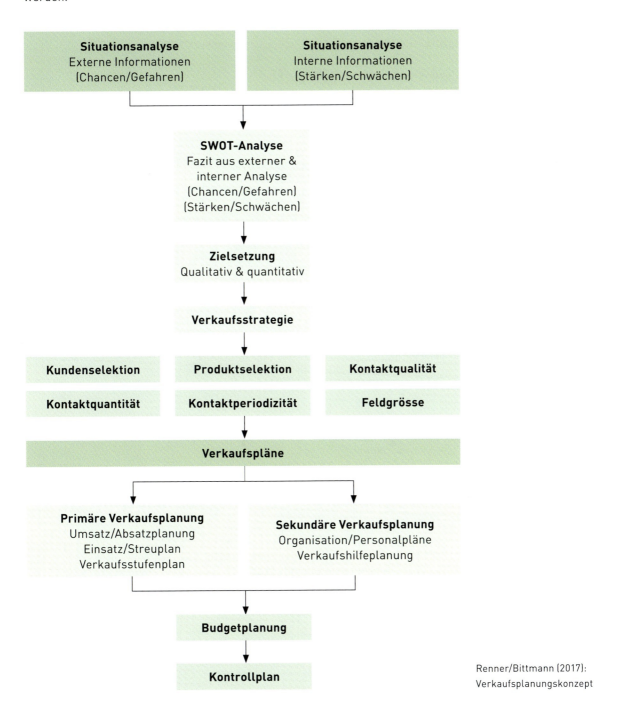

Renner/Bittmann (2017): Verkaufsplanungskonzept

3 Verkaufs-Situationsanalyse

Lernziele
Nach der Bearbeitung dieses Kapitels …

- können Sie eine SWOT-Analyse für ein Unternehmen durchführen.
- kennen Sie das 5-Kräfte-Modell von Porter.
- können Sie Schlüsselbegriffe wie Umweltfaktoren, Trends, Chancen erklären.
- kennen Sie den Unterschied von internen und externen Analysen.

Grundsätzlich arbeiten wir nach dem Marktsystem von R. Kühn (Analyse und Strategie, Bern 2012). Dabei unterteilen wir nach drei Ebenen:

- Hersteller- und Anbieter-Ebene
- Handelsebene
- Käufer- und Verwender-Ebene

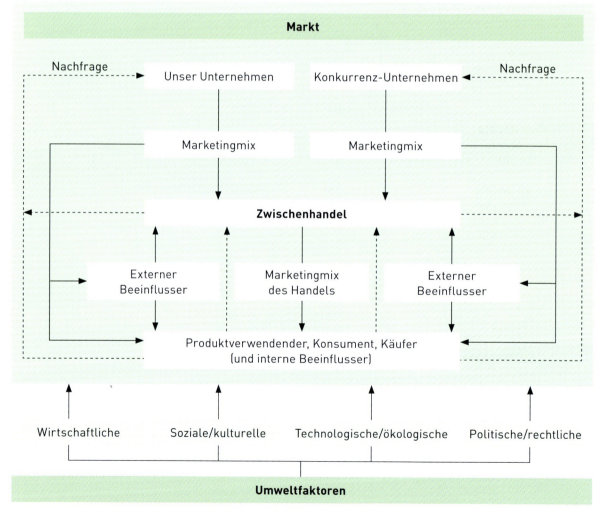

In Anlehnung an R. Kühn, U. Fuhrer, Marketing-Analyse und Strategie, 15. Auflage, Thun 2016, S. 28

3.1 Umweltanalyse (externe Analyse)

Unter diesem Begriff versteht man, dass alle relevanten Informationen, die mit dem Umfeld der eigenen Unternehmung zu tun haben, gesammelt werden. Die Situationsanalyse soll Auskunft darüber geben, was wir besser machen können und was wir besser machen als z. B. unsere Mitbewerber. Auch macht es Sinn, sich über mögliche «Worst-Case»- oder «Best-Case»-Szenarien Gedanken zu machen.

> **Beispiele**
>
> **Konkurrenzanalyse**
> Alle unternehmungswichtigen Informationen wie Umsätze, Absatzzahlen, Key-Kunden, Verkaufsform, strategische Ausrichtung, Mitarbeiteranzahl, Preise, Neueinführungen von Produkten usw.
>
> **Preisbildung**
> Welche Kriterien (ohne Rücksicht auf die eigenen Kosten) werden bei der Preisgestaltung aus Kundenseite berücksichtigt?
> Luxusprodukte, Investitionsgüter, Güter des täglichen Gebrauchs usw.
>
> **Absatzkanäle**
> Wo kaufen die Kunden welche Produkte?
> Internet, Fachhandel, Spezialgeschäft, direkt beim Hersteller, Fachgeschäft usw.
>
> **Politisches Umfeld**
> Welches politische Umfeld hat unsere Unternehmung?
> Waffenhersteller – keine Lieferungen an Kunden ohne das OK des Bundes.
>
> **Rechtliches Umfeld**
> Welchen rechtlichen Bestimmungen müssen wir uns fügen?
> Jeder Mitarbeiter hat das Recht auf vier Wochen Urlaub. Davon müssen zwei Wochen am Stück bezogen werden.
>
> **Wirtschaftliches Umfeld**
> In welchem wirtschaftlichen Umfeld bewegt sich die eigene Unternehmung?
> Oligopol, Polypol, Monopol. Aufschwung, Abschwung.
>
> **Soziales Umfeld**
> Kaufverhalten der entsprechenden Kundensegmente, Kundeneinstellung, gesellschaftliches Umfeld, Kaufkraft.
>
> **Technologisches Umfeld**
> Welche Technologien werden in den nächsten Jahren auf unser Unternehmen Einfluss haben?
>
> **Ökologisches Umfeld**
> Welche ökologischen Forderungen werden in Zukunft an das Unternehmen gerichtet?

3.2 Analyse der eigenen Unternehmung (interne Analyse)

In der internen Analyse werden alle relevanten Informationen, die sich mit der eigenen Unternehmung befassen, gesammelt.

Beispiele

Umsatzentwicklung
Daraus wird ersichtlich, wie viel Geld das Unternehmen bei den Kunden erwirtschaftet.

Absatzentwicklung
Man erkennt, welche Produkte oder Güter beim Kunden in welcher Menge verkauft wurden.

Einsatzpläne
Erkennen, in welchem Rhythmus die Kunden besucht bzw. kontaktiert werden. Auch eine Überprüfung des Tourenplanes wird ermöglicht, z. B. verbringt der ADM (= Aussendienstmitarbeiter) die meiste Zeit beim Kunden oder auf der Strasse.

Organisationspläne
Überprüfung der aktuellen Verkaufsorganisation.

Personalpläne
Man überprüft die Personalbeschaffungspläne, Ausbildungspläne und allenfalls auch Motivationspläne.

Verkaufshilfepläne
Es wird überprüft, welche verkaufsunterstützenden Hilfsmittel vorhanden sind oder noch benötigt werden.

Diese Aufzählung ist nicht abschliessend.

Grundsätzlich werden in der Situationsanalyse alle relevanten Daten des Verkaufs intern wie auch extern erfasst und ausgewertet.

3.3 SWOT-Analyse (Stärken-Schwächen-/Chancen-Gefahren Analyse)

Mit einer SWOT-Analyse untersuchen wir die internen und externen Bedingungen. Die Unterteilung ist wie folgt:

SWOT

Strengths	=	Stärken
Weaknesses	=	Schwächen
Opportunities	=	Möglichkeiten
Threats	=	Risiken

Stärken und Schwächen können vom Unternehmen selbst beeinflusst werden:

- Produkte
- Dienstleistungen
- Mitarbeitende
- Innovationskraft
- Vertriebsnetz
- Kosten
- Produktionsverfahren etc.

Chancen und Gefahren sind exogene (externe) Faktoren, die vom Unternehmen nicht oder nur sehr schwer beeinflusst werden können:

- Trends im Bereich Konsum
- Trends im Bereich Technik
- Kundenbedürfnisse
- Umweltfaktoren
- Konkurrenz

Porter spricht auch vom 5-Kräfte-Modell (5-Forces-Modell):

5-Kräfte-Modell

Neue Konkurrenz
- Skaleneffekte
- Absolute Kostenvorteile
- Kapitalanforderungen
- Produktdifferenzierung
- Zugang Vertriebskanäle
- staatl./rechtl. Barrieren
- Vergeltung etablierter Unternehmen

Lieferantenmacht
- Verhältnis Produktkosten zu Gesamtkosten
- Produktdifferenzierung
- Wettbewerb zwischen Lieferanten
- Grössenverhältnis Lieferant zu Unternehmen
- Wechselkosten der Käufer zu anderen Lieferanten
- Käuferinformationsdichte
- Möglichkeiten der Vorwärtsintegration

Wettbewerb in der Branche
- Konzentrationsgrad
- Vielfalt der Wettbewerber
- Produktdifferenzierung
- Überkapazitäten und Austrittsbarrieren
- Kostenstrukturen und -bedingungen

Käufermacht
- Verhältnis Produktkosten zu Gesamtkosten
- Produktdifferenzierung
- Wettbewerb zwischen den Anbietern
- Grössenverhältnis Käufer zu Unternehmen
- Wechselkosten der Käufer zu anderen Lieferanten
- Käuferinformationsdichte
- Möglichkeiten der Rückwärtsintegration

Ersatzprodukte
- Käuferneigung zu Substituten
- Relative Preisposition
- Leistung der Substitute

Nach Porter, Michael E., How Competitive Forces Shape Strategy, Issue of Harvard Business Review; 1979. www.hbr.org

Darstellungsbeispiel:

Stärken	Schwächen
Kundenkontakte	Keine Verkaufsplanungsstrategie
Innovationskraft der Unternehmung	Kein optimaler Firmenstandort
Starke Marke	Zu wenig Vertriebskanäle
Chancen	**Gefahren**
Lockerung staatlicher Regelungen	Aggressiver Preiskampf
Schwacher Mitbewerber	Neue Techniken aus Asien
Grosse Nachfrage	Steigende Importzölle

Trends/Fazit
Strategische Schlüsselprobleme

	Opportunities (Chancen)	Threats (Gefahren)
Strengths (Stärken)	SO-Strategien (1c) Ältere Leute suchen den medizinischen Nutzen des Krafttrainings und schätzen den Verzicht auf (zu laute) Hintergrundmusik beim Training (g, a, i). (2c) Schwächung der Muskulatur durch Bewegungsmangel kann mit Kieser Training wieder ausgeglichen werden. (3e) Berufstätige wollen ohne Zeitverlust trainieren, Kieser-Lokale sind nahe bei den Arbeitsplätzen und dies in mehreren Städten (6f). (9i) Die Krankenkassen übernehmen die Kosten für Kieser-Rehabilitation. (11j) Das Training braucht wenig Zeit, wenn ein Kieser-Center in der Nähe des Arbeitsorts ist (11e, f).	ST-Strategien (9c) Krankenkassen schliessen Krafttraining aus ihrer Deckung aus (9h).
Weaknesses (Schwächen)	WO-Strategien (4b) Die Jungen pflegen ihren Körper, brauchen aber mehr als nur Krafttraining. (7d, 8d) Andere Fitnesscenter dienen auch als Kontaktcenter, Kieser bietet dies jedoch nicht an. Die Atmosphäre ist nüchtern, der Kundenmix richtet sich nicht an Singles.	WT-Strategien (5e) Die Kunden können Krafttraining zu Hause betreiben, z. T. mit denselben Maschinen (5h). (10b) Der Trend zum ganzheitlichen Körper widerspricht der mechanistischen Kieser-Philosophie.

Strategieansätze	
Stärken/Chancen	Unsere Stärken helfen uns, die Chancen zu nutzen.
Stärken/Risiken	Mit unseren Stärken können wir die Risiken reduzieren.
Schwächen/Chancen	Hier müssen wir Schwächen abbauen, um die Chancen nutzen zu können.
Schwächen/Risiken	Defensivstrategien wie Verkauf oder Schliessung sind hier angesagt.

Beurteilung von einzelnen Kunden

Nicht nur eine SWOT-Analyse für das ganze Unternehmen ist wichtig, man sollte auch regelmässig alle Kunden überprüfen. Grundsätzlich unterscheiden wir unter folgenden Kunden:

Kategorie	Beschreibung	Massnahmen
KAM	Schlüsselkunden	Binden, unterstützen
A	Hauptkunden	Beziehung ausbauen, Kundenbindung
B	Mittel- und Kleinkunden	Gut betreuen, zu A-Kunden entwickeln oder vernachlässigen
C	Kleinstkunden	Entwickeln oder Betreuung delegieren
N	Neukunden	Jedes Unternehmen sollte je nach Branche ca. 10 % Neukunden pro Jahr gewinnen

Entweder beurteilt man die Kunden nach effektivem Umsatz (weitverbreitet) oder nach dem Potenzial. Der Kundenwert wird wie folgt berechnet:

Kundenwert

Durchschnittspreis × Anzahl Käufe pro Jahr × Beziehungsdauer

Diese Werte variieren stark nach Branche. Bei der Migros ist z. B. die Häufigkeit enorm wichtig und wird mit dem Cumulus-Programm belohnt. Bei einer Lebensversicherung steht die Beziehungsdauer im Zentrum. Bei langfristigen Investitionsgütern (z. B. Produktionsanlagen) ist wieder eine andere Betrachtung wichtig.

Aufgaben zu Kapitel 3

1. Nennen Sie je vier mögliche Stärken und Schwächen einer Verkaufsorganisation.

2. Welche Schlussfolgerung treffen Sie bei einer Schwächen-/Chancen-Ausgangslage?

3. Wie berechnen Sie den Kundenwert?

4 Verkaufsziele

Lernziele
Nach der Bearbeitung dieses Kapitels …

- kennen Sie die verschiedenen Zielgrössen im Verkauf.
- können Sie die verschiedenen Zielarten unterscheiden.
- können Sie konkrete Ziele operationalisieren.
- kennen Sie die Zielhierarchien.

4.1 Sinn & Zweck

Die Verkaufsziele werden von den Unternehmenszielen abgeleitet. Die Ziele definieren: **«Wo will man hin und was soll erreicht werden?»** Die Grundlage für die Zieldefinition bildet in den meisten Fällen eine Situationsanalyse. Ohne Ziele wird es schwierig, eine Unternehmung oder eine Verkaufsabteilung zu führen. Wie soll der Erfolg oder Misserfolg generell gemessen werden, wenn keine Ziele im Vorfeld definiert worden sind?

Ziele ohne Termine sind Träume. Alle Ziele müssen immer mit der SMART-Formel beschrieben werden. Grundsätzlich ist folgende Zielhierarchie zu beachten: **siehe Seite 29**

Bei den Arten kann wie folgt unterschieden werden:

- strategische Ziele (3–5 Jahre)
- operative Ziele (2–3 Jahre)
- taktische Ziele (1 Jahr)
- qualitative Ziele (vorökonomische Ziele)
- quantitative Ziele (ökonomische Ziele)

Quantitative Ziele wie Umsatz, Absatz, DB, Marktanteil etc. finden wir heute in so gut wie allen Unternehmen. Fast wichtiger sind aber die vorökonomischen Ziele, weil diese für den langfristigen Erfolg verantwortlich sind.

> **Beispiel**
> Durch einen sehr guten Kundenservice und ein positives Image werden immer mehr zufriedene Kunden gewonnen. Die Kundenbindung verbessert sich, was schlussendlich zu einem finanziellen Erfolg führt. In der Praxis beweisen dies Unternehmungen wie Migros oder Coop, Luxusmarken wie Audi, BMW oder Porsche oder die Gastronomie in Österreich.

4.2 Zielkriterien

Verkaufsziele werden grundsätzlich immer **quantitativ** und **qualitativ** ausgedrückt. Die nachfolgende Darstellung zeigt typische Unterscheidungen:

Zielebenen	Quantitative Ziele	Qualitative Ziele
Unternehmung	– ROI – Kapital-Rendite von … – Kapazitätsauslastung von … – Abbau von Personalbestand …	– Sicherung der Existenz – Gewinnorientierung – führende Marktstellung erreichen – Sicherung der Arbeitsplätze
Marketing/Verkauf	– Marktanteile Menge/Wert in % – Absatz (Stückzahlen) – Absatzsteigerung in % oder Menge – Umsatz in CHF – Break-Even – Pay-Back – Kontakte pro Tag/Jahr	– erreichen einer Marktstellung – Sicherung der Marktstellung – Abwehr von Konkurrenten – Kontaktqualität – Marktdurchdringung – Kundenzufriedenheit
Werbung	– Bekanntheitsgrad in % – Kontaktmenge – Kosten/Nutzen – Kontaktkosten	– Formulierung Wissensziele – Formulierung Einstellungsziele – Verhaltensziele – Imageziele
Verkaufsförderung	– Umsatzpotenzial ausschöpfen – kurzfristige Absatzsteigerung – kurzfristiger Lagerumschlag – Produkt-Akzeptanz erreichen – Kundenfrequenz am POS steigern – Degustationsraten	konkrete leistungsbezogene Zielkriterien auf Zielebenen: – eigene Mitarbeiter – Absatzmittler – Verwender/Käufer – Beeinflusser

Die Liste ist nicht abschliessend!

4.3 Zieldefinition

Spezifisch	**Messbar**	**Ausführbar/Erreichbar**	**Realistisch/Relevant**	**Terminiert/Zeitgebunden**
Was genau soll erreicht werden?	Definition eindeutiger Messgrössen, um den Grad der Zielerreichung zu prüfen.	Welche konkreten Schritte sind zur Zielerreichung notwendig? Definition der exakten Schritte zur Zielerreichung.	Wird die Zielerreichung hilfreich sein? Passt das Ziel zur persönlichen Mission?	Wie lange wird es dauern, das Ziel zu erreichen?

Grundsätzlich kann man aber auch mit einem W-Raster arbeiten:

Was	Wie viel	Wem	Wann	Wo
Ziel	Menge	Zielgruppe	Termin	Markt

4.4 Zielarten

4.4.1 Absatzziele

Wichtig in Branchen wie Automobil, Ticketing, Grossproduktionen wie Zucker etc. Der Absatz wird in Kilo, Tonnen, Liter, Stück etc. gemessen. Ausgangslage ist das Marktvolumen.

Nachteil ist die Fokussierung auf die Menge, ohne den Preis bzw. den Deckungsbeitrag zu berücksichtigen.

4.4.2 Umsatzziele

Ist vermutlich die am weitesten verbreitete Zielgrösse, Menge × Preis.

Eine reine Umsatzbetrachtung kann aber gefährlich sein, wenn z. B. der Deckungsbeitrag nicht berücksichtigt wird.

4.4.3 Deckungsbeitragsziele

Daher ist es sinnvoll, das Umsatzziel auch immer mit einem DB-Ziel zu verbinden, z. B. Vorgaben betreffend der DB-Höhe. Der Aussendienstmitarbeitende kann Geschäfte mit einem DB bis zu 30 % selbstständig abschliessen, unter 30 % bedarf es einer Zustimmung des Verkaufsleiters. Zudem können tiefere Erträge/DB auch durch eine entsprechende Provision gesteuert werden.

4.4.4 Wissensziele

Wissensziele haben den Zweck, dem potenziellen Kunden etwas zu vermitteln, das er benötigt, um Gefallen am Produkt zu finden.

> **Beispiel**
> Der Kunde weiss, dass unser Büromöbel-Programm ergonomisch gestaltet ist.

4.4.5 Verhaltensziele

Wir können das Verhalten unserer Kunden per Absatzmittlern oder als Ziel formulieren, z. B. 20 % der Kunden interessieren sich für das neue Büromöbel-Programm.

4.4.6 Imageziele

Langfristig möchte jedes Unternehmen sein Image verbessern. Durch regelmässige Kundenbefragungen kann der jeweilige Stand abgefragt werden.

Konkrete Beispiele

Umsatz	Die Lista AG erreicht 2017 einen Gesamtumsatz von TCHF 30.
Absatz	BMW Schweiz verkauft in der Region Ost 150 neue 2er-Aktiv-Tourer bis zum 30.06.2017.
Deckungsbeitrag	Der DB der Schindler Aufzüge AG beträgt mindestens 20 % in 2017 im Markt Schweiz.
Anzahl Neukunden	Die Firma Sutter AG gewinnt bis zum 30.09.2017 120 Neukunden in der deutschsprachigen Schweiz.
Anzahl Besuche	Jeder Aussendienstmitarbeitende der Firma Derendinger AG besucht mindestens acht Kunden an den verkaufsaktiven Tagen.
Image	80 % der bestehenden Kunden beurteilen das Sortiment der Firma Domus Leuchten AG bis Ende 2017 als modern und innovativ.
Verhalten	10 % der Migros-Kunden bestellen bis zum 31.12.2017 mindesten viermal pro Jahr bei leshop.ch.

Anmerkung: Alle Ziele dienen nur als Beispiele; sie sind frei erfunden und nicht mit den jeweiligen Unternehmen abgesprochen.

Man spricht auch von vorökonomischen und ökonomischen Zielen:

Vorökonomische Ziele	– Bekanntheitsgrad – Image – Verhalten – Wissen
Ökonomische Ziele	Umsatz, Absatz, DB, Gewinn etc.

Aufgaben zu Kapitel 4

1. Nennen Sie die unterschiedlichen Zeiträume von Zielen.

2. Was ist der Unterschied von ökonomischen und vorökonomischen Zielen?

3. Nennen Sie jeweils vier quantitative und qualitative Ziele.

5 Verkaufsstrategie

Lernziele
Nach der Bearbeitung dieses Kapitels ...

- kennen Sie die sechs Subvariablen.
- können Sie eine Kundenselektion durchführen.
- kennen Sie Begriffe wie Kundenportfolio, Cross-Selling, Up-Selling.
- kennen Sie die unterschiedlichen Kontaktqualitäten.
- können Sie die Feldgrösse beschreiben.

Nach der Zielsetzung müssen wir einen groben mittelfristigen Plan erstellen, wie wir die Ziele erreichen. Dafür verwenden wir die sechs Subvariablen.

Die Subvariablen sind:

Subvariablen

| Kunden-selektion | Produkt-selektion | Kontakt-qualität | Kontakt-quantität | Kontakt-periodizität | Feldgrösse |

Kundenselektion (WEM)
Wahl der Kundensegmente; je genauer wir die Zielgruppe definieren, desto einfacher ist es, diese anzusprechen.

Produktselektion (WAS)
Welche Produkte/Sortimente wollen wir anbieten? Oftmals ist eine Kombination von Kunden- und Produktselektion ideal.

Beispiel

	Kunden		
	Fachgeschäft	Jumbo	Sport XX
Rennvelo	XXX	X	–
Citybike	XX	XX	XX
E-Bike	X	–	XXX

Legende: – = nicht anbieten, X = geringe Priorität, XXX = hohe Priorität

Kontaktqualität (WIE)
In welcher Art betreuen wir unsere Kunden, persönlich, schriftlich, telefonisch oder elektronisch?

Kontaktquantität (WIE OFT)
Definiert die Anzahl Kontakte pro Kunden: Wie oft sollen Kunden entsprechend ihrer Kategorie besucht werden? Ein neuer Fachausdruck ist «Schlagzahl».

Kontaktperiodizität (WANN)
Wie regelmässig ist der Kontakt?

Feldgrösse (WO)
Geografische Eingrenzung des zu bearbeitenden Marktes; oftmals werden auch die Produkte und Kunden mit den dazugehörigen Ressourcen definiert.

> **Beispiel**
> Wir bearbeiten den Markt Schweiz mit den Sortimenten I und II, gesamthaft 8500 Kunden mit vier ADM und drei IDM sowie einem Budget von 2 Mio. CHF.

Die einzelnen Subvariablen müssen aufeinander abgestimmt sein.

5.1 Kundenselektion

Grundsätzlich unterscheiden wir unter neuen Kunden, bestehenden Kunden und ehemaligen Kunden. Eine häufige Einteilung ist:

- Key-Accounts
- A-Kunden
- B-Kunden
- C-Kunden
- D-Kunden
- Neukunden

Mit den Key-Accounts bzw. A-Kunden erreichen wir in der Regel 80 % des Umsatzes, mit C- und D-Kunden die restlichen 20 %. Dies gilt selbstverständlich nicht für die Retail-Branche, bei der mit vielen kleinen Transaktionen pro Kunde Umsatz gemacht wird (Detailhandel etc.)

Bruhn spricht von folgender Einteilung:

- Recruitment (Kundenakquisition)
- Retention (Kundenbindung)
- Recovery (Kundenrückgewinnung)

Je nach Literatur geht man davon aus, dass es achtmal teurer ist, einen Neukunden zu gewinnen, als einen bestehenden Kunden zu binden. Migros und Coop ist mit Cumulus bzw. Supercard eine sehr erfolgreiche Kundenbindung gelungen.

Mit der Kundenselektion wird bestimmt, welche der generell möglichen Absatzpartner mit Massnahmen des persönlichen Verkaufs bearbeitet werden sollen. Wie bei der Werbung, wo das Zielpublikum sorgfältig bestimmt wird, so ist auch im Verkauf eine genaue Definition des Zielpublikums nötig.

5.1.1 Selektion der Kundenklassen

Basis für die Bestimmung der Kundenklassen muss eine gründliche Analyse sein, die die bestehenden Möglichkeiten aufzeigt. Darauf stützt sich die Bestimmung des Zielpublikums. Vielfach ist dieser Entscheid schon Bestandteil der Marketingstrategie und liegt zuhanden der Verkaufsplanung in groben Zügen vor. Dies ist dann der Fall, wenn durch das Marketing bereits schon Marktsegmente oder spezielle Kundenschichten (z. B. nach Kaufkraftklassen, Stufen im Absatzkanal, Abnahmemengen) gebildet wurden.

Für diese Verkaufskontakte innerhalb des gewählten Marktsegmentes lassen sich eine Reihe konkreter Merkmale aufstellen, die diese aufweisen müssen, um in der Kundendatenbank erfasst zu werden, z. B.:

- Branchenzugehörigkeit
- geografische Lage
- Firmengrösse
- Potenzial
- Verhaltenskriterien

Kunden nur nach dem Umsatz einzuteilen ist meistens nicht zielführend.

5.1.2 ABC-Kundenanalyse

Leider kommt es in vielen Unternehmungen vor, dass zwar ein grosser Kundestamm in einer Datenbank vorhanden ist. Welchen Stellenwert der einzelne Kunde innerhalb dieser Datenbank hat, ist jedoch oft unklar. Wenn man bedenkt, dass in den meisten Fällen 20 % aller Kunden 80 % des Umsatzes realisieren, ist es von enormer Wichtigkeit, dass wir diese 20 % genau kennen und entsprechend betreuen. Ein gutes Hilfsmittel ist die ABC-Analyse, die die Qualität der einzelnen Kunden aufzeigt. Nachfolgendes Beispiel soll dies verdeutlichen:

Kategorie	Umsatz	Anzahl Kunden	Besuche/Jahr	Total
A-Kunden	> 1 000 000	100	12	1 200
B-Kunden	> 100–999	1 000	6	6 000
C-Kunden	< 100	10 000	1	10 000
Total		11 199		17 200

Diese Einteilung dient nun zur optimalen Betreuung der Kunden. Je nach Ressourcen muss die Betreuung der C-Kunden in diesem Beispiel nicht mehr persönlich, sondern schriftlich oder telefonisch erfolgen.

Eine weitere Möglichkeit ist es, den Nettowert eines Kunden zu berechnen:

durchschnittlicher Umsatz × Kaufhäufigkeit × Beziehungsdauer – Akquisition und Betreuung

Wie bereits erwähnt, ist es enorm wichtig, auch das Potenzial zu berücksichtigen:

- mögliches Markt- und Akquisitionspotenzial
- Aufwand für Verkaufsmitarbeiter
- mögliche Kundenstruktur beim Mitbewerber

5.1.3 Kundenportfolio

Das Kundenportfolio ist ein Hilfsmittel, um die bestehenden Kunden eines Unternehmens pragmatisch so zu segmentieren, dass einfachste Handlungsanweisungen für das Cross-Selling und/oder Up-Selling (Erklärung Seite 36) möglich ist. Eine Analyse des Kundenportfolios gibt uns wertvolle Informationen bezüglich der Attraktivität und der Möglichkeiten. Die nachstehende Grafik soll dieses Bild verdeutlichen:

siehe Seite 36

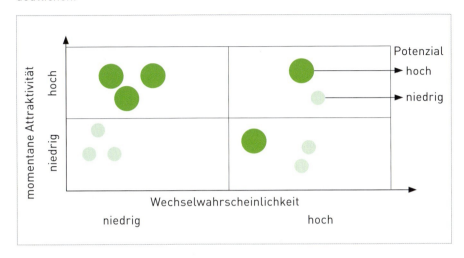

Renner/Bittmann (2017): Kundenportfolio

Diese Informationen können für verschiedene Massnahmen verwendet werden. Das Ampelsystem zeigt die verschiedenen Möglichkeiten auf:

Dieser Kunde muss attraktiver werden oder wir müssen die Geschäftsbeziehung auflösen.

Hier sind Kundenbindungsmassnahmen erforderlich.

Hier ist ein Cross-Selling oder ein Up-Selling möglich.

© klesign – Fotolia

Wie bereits beschrieben, zeigt die ABC-Analyse eine bestehende sowie eine potenzielle Kundenstruktur. Was aber sind mögliche Gründe, dass ein C-Kunde kein B-Kunde oder ein B-Kunde kein A-Kunde ist? Es bieten sich verschiedene Möglichkeiten an:

− Das Potenzial des Kunden ist begrenzt.
− Der Kunde kauft bei einem anderen Lieferanten ein.
− Der Kunde kennt nicht das gesamte Sortiment von uns.

Wenn das Potenzial des Kunden aufgrund des Bedarfs begrenzt ist, wird er entsprechend der Kundenklasse betreut. Was aber, wenn das Potenzial noch nicht ausgeschöpft ist? In diesem Fall bieten sich die folgenden zwei Möglichkeiten an.

5.1.3.1 Cross-Selling

Das Cross-Selling bezeichnet im Verkauf das Anbieten ergänzender Produkte oder Dienstleistungen aus einer anderen Warengruppe. Auf diese Weise kann der Umsatz pro Auftrag erhöht werden.

> **Beispiel**
> Die Versicherungsbranche bietet in dieser Hinsicht ein gutes Beispiel: Verkauf einer Haftpflichtversicherung und dazu noch einer Lebensversicherung. Oder Buchung einer Ferienreise und Verkauf einer Annullations-Versicherung.

5.1.3.2 Up-Selling

Up-Selling bezeichnet im Verkauf das Bestreben des Anbieters, dem Kunden statt der günstigen Variante im nächsten Schritt nun ein höherwertiges Produkt oder eine bessere Dienstleistung anzubieten. Dazu sollen dem Kunden durch plausible und insbesondere durch Produktvorführungen die Vorzüge der höherwertigen Produkt- oder Dienstleistungskategorie nahegelegt werden.

> **Beispiel**
> Sie möchten einen Audi A3 kaufen, unterschreiben dann aber einen Kaufvertrag für einen A4.

Weniger bekannt ist das **Down-Selling**. Eine der grössten Versicherungsgesellschaften der Schweiz machte eine gross angelegte Telefonaktion bei bestehenden Kunden mit dem Ziel, weniger zu verkaufen bzw. weniger Prämien einzunehmen. Hierfür wurde der Kunde beraten, überflüssige Unfalldeckungen und Zusatzversicherungen wurden gestrichen und der Kunde zahlte im nächsten Jahr weniger Prämien. Was auf den ersten Blick ökonomisch sinnlos erscheint, erwies sich als hervorragende Kundenbindungsmassnahme, wobei die Kundenzufriedenheit massiv anstieg.

5.1.4 Selektion der Kontaktpersonen beim Kunden/Buying Center

Sobald ein Kunde definitiv ausgewählt ist, sind noch die Personen zu bestimmen, über die er angesprochen werden soll. Vielfach spielen sich die Kontakte nicht mit einer einzigen Person oder auch nicht mit allen beteiligten Personen gleichzeitig ab. Mehrere Verhandlungen mit einem oder gleichzeitig mehreren Gesprächspartnern finden statt. Manchmal sind die Verhandlungspartner durch den Kunden gegeben (z. B. Einkaufsabteilung), häufig muss aber der Verkäufer den richtigen Mann mit dem nötigen Fachwissen oder den Kompetenzen selbst suchen. Der Verkäufer muss sich also meist an ganz verschiedene Personen wenden, die dazu noch auf unterschiedliche Verkaufsargumente ansprechen.

Beim Beschaffungsproblem eines Kunden können folgende Parteien als Käufer und/oder als Beeinflusser auftreten; die nachfolgende Abbildung zeigt die Zusammenhänge zwischen der Kontaktqualität und der Selektion der Kontaktpersonen beim Verkauf einer Verpackungsstrasse für die Schokoladenindustrie:

Anprechperson	Interesse	Verkaufsargumentation
Betriebsleiter	Volle Leistung	Beweisführung Referenzen
Mechaniker	Einfacher Unterhalt	Erfahrungswerte
Einkäufer	«Günstigster» Preis	Total Cost of Ownership (Was sind die Gesamtkosten?)
Marketingleiter	Endprodukt	Muster/Referenzen
Geschäftsführer	Image/Beziehungen	Testimonials/Referenzen

Durch ein gezieltes CRM (Kundenbeziehungsmanagement) gilt es, die verschiedenen Zielgruppen optimal zu betreuen. Wichtig ist heute auch die sogenannte **«gläserne Decke»**, d.h. wie gelangt man an die Entscheidungsträger, CEOs, Verwaltungsräte etc.

Unter dem Kapitel CRM = «Customer-Relationship-Management» wird dieser Punkt eingehend behandelt.

5.2 Die Produktselektion

Folgende Fragen werden beantwortet:

- Welche Bedürfnisse hat der Kunde?
- Welche Produkte werden dem Kunden angeboten?
- Wie sieht das Sortiment aus (Breite, Tiefe und Abgerundetheit)?
- Gibt es Komplementär- oder Substitutionsprodukte?

Komplementärprodukte sind ergänzende Produkte, z. B. Auto und Benzin. Substitutionsprodukte sind ersetzende Produkte, z. B. CD und MP3.

Die Kunden bringen im Allgemeinen nicht dem ganzen Sortiment, das eine Unternehmung anbieten kann, Interesse entgegen. Ebenso kann es von der Unternehmung aus wünschenswert sein, nicht ihr ganzes Sortiment indifferenziert anzubieten, sondern den Verkauf gewisser Sortimentsteile besonders zu fördern.

Die Produktselektion darf aber nicht mit der zur Marktleistungsgestaltung zählenden Sortimentsgestaltung verwechselt werden. Mit der Produktselektion setzt der Verkauf Schwerpunkte im bestehenden (allenfalls vom Marketing vorgegebenen) Sortiment.

5.2.1 Gründe für eine Produktselektion

Eine bekannte Schweizer Sockenmarke bietet verschiedene Qualitätsprodukte über verschiedene Verkaufskanäle an. Die hochwertige, atmungsaktive Sportsocke findet der Kunde im Sportfachgeschäft, die Businessline im Modegeschäft mit entsprechender Kundschaft und die «Billig-Linie» im Warenhaus. Warum ist in diesem Fall eine Produktselektion von strategischer Bedeutung? Sollte die hochwertige Socke im oberen Preissegment auch im Warenhaus angeboten werden? Welche Auswirkungen hätte dies auf das Image? Finden sich an einem solchen Verkaufspunkt überhaupt Kunden mit der nötigen Kaufkraft?

Eine Produktselektion kann aber auch anderen Kriterien gerecht werden:

- Konzentration auf Kernprodukte
- hoher Deckungsbeitrag
- Verkaufsstrategie der Unternehmung
- Werbestrategie der Unternehmung
- Verkaufsförderung
- Vertriebseffizienz

5.2.2 Durchführung einer Produktselektion

Eine mögliche Übersicht für eine Produktselektion bietet die folgende Matrix. Die Gegenüberstellungen zwischen Produkten und Kundengruppen zeigen ein klares Bild. Bei jeder Gegenüberstellung wird die Grundsatzfrage nach Angebotsprioritäten beantwortet.

Produkte	Kundengruppe	Velo-fachhandel	Discounter	Internetshops	Vermieter
City-Bike	< 500.00	X	XXX	XXX	O
City-Bike	> 500.00	XXX	O	O	XX
MTB	Einfach	X	XXX	XXX	O
MTB	Profi	XXX	O	O	XXX
E-Bike	25 km/h	XX	X	X	XXX
E-Bike	45 km/h	XXX	O	O	O

Legende: XXX Produkt bei Kundengruppe fördern, XX Produkt bei Kundengruppe anbieten, O Produkt nicht oder nur auf Anfrage anbieten

Abb. Zuordnung möglicher Produkte zu bestimmten Kundengruppen. Die Zuordnung kann je nach Unternehmensstrategie oder Verkaufszielen auch abweichen.

5.3 Kontaktqualität

Wichtig ist es, das Bedürfnis des Kunden zu kennen. Wie und wo möchte er betreut werden und den Kauf tätigen? Da die Kunden heute sehr unterschiedlich sind, wird künftig das Multi-Channel-Marketing/Verkauf an Bedeutung gewinnen. Zum Beispiel werden Versicherungen durch Filialen, Aussendienstmitarbeitende, Vermittler oder online vertrieben.

Man unterscheidet zwischen Feldverkauf (Aussenverkauf) und Platzverkauf (Innenverkauf).

Beim Aussenverkauf geht der Verkäufer zum Kunden, beim Platzverkauf kommt der Kunde zum Verkäufer.

Grundsätzlich können wir den Kunden wie folgt ansprechen:

- persönlich
- schriftlich
- telefonisch

Kontaktqualität	Vorteil	Nachteil	Konsequenz
Persönlich	- direkter Kundenkontakt - Einwände können sofort behandelt werden - hohe Abschlussquote	- kostenintensiv - administrativer Aufwand	- entsprechende Mitarbeiter müssen eingestellt werden - Transportmittel müssen bereitgestellt werden - optimale Ausbildung der Mitarbeiter - Beschaffung von Präsentationsmitteln
Telefonisch	- effizient - minimaler Personalaufwand - niedrige Kosten	- schlechtes Image bei Kunden - eher niedrige Abschlussquote	- für diese Tätigkeit optimal ausgebildeten Mitarbeiter einsetzen - Callcenter-Struktur schaffen
Schriftlich (Print oder elektronisch)	- niedrige Kosten - effizient - minimaler Personaleinsatz - optische Gestaltungsmöglichkeit, die anspricht - klare Werbebotschaft - gute Erreichbarkeit - gut messbarer Rücklauf	- unpersönlich - der Kunde schenkt wenig Beachtung - der Kunde wird nicht wahrgenommen	- selektive Botschaften vermitteln - perfekte Adressdatenbank - Prozesse für die Auftragsbearbeitung müssen vorhanden sein

5.3.1 Ausgestaltung der Kontaktqualität

Der Kundenkontakt dient nicht nur mehr der direkten Akquisition resp. dem Abschluss. Der Verkauf übernimmt mehr Aufgaben, als nur noch das Produkt an den Kunden zu bringen. Je nachdem, was beim Kunden erreicht werden soll, wird die Art der Kontaktqualität variieren. Nachfolgend sind einige Ziele für den Kundenkontakt aufgeführt:

- Kundenbindung
- Klärung von Kundenbedürfnissen
- Beschaffung von Marktinformationen
- Präsentation der Unternehmung
- Präsentation von Marktleistungen
- Reklamationsbehandlungen
- Vermittlung von technischem Wissen
- Support beim Kunden
- Merchandising (Regalpflege)
- etc.

Der **Verkaufsprozess** kann in folgende Phasen eingeteilt werden:

1. Vorverkaufsphase	– Kontaktaufnahme – Wahrnehmung des Kunden – Bekanntmachung, Vertrauen aufbauen – Bedürfnis klären
2. Verkaufsphase	– Angebots- und Verkaufsdefinition – Leistungserbringung – Abschluss
3. Nachverkaufsphase	– Service und Betreuung

5.3.2 Kontaktarten/Verkaufsarten

Es werden generell zwei Verkaufsarten unterschieden:

Feldverkauf	Kundenbesuch, Versandhandel, Fahrverkauf etc.
Platzverkauf	Ladenverkauf, Messen, Selbstbedienung etc.

5.3.2.1 Feldverkauf

Beim Feldverkauf geht das Produkt oder der Verkäufer zum Kunden.

Kundenbesuch
Eine der wohl bekanntesten Formen des Feldverkaufs. Der Aussendienstmitarbeiter (ADM) besucht den Kunden an seinem Domizil. Der AMD terminiert seine Besuche selbst oder ein Callcenter nimmt ihm diese Arbeit ab.

Versandhandel
Der Versandhandel ist eine Verkaufsform, die immer mehr an Beliebtheit gewinnt. Einerseits gibt es den Katalogversand oder die Möglichkeit, über das Internet seine Bestellungen abzuwickeln. Der Konsument sucht sich in aller Ruhe seine Produkte aus, bestellt und bezahlt bequem mit Kreditkarte, per Rechnung, per Nachnahme oder lässt den Betrag seiner Telefonrechnung belasten.

5.3.2.2 Platzverkauf

Der Platzverkauf unterscheidet sich vom Feldverkauf dadurch, dass der Kunde zum Produkt geht.

Ladenverkauf
Die bekannteste Form des Einkaufs. Grosse Einkaufscenter bieten neben einer riesigen Produktauswahl zusätzliche Anreize, damit potenzielle Kunden «Shoppen» auch als Freizeitbeschäftigung betreiben – die grosse Nachfrage bestätigt das Angebot.

Messen
Messen verfolgen verschiedene Ziele: Bekanntheit, Präsentation neuer Produkte, Kundenbindungen etc. Der direkte Verkauf an Messen gewinnt immer mehr an Bedeutung. Viele potenzielle Kunden lassen sich durch «Messerabatte» zum Kauf verlocken.

5.3.2.3 Unterschiede im Verkaufsprozess von Produkten

Wir unterscheiden:

- Konsumgüter
- Dienstleistungen
- Investitionsgüter

Konsumgüter werden vorwiegend im Detailhandel/Selbstbedienung verkauft. POS-Gestaltung, Werbung und Verkaufsförderung stehen im Zentrum.

Dienstleistungen unterteilen sich in konsumtive Dienstleistungen (SBB, Coiffeure, Physiotherapeut) und investive Dienstleistungen (Versicherungen, Banken, Schulen).

Die persönliche Beratung und das Vertrauen stehen im Zentrum.

Investitionsgüter werden mehrheitlich durch professionelle Verkäufer verkauft. Der Entscheidungszeitraum ist meistens länger. Der Verkäufer muss gut qualifiziert und geschult sein. Im Zentrum stehen die persönliche Beziehung und das Vertrauen in den Verkäufer und das Unternehmen.

5.3.3 Matrix-Kontaktqualität

Da kaum ein Unternehmen über unendliche Ressourcen verfügt, muss die Kontaktqualität sehr genau überlegt und gesteuert werden. Ein mögliches Hilfsmittel ist die Kontaktqualitäts-Matrix.

Kundenkategorie	Kontaktqualität			Beschreibung
	Persönlich	Telefonisch	Schriftlich	
Key-Account/VIP	✗			– nur persönliche Kontakte durch den VL oder den Key-Account-Manager
A-Kunde	✗	✗	✗	– Produktpräsentation – Offertbesprechung – Jahresgespräche – etc.
B-Kunde	✗	✗	✗	– Produktpräsentation – Offertbesprechung – Jahresgespräche – etc.
C-Kunde	–	✗	✗	– Versand Angebote/Aktionen – Nachfassaktionen – Newsletter – etc.

5.4 Kontaktquantität

Mit der Kontaktquantität wird bestimmt, mit wie vielen Verkaufskontakten ein Kunde bearbeitet werden soll. Ziel des Besuches ist nicht nur der Verkaufsabschluss, sondern auch die Beziehungspflege.

Grundlagen für die Anzahl Besuche sind:

– Erwartungen des Kunden
– Möglichkeiten/Budget unserer Unternehmung
– Komplexität der Marktleistung
– Marktveränderungen (neue Produkte, Techniken, Konkurrenten etc.)

Verkaufskostenbudget
Es muss klargestellt werden, welche Verkaufskosten für die Bearbeitung eines Kunden aufgewendet werden können. Diese Kosten sind von der zu erwartenden Auftragsgrösse abhängig. Das Verkaufskostenbudget sollte also analog zu den angewandten Kundenklassen abgestuft werden.

Komplexität der Marktleistung
Komplexe Marktleistungen erfordern höhere Kontaktquantitäten. Sie sind erklärungsbedürftiger und erfordern auch seitens des Kunden mehr Überlegungen.

Informationsstand des Kunden
Je nach Informationsstand und Informationskapazität des Kunden (Möglichkeit des Vergessens beachten) sind mehr oder weniger Kontakte notwendig.

Merke
Die Kontaktquantität wird also nach Einzel- oder Erstabschlüssen und nach der Kundenselektion (ABC-Analyse) festgelegt. Zentral sind die Erwartungen des Kunden und die Erfahrungen der eigenen Mitarbeitenden.

Beispiel

Kundenkategorie	Kontaktquantität	Bemerkung
A-Kunde	12 Besuche pro Jahr	Regelmässige Abschlüsse
B-Kunde	6 Besuche pro Jahr	
C-Kunde	4 Besuche pro Jahr	
D-Kunde	2 Besuche pro Jahr	
A-Neukunde	8 Besuche pro Jahr	Erstabschlüsse
B-Neukunde	4 Besuche pro Jahr	
C-Neukunde	1–2 Besuche pro Jahr	

Die Angaben über die Besuchszahl sind theoretische Werte und müssen den Wünschen und Möglichkeiten der Kunden angepasst werden. Für die Ermittlung der Aussendienstmitarbeiter sind jedoch solche Angaben zwingend und vermehrt haben viele Unternehmungen klare Vorgaben der Anzahl Besuche pro Woche.

5.5 Kontaktperiodizität

Die Kontaktperiodizität legt die zeitlichen Abstände zwischen den einzelnen Verkaufskontakten innerhalb eines bestimmten Verkaufsprozesses fest. Ist nur ein Kontakt notwendig, entfällt die Kontaktperiodizität. Bei regelmässigen Besuchen, z. B. vierteljährlich, ist es zentral, dem Kunden bei jedem Besuch einen Mehrwert zu bieten (Information, Weiterbildung, Verkauf etc.).

Einflussfaktoren zur Bestimmung der Kontaktperiodizität
Für jede gewählte Kundenklasse (u. U. jeden einzelnen Kunden) wird die Kontaktperiodizität anhand der folgenden Informationen bestimmt:

Lagerfähigkeit der Marktleistungen
Der Bestellrhythmus kann für die Kontaktperiodizität wichtig sein. VMI/EDI (Vendor Managed Inventory/Electronic Data Interchange) und andere Tools ersetzten längerfristig die reine Bestellaufnahme/Lagerkontrolle durch den Aussendienst.

Komplexität der Marktleistungen
Investitionsgüter/Dienstleistungen sind erklärungsbedürftiger. Bis der Verkaufsabschluss getätigt werden kann, muss der Kunde vom Nutzen überzeugt werden. Oftmals werden Entscheide auch in Buying Center getroffen. Daher es

sehr wahrscheinlich, dass mehrere Besuche eingeplant werden müssen. Wir gehen von ca. 180–200 verkaufsaktiven Tagen der Aussendienstmitarbeitenden aus.

Die genaue Berechnung wird im nächsten Kapital beschrieben.

5.6 Feldgrösse

Die Feldgrösse definiert die Grösse des Marktgebietes. Diese Referenzgrösse wird in der Regel geografisch oder mit der Zahl der zu bearbeitenden Kunden festgelegt.

Grundsätzlich stellt sich die Frage, ob der Markt regional, national oder international bearbeitet wird. Besonders sind die kulturellen und sprachlichen Unterschiede zu berücksichtigen.

Folgende Faktoren sind zu beachten:

- Kundenstruktur
- Kundenkontakte pro Tag
- Erreichbarkeit der Kunden

Im Grundsatz müssen alle Verkäufer die gleichen Verdienstmöglichkeiten haben, vorausgesetzt, es gibt ein entsprechendes Entlöhnungssystem.

Aufgaben zu Kapitel 5

1. Nach welchen Kriterien können Kunden eingeteilt werden?

2. Geben Sie ein Beispiel für Cross-Selling und Up-Selling.

3. Was versteht man unter einem Buying Center?

4. Warum ist eine Kunden-/Produktselektion sinnvoll?

5. Was sind die Vor- und Nachteile der unterschiedlichen Kontaktqualitäten (persönlich, schriftlich, telefonisch, elektronisch)?

6 Primäre Verkaufsplanung

Lernziele
Nach der Bearbeitung dieses Kapitels …

- kennen Sie die Inhalte der primären Verkaufsplanung.
- können Sie die nötige Anzahl Aussendienstmitarbeiter berechnen.
- kennen Sie die unterschiedlichen Planungsmethoden.
- können Sie einen Verkaufsstufenplan anwenden.

Die primäre Verkaufsplanung bezeichnet die externen Verkaufsaktivität, die eine direkte Schnittstelle zum Kunden definiert und durch sein Verhalten positiv oder negativ beeinflusst werden kann. Es sind im Wesentlichen:

Umsatz-, Absatz- und DB-Planung	– Produkt – Mitarbeiter – Regionen – Kunden – Zeitraum
Einsatzplanung	– Verkaufskontakt – Zeitpunkt – Ort – Kontaktperson
Verkaufsstufen-planung	– Planung – Vorbereitung – Realisation – Kontrolle

6.1 Umsatzplanung

Die Umsatzplanung wird in der Regel nach dem Top-Down-Ansatz erstellt. Die Unternehmensstrategie gibt die langfristigen Ziele (Umsatz, DB, Marktanteile etc.) vor, die Marketingstrategie die mittelfristigen Ziele. Die Verkaufsplanung setzt diese Vorgaben pro Jahr um, z. B.:

Top-Down

- Umsatzplanung für Jahr X
- Umsatzplanung für Verkaufsgebiet XY
- Umsatzplanung für Verkäufer XYZ
- Umsatzplanung für Produktgruppen

Eine genaue, teilweise auch saisonale Umsatzplanung ist enorm wichtig, um die Teilziele, z. B. quartalsweise, zu kontrollieren.

Die Ziele müssen immer nach der bekannten SMART-Formel erstellt werden. Grundsätzlich kann man bei der Definition der Ziele wie folgt vorgehen:

- Zielvorgabe
- Zielvereinbarung
- Zielfindung

In der Praxis ist es ein Mix von Zielvorgabe (Unternehmens- bzw. Marketingstrategie) und der Zielvereinbarung, die mit dem ADM besprochen wird. Die Zielfindung findet Anwendung, wenn wir z. B. einen neuen Markt bearbeiten und das Potenzial noch nicht genau abschätzen können.

Beispiel einer Umsatzplanung

Produkt	Januar	Februar	März	April	Total	Bemerkung
Metallbau	100 000	100 000	400 000	200 000	800 000	Aktion Balkone im März
Pumpen	50 000	50 000	10 000	10 000	120 000	Revisionen im Januar und Februar
Anlagenbau	500 000	1 000 000	2 000 000	500 000	4 000 000	Grossauftrag China im März
Behälterbau	100 000	100 000	100 000	100 000	400 000	Regelmässige Abnahme der Lebensmittelindustrie

Beispiel einer Umsatzplanung mit Soll-Ist-Vergleich

Produkt	Januar			Februar			Total		
	Soll	Ist	+/−%	Soll	Ist	+/−%	Soll	Ist	+/−%
Unterhalt	10 000.00	9 000.00	−10	12 000.00	12 000.00	0	22 000.00	21 000.00	−4.54
Gartenbau	80 000.00	85 000.00	+6.25	72 000.00	78 000.00	+8.33	152 000.00	163 000.00	+7.23
Revisionen	8 000.00	8 000.00	0	2 000.00	3 000.00	+50	10 000.00	11 000.00	+9.09
Zubehör	500.00	600.00	+20	1 000.00	1 000.00	0	1 500.00	1 600.00	+6.66

6.2 Absatzplanung

Diese Zahl ist vorwiegend bei Produktionsfirmen wichtig, Auslastung der Maschinen, Anzahl Mitarbeitende etc. Auch die Automobil- oder die Unterhaltungsbranche (z. B. SRF, Open Air St. Gallen) sprechen von Anzahl Zuschauer/Zuhörer, verkauften Fahrzeugen oder Tickets.

Produkt	Januar	Februar	März	April	Total	Bemerkung
Rasenmäher	5	6	23	30	64	Einkauf ab März forcieren
Schneefräsen	20	18	3	1	42	Aktion/Abverkauf?
Schneeschaufel	80	60	20	10	170	Grössere Mengen einkaufen und einlagern für folgenden Winter
Gartenrechen	10	20	80	160	270	Aktion im Herbst für die Verwendung von Laubrechen

Je nach Bedarf können weitere Spalten für einen Soll-Ist-Vergleich eingefügt werden.

6.3 Informationen für eine Umsatz- & Absatzplanung

Bevor die Umsatz- und Absatzplanung erstellt wird, müssen verschiedene Informationen bezüglich Markt, eigener Unternehmung, Konkurrenz und Rahmenbedingungen analysiert werden.

6.3.1 Markt

Differenziertes Marktpotenzial in den Verkaufsgebieten, z. B. Umsatzerwartung in Verkaufsgebieten mit schwacher oder starker Kaufkraft. Das 5-Kräfte-Modell von Porter liefert weitere Hinweise:

Neue Konkurrenz
- Skaleneffekte
- Absolute Kostenvorteile
- Kapitalanforderungen
- Produktdifferenzierung
- Zugang Vertriebskanäle
- staatl./rechtl. Barrieren
- Vergeltung etablierter Unternehmen

Lieferantenmacht
- Verhältnis Produktkosten zu Gesamtkosten
- Produktdifferenzierung
- Wettbewerb zwischen Lieferanten
- Grössenverhältnis Lieferant zu Unternehmen
- Wechselkosten der Käufer zu anderen Lieferanten
- Käuferinformationsdichte
- Möglichkeiten der Vorwärtsintegration

Wettbewerb in der Branche
- Konzentrationsgrad
- Vielfalt der Wettbewerber
- Produktdifferenzierung
- Überkapazitäten und Austrittsbarrieren
- Kostenstrukturen und -bedingungen

Käufermacht
- Verhältnis Produktkosten zu Gesamtkosten
- Produktdifferenzierung
- Wettbewerb zwischen den Anbietern
- Grössenverhältnis Käufer zu Unternehmen
- Wechselkosten der Käufer zu anderen Lieferanten
- Käuferinformationsdichte
- Möglichkeiten der Rückwärtsintegration

Ersatzprodukte
- Käuferneigung zu Substituten
- Relative Preisposition
- Leistung der Substitute

Nach Porter, Michael E., How Competitive Forces Shape Strategy, Issue of Harvard Business Review; 1979. www.hbr.org

6.3.2 Eigene Unternehmung

Die Unternehmenspolitik beeinflusst die Umsatzplanung.

Die Preisgestaltung beeinflusst möglicherweise die Nachfrage in dem Masse, dass keine weiteren Umsatzsteigerungen möglich sind.

Die Unternehmens- bzw. Marketingstrategie machen klare Vorgaben.

6.3.3 Absichten der Konkurrenz

Das Verhalten von bestehenden und neuen Konkurrenten verändert sich laufend. Markante Beispiele sind die Flatrates von Swisscom oder die Einführung von MBudget der Migros.

6.3.4 Rahmenbedingungen

Sämtliche Umweltfaktoren (STÖÖPFR) müssen ständig beobachtet werden. Einfuhrbestimmungen, neue Gesetze, Preiszerfall oder Anstieg von Rohmaterialien, sozialer Unfrieden etc. können die Umsatzplanung von gestern hinfällig machen.

> **Beispiele**
> Ölpreis, Nachfrage Chromstahl China, 9/11, Börsencrash, Eurokrise.

6.4 Die Einsatzplanung

Neben der Umsatzplanung bildet die Einsatzplanung einen weiteren Bestandteil der primären Verkaufsplanung.

Mit der Einsatzplanung wird bestimmt, welche Kundenkategorien wie oft, in welchem Abstand und zu welchem Zeitpunkt besucht werden. Die Einsatzplanung reicht von der globalen Planung der Präsenz im Markt bis zur Planung jedes einzelnen Vertretertages.

Die Einsatzplanung unterteilt sich nachfolgend in die Streuplanung und in die Zeitplanung.

6.4.1 Streuplanung

Die Grundlage für die Erstellung einer Streuplanung bildet die Verkaufsstrategie. Vorgaben, die in der Verkaufsstrategie definiert wurden, bilden wichtige Parameter, die in die Streuplanung einfliessen müssen:

- Kundenselektion (ABC-Analyse)
- Kontaktqualität (persönlich, schriftlich, telefonisch)
- Kontaktquantität (wie oft wird der Kunde besucht)
- Kontaktperiodizität (in welchem Abstand wird der Kunde besucht)

Nachfolgende Grafiken zeigen die verschiedenen Detaillierungsgrade einer Streuplanung.

Detaillierter globaler Streuplan

Kunden-kategorie	Anzahl Kunden	Besuche pro Jahr	Total Besuche	Kontaktperiodizität	Bemerkung
A	100	12	1 200	1× pro Monat	Nach Absprache
A-neu	80	8	640	1× pro 1.5 Monate	
B	550	6	3 300	1× pro 2 Monate	
B-neu	200	4	800	1× pro 2.4 Monate	
C	1 500	4	6 000	1× pro 3 Monate	
C-neu	800	2	1 600	1× pro 6 Monate	
D	2 850	–	–	–	Individuelle Besuchsplanung
D-neu	1 000	–	–	–	
Total	7 080	36	13 450		

Detaillierter Streuplan pro Region

Kontaktperiodizität / Kundenkategorie	Besuchsfrequenz											Total
	12× pro Jahr / 1× pro Monat / A-Kunde / Besuche			6× pro Jahr / 1× pro 2 Monate / B-Kunde / Besuche			4× pro Jahr / 1× pro 3 Monate / C-Kunde / Besuche			4× pro Jahr / 1× pro 3 Monate / N-Kunde (A)[1] / Besuche			
	Anz.	Soll	Ist	Anz.	Soll	Ist	Anz.	Soll	Ist	Anz.	Soll	Ist
Region Ost	30	360		110	660		320	1 280		30	120		
Region Nord	25	300		150	900		330	1 320		20	80		
Region Mitte	20	240		130	780		400	1 600		20	80		
Region West	25	300		160	960		450	1 800		10	40		
Total	100	1 200		550	3 300		1 500	6 000		80	320		

Detaillierter Streuplan pro Verkaufsgebiet

Kontaktperiodizität / Kundenkategorie	Besuchsfrequenz											Total
	12× pro Jahr / 1× pro Monat / A-Kunde / Besuche			6× pro Jahr / 1× pro 2 Monate / B-Kunde / Besuche			4× pro Jahr / 1× pro 3 Monate / C-Kunde / Besuche			4× pro Jahr / 1× pro 3 Monate / N-Kunde (A)[1] / Besuche			
	Anz.	Soll	Ist	Anz.	Soll	Ist	Anz.	Soll	Ist	Anz.	Soll	Ist
P. Hauser	10	120		30	180		110	440		10	40		
A. Weber	10	120		40	240		105	420		10	40		
P. Müller	10	120		40	240		105	420		10	40		
Total	30	360		110	660		320	1 280		30	120		

---

1 Der Neukunde ABC wird im Durchschnitt 4× pro Jahr besucht (Annahme).

Bei der Erstellung einer Streuplanung müssen folgende Kriterien analysiert und in die Überlegungen einbezogen werden:

6.4.1.1 Markt

Kundenbedürfnisse, Kaufkraft- und Marktpotenzialstruktur.

6.4.1.2 Eigene Unternehmung

Kundenstruktur, Kontaktqualitäten und -quantitäten. Zudem ist es entscheidend, welche Ressourcen vorhanden sind (Anzahl Mitarbeitende AD, ID, Budget für flankierende Massnahmen wie Werbung, Verkaufsförderung). Auch die Struktur des Vertriebes ist entscheidend (Multi-Chanel).

Rahmenbedingungen
Zwei Grundsätze sind bei der Streuplanung möglichst zu optimieren:
1. Jede Verkaufsregion soll dieselben Umsatzmöglichkeiten enthalten und dem Verkäufer gleiche Einkommenschancen geben.
2. Der Umsatz soll in jeder Verkaufsregion mit derselben Arbeitslast erreichbar sein. Die Arbeit des Verkäufers wird beeinflusst durch:
   - die Anzahl der Kontakte
   - den Umfang der einzelnen Kontakte
   - die erforderliche Reisetätigkeit

Berechnung der Anzahl Aussendienstmitarbeiter (ADM)
Die Streuplanung bietet die optimale Grundlage zur Berechnung der Anzahl Aussendienstmitarbeiter (ADM). Für die korrekte Berechnung müssen folgende Angaben vorliegen:
1. Anzahl Kunden, die pro Jahr besucht werden
2. Anzahl Besuche pro Kunde (ABC-Analyse)
3. Anzahl Besuche pro Tag
4. Anzahl verkaufsaktive Tage

Die Anzahl der Kunden inkl. Neukunden, die akquiriert werden möchte, ist aus der Streuplanung zu entnehmen, ebenfalls die Selektion der Kundenkategorie. Die Anzahl Besuche pro Tag wird durch die Art des Kontaktes bestimmt. Ein ADM, der z. B. Verbrauchsartikel verkauft, wird erheblich mehr Besuche pro Tag generieren als ein ADM, der die Maschinenindustrie mit Produktionsanlagen in Millionenhöhe beliefert. Für die Vereinfachung der Berechnungen, werden im Durchschnitt fünf Besuche pro Tag als Annahme getroffen (Schullösung). Dabei spricht man z. B. von vier warmen Besuchen (angemeldet) und einem kalten Besuch (unangemeldet).

Ein weiteres wichtiges Kriterium bilden die verkaufsaktiven Tage eines ADM. Auch hier wird ein ADM, der seine Termine via Callcenter planen lässt, mehr verkaufsaktive Tage vorweisen als derjenige ADM, der seine Termine selbst plant und z. B. zusätzliche administrative Arbeiten im Home-Office erledigt.

Um Kapazitätsengpässen vorzubeugen, ist die Anzahl verkaufsaktiver Tage genau zu berechnen. Zur Vereinfachung werden im Durchschnitt 170–190 verkaufsaktive Tage berechnet (Schullösung).

Beispiel anhand der globalen Streuplanung

	Tage pro Jahr	365
./.	Samstage/Sonntage	104
./.	Feiertage	10
./.	krankheits- und unfallbedingte Absenzen	10
./.	Ferien	25
./.	Militärdienst	15
./.	Weiterbildung	10
./.	sonstige Absenzen	11
	Total verkaufsaktive Tage	**180**

Beispiel für die Berechnung der benötigten ADM

geplante Besuche pro Jahr	13 450
Besuchszahl pro Tag	5
verkaufsaktive Tage	180

$$\frac{13\,450 \text{ Besuche}}{5 \text{ Besuche/Tag}} = \text{Total } 2\,690 \text{ Besuchstage}$$

$$\frac{2\,690 \text{ Besuchstage}}{180 \text{ Besuchstage/AD}} = T14.94 \text{ resp. } 15 \text{ ADM (immer auf- oder abrunden)}$$

Theoretische Aufteilung der Kundenkategorie pro ADM:

180 A-Kunden	15 ADM = ca. 12 A-Kunden pro ADM
770 B-Kunden	15 ADM = ca. 51 B-Kunden pro ADM
2 300 C-Kunden	15 ADM = ca. 153 C-Kunden pro ADM
3 850 D-Kunden	15 ADM = ca. 256 D-Kunden pro ADM

In der Praxis wird es sehr schwierig sein, die Kunden so aufzuteilen, dass jeder ADM genau die gleiche Anzahl A-, B-, C- oder D-Kunden betreuen kann.

6.4.2 Zeitplanung

Mit einer ziel- und kundenorientierten Zeitplanung können wir das Kundenbedürfnis befriedigen und unsere Ressourcen optimal einsetzen.

Die nachstehenden Informationen können die Zeitplanung massgebend beeinflussen:

- Kundenwunsch bzw. Verfügbarkeit des Kunden
- Besuchsvorbereitung durch den Verkäufer
- die Kontaktqualität (Zeitbedarf für die einzelnen Kontakte)
- die Kontaktperiodizität
- die Flexibilität der Verkaufsorganisation
- das Domizil der Verkaufspersonen

Das Ergebnis der Verknüpfung dieser Informationen führt zu den einzelnen Tourenplänen. Der ADM plant in der Regel seine Reiseroute selbstständig. Eine Unterstützung durch den Innendienst ist sinnvoll, die Terminierung wird heute oftmals durch Callcenter durchgeführt.

6.4.2.1 Planungsmethoden

In der Tourenplanung wird bestimmt, welche Kunden auf einer bestimmten Tour in welcher Reihenfolge durch den ADM besucht werden. Die dazu benötigten Informationen liegen in der Regel bereits durch die Streuplanung vor.

Wie bereits an anderer Stelle erwähnt, können sich im Markt infolge Entwicklung von Potenzial, Sättigung usw. Veränderungen ergeben, die die Anzahl der durchzuführenden Besuche beeinflussen. Diesbezügliche Änderungen können zu Über- oder Unterbelastung des Verkaufsmitarbeiters führen. Aus diesem Grund sind die Tourenpläne sowie die Einteilung der Verkaufsgebiete periodisch zu überprüfen und allenfalls anzupassen.

In der Tourenplanung geht es um die Bestimmung der Besuchsreihenfolge, um damit die geografische und zeitliche Distanz einer Verkaufstour zu minimieren. Diese haben erheblichen Einfluss auf die Verkaufskosten.

Zur Lösung dieses Problems bestehen folgende Theorien:

- Kuchenprinzip
- Blattprinzip

6.4.2.2 Kuchenprinzip

Einer der Hauptgründe für überlange Reisezeiten ist, dass einzelne Routen mehrmals gefahren werden, weil z. B. Kunden nicht angetroffen wurden, oder es werden Umwege gefahren, um dringende Anfragen und Beschwerden zu erledigen. Beides kann durch eine Wochenplanung nach dem Kuchenprinzip vermieden werden. Jeder Bezirk wird in **fünf Abschnitte** aufgeteilt. Jeder Abschnitt bildet das Ziel für einen Wochentag. Die Abbildung zeigt einen derart unterteilten Bezirk:

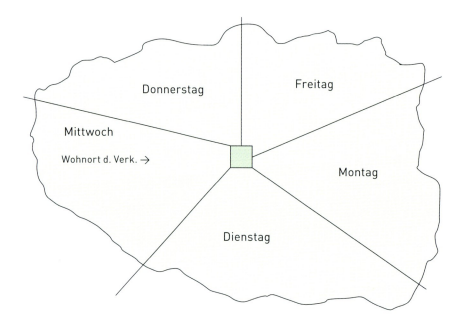

Quelle: (o. V.)

Dieser Teilung liegt die Annahme zugrunde, dass der Verkäufer etwa im Zentrum seines Bezirks wohnt oder dort seine Arbeit beginnt. Jeder Abschnitt wird erneut unterteilt, und zwar entsprechend der Wochenzahl pro Kontaktperiodizität. Jedes Teil entspricht einem Tagespensum. Wird also nach Kontaktperiodizität jeder Kunde einmal besucht, d.h. die Besuchsfrequenz beträgt vier Wochen, hat jeder Abschnitt vier Teile. Sind die Kontaktperiodizitäten unterschiedlich lang, muss ein gemeinsamer Nenner gefunden werden. Wenn also Besuche in Abständen von vier, acht oder zwölf Wochen stattfinden, bleibt es bei der Unterteilung in vier Teile; denn Vier ist der gemeinsame Nenner aller Besuchsfrequenzen. Die Bezirkskarte sieht dann so aus, wie in folgender Abbildung dargestellt:

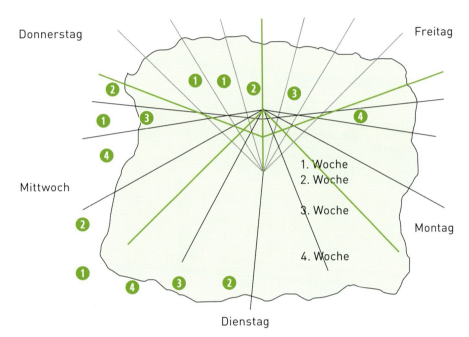

Quelle: (o.V.)

Im Rahmen dieses Systems besucht der ADM jedes Segment seines Bezirks wöchentlich. Wenn er also einen Besuch am Mittwoch der vierten Woche nicht machen konnte, holt er ihn am Donnerstag der ersten Woche nach. Und zwar ohne grossen Umweg, ohne Extrareise und ohne vier Wochen bis zum nächsten planmässigen Besuch warten zu müssen.

6.4.2.3 Blattprinzip

Mit dem Blattprinzip lassen sich weitere Zeitersparnisse realisieren, indem die tägliche Reisezeit auf ein Minimum reduziert wird. Dabei wird der Mittelpunkt aller Besuchsorte zum Mittelpunkt des Reisewegs. Anhand eines typischen Tagesabschnitts lässt sich demonstrieren, dass die blattförmige Route die kürzeste Verbindung aller zu besuchenden Orte ist.

> **Beispiel einer Tourenplanung**
> Die folgende Abbildung zeigt im Ansatz einen Tourenplan, in dem sowohl das Kuchen- als auch das Blattprinzip enthalten sind. Die dargestellte Tabelle wird gleichzeitig zur Kontrolle der durchgeführten Besuche benützt.

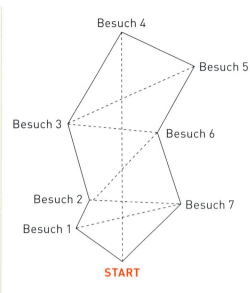

Besuch 4, Besuch 5, Besuch 3, Besuch 6, Besuch 2, Besuch 7, Besuch 1, START

—— Route bei «Arbeiten auf dem Hinweg und direkt zurück» oder «direkt hinfahren und auf dem Rückweg arbeiten»

----- Route bei «Blattsystem»

Kunden in Besuchsreihenfolge	Kontakt-qualität	Besuche nach Monaten												Besuchs-frequenz
		1	2	3	4	5	6	7	8	9	10	11	12	
1. Woche														
Schweizer & Co., Luzern	a	o	o	o	o	o	o	o	o	o	o	o	o	12
Lüdin AG, Luzern	b		o			o			o			o		4
Marzohl Gebr., Luzern	c	o		o		o		o		o		o		6
....														
2. Woche														
usw.														
Total		2	2	2	1	3	1	2	2	2	1	3	1	22

o = vorgesehener Besuch, o = angemeldeter Besuch, ⊗ = Besuch erfolgt

Quelle: (o. V.)

Verkaufsstufenplan

Als Verkaufsstufenpläne bezeichnet man eine Reihe von genau aufeinander abgestimmten Verkaufsmassnahmen, die das Hauptziel haben, neue Kunden zu gewinnen, Kunden zu halten oder mit bestehenden Kunden bessere Umsätze zu erwirtschaften. Der Verkaufsstufenplan ist ein wertvolles Hilfsmittel, um einen strukturierten Verkaufsprozess abzuwickeln, er kann z. B. auch für die Messeplanung eingesetzt werden.

Wir unterscheiden zwischen drei Hauptphasen:

- Vorbereitung
- Durchführung
- Nachbearbeitung

Das nachstehende Beispiel eines Verkaufsplanes zeigt einen möglichen Verkaufs- oder Akquisitionsprozess.

Beispiel eines Verkaufsstufenplanes

1. Beschaffung von Adressen
2. Definition der Verkaufshilfsmittel
3. erster Werbeimpuls
4. Beschaffung der Verkaufshilfsmittel
5. Argumente und Gesprächsleitfaden ausarbeiten
6. zweiter Werbeimpuls
7. Verkaufsgespräche trainieren
8. erster Kundenbesuch
9. Nachfassung
10. zweiter Kundenbesuch
11. dritter Kundenbesuch und Abschluss
12. Daten pflegen

Aktivitäten	WER	WANN
Vorbereitungsphase		
1. Auswahl potenzieller Adressen	IDM + ADM	8 Wochen vor X
2. Definition der Verkaufshilfsmittel	IDM + ADM	8 Wochen vor X
3. erster Werbestoss (Mailing, Besuchsankündigung)	IDM	7 Wochen vor X
Verkaufsphase		
1. erster Kundenbesuch	ADM	5 Wochen vor X
2. Nachfassbrief (Besuch verdanken, Ankündigung zweiter Besuch, Prospekte etc.)	IDM	4 Wochen vor X
3. zweiter Kundenbesuch (Produktpräsentation, Angebot)	ADM	4 Wochen vor X
4. dritter Kundenbesuch mit oder ohne Abschluss	ADM	2 Wochen vor X
Nachbearbeitungsphase		
1. Auftragsbestätigung (bei positivem Abschluss)	IDM	X
2. Aufnahme in die Kundendatenbank	IDM	Sofort nach X
3. Aufnahme in die Streuplanung	IDM + ADM	Sofort nach X

Aufgaben zu Kapitel 6

1. Welche Einflussfaktoren spielen eine Rolle bei der primären Verkaufsplanung?

2. Was ist der Unterschied zwischen dem Blatt- und Kuchenprinzip?

3. Erstellen Sie einen kurzen Verkaufsstufenplan für einen nächsten Messeauftritt.

7 Sekundäre Verkaufsplanung

Lernziele
Nach der Bearbeitung dieses Kapitels …

- kennen Sie die Inhalte der sekundären Verkaufsplanung.
- kennen Sie die unterschiedlichen Organisationsformen im Verkauf.
- können Sie einen Stellenbeschrieb verfassen.
- können Sie einen Flowchart erstellen.
- kennen Sie die unterschiedlichen Entlöhnungsmöglichkeiten.
- können Sie eine Verkaufsschulung planen.
- kennen Sie die verschiedenen Verkaufshilfsmittel.

Die sekundäre Verkaufsplanung regelt die internen und organisatorischen Abläufe des Verkaufs.

Zentrale Themen sind:

- Organisation (Aufbau- und Ablauf)
- Personal (Beschaffung, Erhaltung, Förderung)
- Motivation (monetär, nicht monetär)
- Ausbildung (Markt, Produkt, Verkauf, Verhalten)
- Verkaufshilfen (Salesfolder, Salesmanual, Transporthilfsmittel)

7.1 Organisation

Mit der Aufbauorganisation legen wir fest, wie der Verkauf eingegliedert ist, z. B.:

- Über welche Vertriebswege werden die Produkte abgesetzt?
- Ist der Verkauf regional, national oder international organisiert?
- Gibt es autonome Verkaufsniederlassungen?

Als ein wichtiger Grundsatzentscheid muss geklärt werden, ob Marketing und Verkauf zusammen oder getrennt organisiert werden. In kleineren Unternehmungen sind die Bereiche Marketing und Verkauf oft gemeinsam organisiert.

Die schematischen Grafiken verdeutlichen die beiden verschiedenen Organisationen:

Verkauf im «nicht integrierten» Marketing

Verkauf im «integrierten» Marketing

Gliederung innerhalb der Verkaufsorganisation
Innerhalb der Verkaufsorganisation können verschiedene Gliederungen vorgenommen werden. Wir beschränken uns hier auf die am häufigsten vorkommenden Gliederungsmöglichkeiten:

- Gliederung nach Regionen und Märkten
- Gliederung nach Produktgruppen
- Gliederung nach Kundenkategorien
- Gliederung nach Vertriebswegen
- Gliederung nach Funktionen

Kleine Unternehmungen gliedern oftmals nach Funktionen, grössere, z. B. Bühler AG, nach Produktgruppen, Dienstleister wie Banken und Versicherungen nach Kunden (Privat, Unternehmensgeschäft).

Organisationsformen
KMUs kennen oftmals ein reines Einliniensystem:

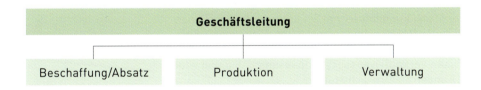

Ab einer gewissen Grösse kommt eine Stabstelle dazu:

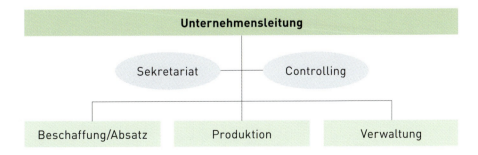

Komplexe Unternehmen werden mit einer Matrixorganisation geführt:

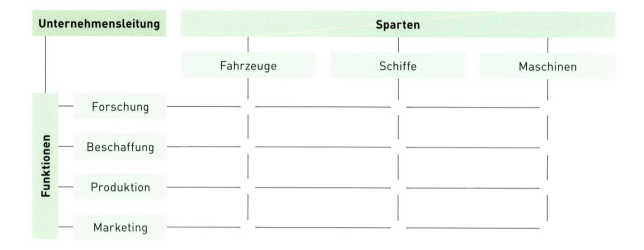

In der Aufbauorganisation arbeiten wir mit folgenden Mitteln:

- Organigramm
- Stellenbeschreibung
- Anforderungsprofil
- Funktionendiagramm

7.2 Personalplanung

Im Bereich Verkauf haben sich die Anforderungen an die Mitarbeitenden massiv verändert. Heute verlangt der Markt kundenorientierte Fachpersonen, die einen reibungslosen Ablauf der gesamten Organisation sicherstellen. Die ständige Aus- und Weiterbildung steht im Zentrum und es gibt wohl keine Branche mehr, die stillstehen kann. Zudem müssen Verkäufer äusserst anpassungsfähig und vital sein, die Anforderungen der Kunden ändern sich ständig.

7.2.1 Selektion von Verkaufspersonen

Die Selektion von Verkaufspersonen kann in drei Schritte unterteilt werden:

- Stellenbeschreibung
- Anforderungsprofil
- Auswahl der Beschaffungskanäle

7.2.1.1 Stellenbeschreibung

Die Stellenbeschreibung dient in der Bewerbungsphase dazu, dem Kandidaten eine möglichst genaue Beschreibung seiner künftigen Anstellung zu vermitteln. Während der Anstellung kann die Stellenbeschreibung bei Mitarbeitergesprächen, die ein- bis zweimal pro Jahr stattfinden, verwendet werden. Nach dem Austritt des Mitarbeiters kann die Stellenbeschreibung für die Ausschreibung der neu zu besetzenden Stelle verwendet werden. Wichtig ist, dass die Stellenbeschreibung, die sich durch neue Aufgaben verändern kann, angepasst wird.

Zwingend müssen Aufgaben, Kompetenzen und Verantwortungen klar definiert sein.

Die Stellenbeschreibung wird nach drei Kriterien gegliedert:

1. Instanzenbild
2. Aufgabenbild
3. Leistungsbild

Nachfolgend wird eine mögliche Variante für eine Stellenbeschreibung gezeigt:

Stellenbeschreibung

1. Instanzenbild	**1. Stellenbezeichnung**	**2. Rangstufe**
	3. Funktionsziel Hier wird in wenigen Sätzen beschrieben, welches grundsätzliche Ziel mit der Stelle verfolgt wird bzw. welche Stelle eingerichtet wurde.	
	4. Stellenbezeichnung des direkten Vorgesetzten	**5. Stellenbezeichnung und Anzahl der direkt unterstellten Mitarbeiter**
	6. Stelleninhaber vertritt:	**7. Stelleninhaber wird vertreten durch:**
2. Aufgabenbild	**8. Hauptaufgaben** Fachliche Angaben: Planen, vorbereiten, realisieren, Controlling, Ziele setzen etc. Personalaufgaben: Ziele vereinbaren, Führungsaufgaben, Schulungen initiieren etc. Informations- und Koordinationsaufgaben: Ablauf- und Bereichskoordination Nebenaufgaben: Warenkontrolle, Fuhrpark Zusatzaufgaben:	
	9. Spezielle Berechtigungen/Kompetenzen Spesenregelungen, Selektion von MA etc.	
3. Leistungsbild	**10. Leistungsbild** Anforderungen gemäss Anforderungsprofil (siehe Anforderungsprofil)	
	11. Überarbeitungstermin	
	12. Datum	**13. Unterschrift** Mitarbeiter: Vorgesetzter:

7.2.1.2 Das Anforderungsprofil

Die Anforderungen an einen Verkaufsmitarbeiter ergeben sich aus der Stellenbeschreibung, die der Planung der Verkaufsorganisation entnommen werden kann. Das Anforderungsprofil kann in drei Bereiche gegliedert werden:

- charakterliche Fähigkeiten wie z. B. Energie, Neigung zum Verkaufen, soziale Kompetenz, streben nach Geld, Fleiss, Durchhaltewillen
- fachliche oder objektive Fähigkeiten wie z. B. Fachkenntnis, Marktkenntnis, Fähigkeit, Abschlüsse herbeizuführen, Kundenpflege
- persönliche Merkmale wie z. B. Alter, Zivilstand, Wohnort, Leumund, Führerausweis

Damit das Anforderungsprofil für die Vorselektion der Dossiers verwendet werden kann, müssen im Vorfeld «Muss- und Kann-Kriterien» klar definiert sein:

Kriterien	Anforderung		Bemerkung
	Muss-Kriterium	Kann-Kriterium	
Charakterliche Anforderungen Soziale Kompetenz Rasche Auffassungsgabe etc.	✗ ✗		Hohe Konfliktfähigkeit
Fachliche Anforderung Fremdsprachen Technische Ausbildung etc.	✗	✗	Reisetätigkeit ganze Schweiz
Persönliche Merkmale Einwandfreier Leumund Wohnort im Verkaufsgebiet etc.	✗	✗	

Beschaffung der Verkaufspersonen

Beschaffungsmöglichkeiten
Grundsätzlich bestehen zwei Möglichkeiten, Mitarbeiter zu beschaffen:

1. Rekrutierung innerhalb der eigenen Unternehmung (Mitarbeiter mit Produkt- und Branchenkenntnissen in Firmen, bei denen neben der eigentlichen Verkaufstätigkeit ausgezeichnete Beratung oder auch viele Servicearbeiten notwendig sind)
2. Rekrutierung ausserhalb der Unternehmung (Konkurrenzunternehmungen, Kunden, Schulen usw.)

Auswahl der Beschaffungskanäle

- Werbung mit Inseraten
- Internetplattformen
- Stellenvermittler
- Werbeaktionen in Schulen
- gezieltes Ansprechen von geeigneten Personen (z. B. Headhunter)
- Social Medias

Ein Stelleninserat wird wie folgt gegliedert:

- Wir sind ... (präzise Beschreibung der Unternehmung heute und morgen).
- Wir suchen ... (genaue Angaben zur Stelle).
- Wir erwarten ... (klare Voraussetzungen).
- Wir bieten ... (Arbeit, Team, Anstellungsbedingungen).
- Wie bewerben (heute meistens elektronisch).

Eine weitere einfache Möglichkeit, die Aufgaben auf Stellen zu verteilen, ist das Funktionendiagramm.

Aufgaben werden vertikal dargestellt, die zuständigen Stellen horizontal:

Beispiel einer Verkaufsabteilung

Aufgabe	VL	ADM	ID	Ass.
Budget erstellen	V, K	M	M	A
Kunden besuchen	K	V, A	I	C
Messe organisieren	V	M	M	K, A
...				

V = Verantwortlich, K = Kompetenz, A = Ausführen, M = Mitsprache, I = Information, C = Kontrolle

Prozessablauf bei der Rekrutierung:

1. Stellenbeschreibung überprüfen oder erstellen
2. Anforderungsprofil überprüfen oder erstellen
3. Ausschreibung der Stelle (i. d. R. intern vor extern)
4. Grobselektion (Muss-Kriterien müssen erfüllt sein)
5. Feinselektion (Bewerbungsgespräch, Test, Assessments etc.)
6. Probearbeiten
7. Entscheid
8. Vertragsunterzeichnung
9. Erstellen Einführungsplan
10. Stellenantritt, Probezeitgespräch nach einem, zwei und drei Monaten
11. Aus- und Weiterbildung (Mitarbeiterbindung)

Dieser Prozess kann auch vereinfacht in einem Flowchart/Flussdiagramm dargestellt werden:

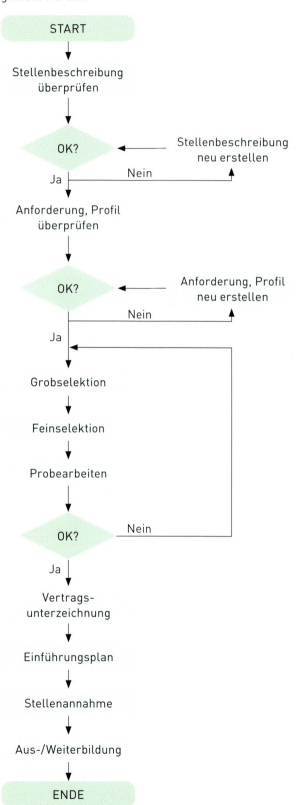

7.3 Motivation & Entlöhnung von Verkaufsmitarbeitern

7.3.1 Motivationsplanung

Heckhausen schreibt 1989: «Motivation ist eine momentane Gerichtetheit auf ein Handlungsziel, eine Motivationstendenz, zu deren Erklärung man die Faktoren weder nur auf Seiten der Situation oder der Person, sondern auf beiden Seiten heranziehen muss.»

Die Stärke des Bedürfnisses ist von zahlreichen Einflussfaktoren abhängig, z. B.:

- gesellschaftlich-kulturelle Umwelt
- persönliche Umwelt
- Unternehmung
- unmittelbar äusserlich gestecktes Ziel

Der amerikanische Psychologe Abraham Maslow entwickelte 1958 folgendes Modell:

Selbstverwirklichung
(Ideen umsetzen)

Ich-Bed.
(Macht, Status, Anerkennung)

Soziale Bedürfnisse
(Verh. zu Chef, Kollegen)

Sicherheitsbedürfnis
(Schutz vor Gewitter und Rauswurf)

Physiologische Bedürfnisse
(Essen, Trinken, Wärme, Sex, ...)

Maslow, A.: Maslow-Pyramide

7.3.2 Entlöhnung

Grundsätzlich kann die Unternehmung zwei Arten von Anreizen einsetzen:

- finanzielle Anreize
- indirekte finanzielle Anreize und nicht finanzielle Anreize

Bei den Vergütungssystemen gibt es drei Varianten:

- 100 % Fixlohn
- 100 % variabler Lohn
- Kombination Fix- und variabler Lohn

Beim Lohnsystem muss auf Folgendes geachtet werden:

- anforderungsgerecht (bestimmt die Lohnhöhe)
- leistungsgerecht (relativer Leistungsbeitrag des Arbeitnehmers)
- marktgerecht (Vergleich mit anderen Unternehmungen)
- sozial gerecht
- qualifikationsgerecht

Dabei werden aus Sicht des Mitarbeitenden folgende Funktionen erfüllt:

- soziale Absicherung
- Aufbau und Absicherung des Lebensstandards

7.3.2.1 Direkte finanzielle Anreize

- Fixe Entlöhnung oder
- Leistungsprovision auf Kommissionsbasis oder
- Kombination von fixer Entlöhnung und Leistungsprovision.

Am häufigsten ist die **Kombination** zwischen fixem Gehalt und variablem Leistungsanteil. Das fixe Gehalt soll im Verhältnis zu allen nicht direkt dem Verkauf dienenden Aufgaben, die dem Verkäufer übertragen werden, ausbezahlt werden. Das Verhältnis von **fixen** und **variablen** Lohnanteilen ist je nach Unternehmenskultur verschieden. Will die Unternehmung eine hohe Kontaktqualität, wird der fixe Lohnanteil höher sein, als wenn nur der kurzfristige Verkauf im Vordergrund steht.

Momentan zeigt sich wieder vermehrt ein Trend zu hohen fixen Anteilen (Industrie 90 % fix, 10 % variabel). In der Versicherungs- und Automobilbranche kennen wir aber auch Modelle wie 10 % fix oder sogar 100 % variabel.

Direkte finanzielle Anreize sind z. B.:

- Lohn
- Sozialleistungen
- Provisionen
- Bonus
- Incentives
- Spesen

7.3.2.2 Nicht finanzielle Anreize

- Lob und Anerkennung
- Frühpension
- Firmenwagen
- bezahlte Aus- und Weiterbildung
- grosszügige Ferienregelung
- Beförderungspolitik (Achtung, Kadermitarbeiter haben keinen Anspruch auf Überstunden!)
- Verminderung der Kontrollen
- Zuteilung schwieriger Aufgaben
- zusätzliche Titel
- Bekanntmachung überdurchschnittlicher Verkaufsleistungen

7.3.2.3 Entlöhnung

Der Anteil an fixem und variablem Lohnanteil ist im Verkauf üblich. Entsprechend der Strategie, die eine Unternehmung verfolgt, wird sie das Entlöhnungsmodell gestalten. Hier ist es wichtig, dass auch bei grossem variablem Lohnanteil ein Ziellohn definiert wird. Nachfolgend wird ein mögliches Entlöhnungsmodell aufgezeigt:

Kriterium	Beschreibung	Pro Monat Ziellohn CHF 8500.00	Bemerkung
Fixum	70 % des Ziellohnes werden als Fixum ausbezahlt.	CHF 5600.00	Eine hohe Kontaktqualität wird so sichergestellt.
Variabel	30 % des Ziellohnes werden variabel ausbezahlt. Zielerreichung: 90 % CHF 2000.00 100 % CHF 2400.00 110 % CHF 2800.00	CHF 2400.00	Die variablen Zahlungen sind auf 100 % ausgerichtet und werden pro Monat als Akontozahlung ausbezahlt.
Bonus	Zusätzlicher Bonus pro gewonnenen Neukunden CHF 100.00	CHF 500.00	Zielvorgabe pro Monat: fünf Neukunden
Gratifikation	Zusätzlich wird ein 13. Monatslohn ausbezahlt.	CHF 8500.00	
Total	Jahresgehalt	CHF 110500.00	

Aufgrund der langjährigen Erfahrung der Autoren empfehlen wir für eine Grobberechnung/Fallstudie folgende Löhne (× 13, 15–20 % Lohnnebenkosten, Arbeitgeber nicht enthalten):

- Innendienstmitarbeiter   ca. CHF 65000.00
- Aussendienstmitarbeiter   ca. CHF 80000.00 bis 110000.00
- Leiter Innendienst   ca. CHF 90000.00 bis 110000.00
- Verkaufsleiter   ca. CHF 120000.00 bis 150000.00

Die Löhne sind je nach Branche sehr unterschiedlich, ein CEO in der Metallbau- oder Maschinenindustrie verdient ca. CHF 200000.00, ein erfolgreicher Generalagent einer Versicherung > CHF 350000.00.

7.3.3 Ausbildung von Verkaufsmitarbeitern

Die Planung der Ausbildung bestimmt die Massnahmen zur Erhöhung der Qualität der Verkaufspersonen. Es geht um die Schliessung der Lücke zwischen den Anforderungen an das Verkaufspersonal und seinen effektiven Fähigkeiten, aber auch um ergänzende Weiterbildung im Sinne einer fortwährenden Qualitätsverbesserung der Verkaufspersonen und damit Erhöhung der Verkaufsproduktivität.

Die Ausbildung für Verkaufsmitarbeiter wird in verschiedene Schwerpunkte gegliedert:

Themen	Inhalt
Markt	Marktentwicklung, Mitbewerber, Konjunktur etc.
Eigene Unternehmung	Status, Budget, Marktanteil, Weisungen etc.
Produkte	Produktschulung, Neuentwicklungen etc.
Verkaufstechnik	Gesprächsführung, Konfliktbewältigung etc.
Firmenspezifische Themen	

Liste nicht abschliessend!

Das Ausbildungskonzept sollte folgende Punkte beinhalten:

- Ausgangslage
- Zielpersonen
- Ausbildungs- und Lernziele
- Ausbildungsmethoden
- Ausbildungsinstanzen
- Ort und Zeit der Ausbildung
- Kontrolle
- Budget

Zehn Gründe, warum die Ausbildung von Verkaufsmitarbeitern Vorteile bringt:

1. Der Stellenwert des Verkäufers nimmt ständig zu.
2. Produkte und Dienstleistungen werden komplexer.
3. Kunden sind besser informiert und vorbereitet.
4. Bessere Ausbildung = mehr Erfolg = mehr Motivation.
5. Konkurrenz wird ständig besser.
6. Die rasante Entwicklung verlangt eine hohe Flexibilität und Marktanpassung.
7. Selbstkontrolle der Mitarbeiter erhöht Leistung und Motivation.
8. Neue Mitarbeiter müssen rasch einsatzbereit sein.
9. Ausbildung kann bei den Verkäufern höhere Gehälter, Anreize und Sicherheit sowie Aufstiegschancen, Prestige und neue Selbstentfaltungsmöglichkeiten bringen.
10. Durch Ausbildung wird das Selbstwertgefühl der Mitarbeiter gesteigert.

Je nach Ausbildungsthema können Schulungen intern (z. B. Produktschulungen) oder extern durchgeführt werden (Teambildung, Persönlichkeitsbildung etc.). Der soziale Aspekt sollte auch berücksichtigt werden, gemeinsame Aktivitäten wie Nachtessen, Wandern, Biken, Segeln oder Outdoor-Team-Events wie Flossbauen, Waldspiele etc. fördern.

Entscheidend ist auch die Wahl des Trainers:

- interner Trainer (z. B. Verkäufer/Verkaufsleiter)
- externer Trainer

Ein interner Trainer kennt die Produkte und Menschen besser, ist aber eventuell betriebsblind. Ein externer Trainer kennt meistens die Methodik und Didaktik besser und kann Erfahrungen aus anderen Branchen einbringen.

Für das Budgetieren können wir von folgenden Werten ausgehen (interne Kosten wie Arbeitszeit, Umsatzverlust etc. sind nicht eingerechnet):

- Seminarpauschale für zwei Tage inkl. Essen/Zimmer/Saal ca. CHF 250.00–350.00/Person
- externer Trainer ca. CHF 2800.00–4800.00/Tag

Selbstverständlich gibt es z. B. in Zürich Seminar-Location, die das Doppelte kosten. Engagiert man zudem einen «Star» als Trainer, können die Kosten auch CHF 10 000.00 pro Tag betragen.

7.3.4 Planung der Verkaufshilfen

Verkaufshilfen unterstützen den Verkauf im Beratungs- und Verkaufsprozess. Zu den Hilfsmitteln gehören:

- Präsentationshilfen
- Informationshilfen
- Transporthilfen

7.3.4.1 Präsentationshilfeplanung

Präsentationshilfen tragen zur Verdeutlichung und Vertiefung von Informationen im Verkaufsprozess bei. Für die Planung von Präsentationshilfen sind Gestaltung, Sprache und Art des Verkaufskontaktes zu beachten. Als mögliche Restriktion ist das Verkaufskostenbudget zu nennen.

Beispiele von Präsentationshilfen

- Muster
- Modelle
- Schaubücher
- Preisbücher
- Prospekte
- Berichte
- Handskizzen
- Referenzen
- Laptop mit Beamer
- Tischflipchart
- Tablets

7.3.4.2 Planung der Informationshilfen

Die Planung der Informationshilfen umfasst den gesamten Informationsaustausch zwischen Kunden, Aussen- und Innendienstmitarbeitenden und der gesamten Unternehmung. CRM- oder ERP-Systeme unterstützten diesen Prozess.

Beispiele von Informationshilfsmittel

- CRM-Systeme (Kundendatenbanken)
- ERP-Systeme (Enterprise Resource Planning)
- Statistiken
- Intranet
- Berichte/Rapporte
- Sitzungen
- Gespräche
- Veranstaltungen

7.3.4.3 Planung der Transporthilfen

Grundlagen für die Planung der Transporthilfen sind:

- Verkaufskostenbudget
- Art der Transportmittel
- Kontaktqualität (Mitnahme von Dokumentationen, Mustern usw.; u. U. gilt das Transportmittel gleichzeitig als Präsentationshilfe oder Werbeträger)
- Einsatzplanung (Distanzen, Streuung der Kunden, Zeit)
- Anzahl der Verkäufer

Am häufigsten wird heute ein Geschäftswagen in Kombination mit Bahn/Flugzeug eingesetzt.

Bei der Auswahl eines Geschäftswagens empfiehlt sich eine gewichtete Nutzwertanalyse.

Vermehrt kommen «schlichte» Kombis zum Einsatz. Geflogen wird heute auch mehrheitlich Economyclass.

Beispiel einer möglichen Planung von Verkaufshilfen mit Budget

Verkaufshilfe	Beschreibung	Nutzen	Kosten in CHF
Präsentationshilfen			
Preisbuch (2000 St.)	Übersicht über Preise, Rabatte und Konditionen	Optimale Präsentation beim Kunden	16 000.00
Salesfolder (3000 St.) etc.	Produktpräsentation	Entscheidungshilfen für den Kunden	15 000.00
Informationshilfen			
Sales Manual	Verkaufsargumente Preisuntergrenzen Konditionen	Unterstützung für den Verkaufsmitarbeiter	5 000.00
Laptop (10 St.) etc.	Intranet Bestellungen	Umsetzung CRM	20 000.00
Transporthilfen			
Auto (10 St.) etc.	Firmenwagen Image	Transporthilfe	400 000.00
Total			456 000.00

Aufgaben zu Kapitel 7

1. Zeichnen Sie ein Stablinien-Organigramm, gegliedert nach Märkten.

2. Nennen Sie die Hauptmerkmale einer Stellenbeschreibung.

3. Erstellen Sie ein Anforderungsprofil für einen Aussendienstmitarbeiter.

4. Erstellen Sie einen Flowchart für eine Auftragsabwicklung.

5. Nennen Sie je vier direkte und indirekte finanzielle Anreize.

6. Warum ist Weiterbildung im Verkauf wichtig?

7. Erstellen Sie eine gewichtete Nutzwertanalyse für die Beschaffung der Geschäftswagen für den Aussendienst.

8 Planung der Verkaufskosten

Lernziele
Nach der Bearbeitung dieses Kapitels ...

- kennen Sie den Unterschied von fixen und variablen Kosten.
- können Sie den Deckungsbeitrag berechnen.
- können Sie ein Budget erstellen.

Unter den Begriff der Verkaufskosten fallen sämtliche Kosten des Innen- und Aussendienstes.

Die nachstehende Übersicht vermittelt eine Übersicht über Verkaufskosten, aufgeteilt in fixe und variable Kosten.

8.1 Verkaufskosten – Inhalte AD/ID

Verkaufskosten	Innendienst	Aussendienst
Fixe Kosten	– Löhne für alle im Innendienst tätigen Mitarbeiter – Lohn VL und/oder Anteile – Mieten der Verkaufsräumlichkeiten – Zins + Abschreibung – Anteil Schulung Verkauf – Betriebs- und Verwaltungskosten	– Löhne (fixer Anteil) – Lohn VL und/oder Anteile – Fahrzeuge Amortisation, Leasing – Verkaufshilfen – Schulung – Pauschalspesen
Variable Kosten	– Innendienstprämien	– Löhne (variabler Anteil) wie Prämien, Provisionen, Bonus – Reisekosten (Verpflegung, Übernachtung) – Repräsentationsspesen (Einladungen) – Kosten wie Porto, Telekommunikation – übrige Zusatzleistungen wie Home-Office, Kleiderentschädigung etc.

Je nach Interpretation durch die Verantwortlichen werden z. B. noch folgende Kosten dem Verkauf zugeordnet:

- Verpackungskosten
- Logistikkosten
- Rabatte und sonstige Nachlässe
- externe Beratung
- Debitorenverluste

8.2 Kostenarten

Grundsätzlich werden variable Kosten, fixe Kosten und der Gewinn ausgewiesen.

Der Deckungsbeitrag berechnet sich wie folgt:

    Nettoerlös
./. variable Kosten
= DB

Preisuntergrenzen
Wir unterscheiden zwei verschiedene Preisuntergrenzen:

- kurzfristige Preisuntergrenze (nur die variablen Kosten sind gedeckt)
- langfristige Preisuntergrenze (variable und fixe Kosten sind gedeckt)

Verkaufskostenbudget
Wir ziehen vom Nettoerlös sämtliche Kosten des Verkaufs ab. Grundsätzlich und langfristig muss jedes Unternehmen Gewinn erzielen, um langfristig überleben zu können und notwendige Investitionen zu tätigen.

Ein Budget wird selten zu 100% planbar sein, daher budgetieren wir rund 10% für Unvorhergesehenes ein.

Verkaufskostenbudget	
	Bruttoerlös
	− Erlösminderungen (Rabatt, Skonto etc.)
	= Nettoerlös
	− fixe Kosten (inkl. 10% Reserve)
	− variable Kosten (inkl. 10% Reserve)
	= Ergebnis

Die Planung der Verkaufskosten lässt sich auch im Sinne einer Deckungsbeitragsrechnung (DB-Rechnung) nach Verkaufsbereichen erstellen.

8.2.1 Beispiel DB-Rechnung

Kalkulationsobjekt	Kundenhauptgruppe Alpha					
	Kundengruppe A		Kundengruppe B		
	Kd. 1	Kd. 2	Kd. 3	Kd. 4	Kd. 5
Bruttoerlöse	1 000	5 000	750	1 200	500
./. Erlösminderungen (Rabatte etc.)	100	1 000	250	50	80
= **Nettoerlöse**	**900**	**4 000**	**500**	**1 150**	**420**
./. variable Herstellkosten	100	800	100	50	20
= **Kunden-Deckungsbeitrag I**	**800**	**3 200**	**400**	**1 100**	**400**
./. variable produkt- bzw. auftragsbezogene Vertriebskosten	100	800	100	100	20
= **Kunden-Deckungsbeitrag II**	**700**	**2 400**	**300**	**1 000**	**380**
./. variable, indirekt kundenbezogene Vertriebskosten	50	200	10	50	10
= **Deckungsbeitrag III**	**650**	**2 200**	**290**	**950**	**370**
./. kundenbezogene Fixkosten	90	100	20	90	15
= **Kunden-Deckungsbeitrag IV**	**560**	**2 100**	**270**	**860**	**355**
= Zwischensumme		2 660			1 485
./. Kundengruppenbezogene Fixkosten		1 900			210
= **Kunden-Deckungsbeitrag V**		760			1 275
= Zwischensumme					2 035
./. Kundenhauptgruppenbezogene Fixkosten					1 035
= **Kunden-Deckungsbeitrag VI**					**1 000**

8.2.2 Beispiel Verkaufskosten/Budgetstruktur

Pos.	Kostenart/Zusammensetzung	Fix	Var.	Budget Soll 200... CHF	Budget IST (Kontrollzweck) CHF
1	Personalkosten				
1.1	1 VL inkl. Sozialleistungen	x	x		
1.2	3 RVL inkl. Sozialleistungen Fixum: 90 000	x			
	Prämien, Bonus		x		
1.3	15 AD inkl. Sozialleistungen Fixum: 60 000	x			
	Provision, Bonus		x		
1.4	8 ID inkl. Sozialleistungen Fixum: 65 000	x			
	Total Personal				
2	Tagesspesen AD				
2.1	Telefon/Kommunikation				
2.2	Reisen (km und Parkgebühren)				
2.3	Verpflegung und Unterkunft				
2.4	Kundenrepräsentation				
2.5	Repräsentationsspesen VL/RVL				
	Total Spesen				
3	Verkaufshilfen				
3.1	Präsentationshilfen gem. Aufstellung				
3.2	Informationshilfen				
3.3	Transporthilfen (Fahrzeugkosten Leasing)				
	Total Verkaufshilfen				
4	Infrastruktur				
4.1	Drucksachen (Formulare)				
4.2	Gemeinkosten Büroinfrastruktur				
	Total Infrastruktur				
5	Ausbildung				
5.1	Schulung intern gem. Schulungsprogramm 200...				
5.2	Schulung extern gem. Schulungsprogramm 200...				
	Reserve 5 %				
	Total Ausbildung				
6	Total Verkaufskosten				

Aufgaben zu Kapitel 8

1. Berechnen der kritischen Absatzmenge

    Ermitteln Sie die Break-even-Menge für das Produkt «Abate»:
    Verkaufspreis   CHF   100.00
    variable Stückkosten CHF   30.00
    Fixkosten   CHF   350 000.00

    a) Wie verändert sich die kritische Menge, wenn der auf dem Markt mögliche Preis auf CHF 80.00 zurückgeht?
    b) Welches ist der minimale Angebotspreis, um in der Gewinnzone zu bleiben, wenn die Firma einen Abnahmevertrag über mindestens 10 000 Stück A abschliessen kann?

2. Erstellen Sie eine Grafik mit folgenden Angaben: Fixkosten, variablen Kosten, Herstellkosten, Gewinn und Break-even

9 Verkaufskontrolle

Lernziele
Nach der Bearbeitung dieses Kapitels ...

- kennen Sie den Unterschied von Controlling und Kontrolle.
- kennen Sie die unterschiedlichen Ziele der Kontrolle.
- können Sie einen Kontrollprozess definieren.
- kennen Sie die unterschiedlichen Kontrollmethoden.
- kennen Sie die Instrumente MIS und Balanced Scorecard

Begriffserklärung
Fälschlicherweise werden die Begriffe **«Kontrolle»** oder **«kontrollieren»** häufig mit dem Begriff **Controlling** gleichgesetzt. Deshalb ist es wichtig, diese Begriffe unterscheiden zu können.

Controlling (engl. to control für steuern, regeln; nicht: Kontrolle) ist ein umfassendes Steuerungs- und Koordinationskonzept zur Unterstützung der Geschäftsleitung und der führungsverantwortlichen Stellen bei der ergebnisorientierten Planung und Umsetzung unternehmerischer Aktivitäten.

Gegenstand des Controllings sind Beschaffung, Aufbereitung, Analyse und Kommunikation von Daten zur Vorbereitung zielsetzungsgerechter Entscheidungen. Während Kontrolle meist ein rückschauender, statischer Vorgang ist, so bezieht sich Controlling auf eine vorausschauende, planerische und dynamische Betrachtungsweise.

© dizain – Fotolia

9.1 Kontrolle – Zielsetzungen

Kontrolle ist die Überwachung oder Überprüfung einer Sache, Angelegenheit oder Person. Mit einer Kontrolle stellen wir Folgendes sicher: **Definition**

- gegebener Ist-Zustand mit einem gewünschten Soll-Zustand vergleichen und das Ausmass der Abweichung ermitteln
- Ursachen der Abweichung von Soll und Ist ermitteln und analysieren
- korrektive Massnahmen zur Zielerreichung

In einem **engeren Sinn** bedeutet «Kontrollieren» überwachen, prüfen, messen, vergleichen.

In einem **weiteren Sinn** gehören zum «Kontrollieren» auch informieren, aktivieren, werten, richtigstellen.

Kontrollieren ist eine **Führungsfunktion**. Bei richtiger Kontrolle entsteht eine Win-win-Situation für den kontrollierten Mitarbeiter sowie für dessen Vorgesetzten, der die Kontrolle durchführt.

Kontroll- und Zielgespräche sollten periodisch, mehrmals pro Jahr, durchgeführt werden. Eine Zielkontrolle Ende Jahr verunmöglicht eine rechtzeitige Reaktion auf Abweichungen.

Funktion und Ableitung der Kontrolle
Nachstehende Abbildung zeigt die Funktion der Kontrolle und mögliche Kontrollschwerpunkte in einer Unternehmung auf: **Funktion & Ableitung**

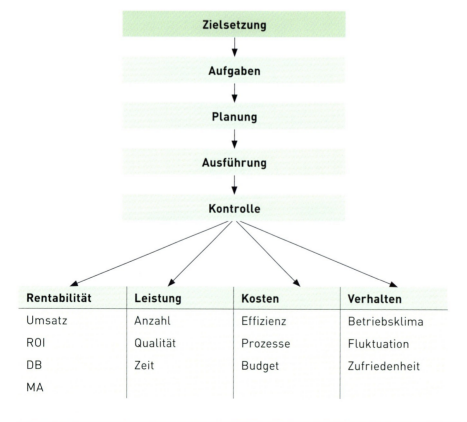

9.2 Kontrollprozess im Verkauf

Wie der Planungsprozess kann auch der Kontrollprozess in verschiedene Phasen gegliedert werden, wobei der Prozess der Verkaufskontrolle selten «linear» verläuft, sondern teilweise parallel oder sich wiederholend:

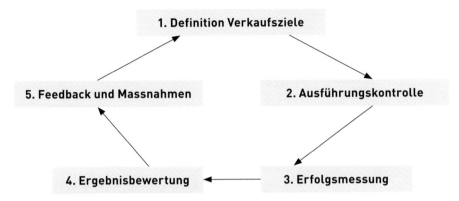

Phase	Schritt	Massnahmen
1.	Definition Verkaufsziele	Gemäss den gesetzten qualitativen und quantitativen Zielen werden die Verkaufsziele sowie deren untere und obere Toleranzwerte (Minimal- und Maximalziele) bestimmt. **Ziele müssen klar definiert werden (SMART).**
2.	Ausführungskontrolle	Überprüfen und laufendes Überwachen der angeordneten Massnahmen. Es ist zu überprüfen und laufend zu überwachen, ob die Realisierung der angeordneten Massnahmen zweckmässig und zielgerichtet vor sich geht. Hierbei steht die korrekte Umsetzung der Verkaufsstrategie durch den Verkäufer im Vordergrund, wie z.B. Einsatz von Hilfsmitteln gemäss Anordnung, Kontaktquantität, Einhalten der Routenplanung.
3.	Erfolgsmessung	Ist-Wert-Ermittlung und Soll-Wert-Vergleich. Damit ist die Erfassung der erzielten Leistungen beabsichtigt, um wesentliche Abweichungen vom Soll feststellen zu können. Die Erfolgsmessung folgt nicht immer anschliessend an die Ausführungskontrolle; in vielen Fällen laufen beide parallel. Sie wird bei Zwischen- oder Endresultaten angewendet.
4.	Ergebnisbewertung	– Gründe der Abweichung vom Soll feststellen – Wirkungsgrad der eingesetzten Faktoren prüfen – notwendig gewordenen Zeitaufwand erforschen – Höhe der entstandenen Kosten untersuchen und diese mit den Budgets vergleichen – Grad der Wirtschaftlichkeit ermitteln – während der Zielperiode gemachte Beobachtungen über die Verhaltens- und die Handlungsweisen der eigenen Mitarbeiter sowie die Reaktionen der Marktpartner systematisch darstellen und kommentieren
5.	Feedback und Massnahmen	Die Massnahmenplanung soll die Erreichung der vorgegebenen Ziele zukünftig sicherstellen. Diese Phase dient auch als Input für die Phase 1. Allenfalls müssen jetzt Zielkorrekturen/Anpassungen erfolgen, z.B. aufgrund veränderter Marktgegebenheiten wie Kostendruck, Konkurrenzverhalten, Abwanderung von Kunden, höhere Einkaufspreise.

9.3 Kontrollarten

Stichprobenweise oder lückenlose Kontrolle lautet das Motto.

Nachdem lückenlose Kontrollen sehr selten durchgeführt werden können, ist die Kontrolle in Form von Stichproben am häufigsten (und auch am wirtschaftlichsten):

Fremd-, Selbst- und gemeinsame Kontrolle

Methode	Wirkung
Fremdkontrolle Der Vorgesetzte kontrolliert allein die Arbeitsprobe, ohne den Mitarbeiter zu integrieren.	– Informationen sind schnell und unmittelbar greifbar – grosser Zeitaufwand – beruht auf der Beurteilung des Vorgesetzten allein, subjektiv – die Methode beschränkt sich darauf, was direkt beobachtet und bewertet werden kann
Gemeinsame Kontrolle Die erwünschten Ziele werden vor Arbeitsbeginn festgelegt, ebenso die Kontrollmethoden und -mittel. Der Vorgesetzte verlangt vom Mitarbeiter einen Vorgehensplan.	– der Mitarbeiter versteht den Auftrag gleich zu Beginn besser und ist dadurch auch motivierter (Identifikation) – der Mitarbeiter kann Fehler selbst erkennen und Verbesserungen einleiten – der Mitarbeiter wird nach und nach fähig, sich selbst zu kontrollieren – diese Methode führt langfristig zur Selbstkontrolle, entlastet Vorgesetzte
Selbstkontrolle Der Mitarbeiter kontrolliert sich selbst, was oft wirkungsvoller ist als Fremdkontrolle. Diese Methode eignet sich in reiner Form nur für selbstständige Mitarbeiter, die Verantwortung tragen wollen und können.	– der Mitarbeiter sieht die Fehler selbst und kann sie sofort korrigieren – der Vorgesetzte muss nur in Ausnahmefällen reagieren – Selbstkontrolle schafft weniger Schuldgefühle und gibt Entfaltungsmöglichkeiten – es gibt keine Schuldzuweisung, sondern Ursachenfindung

Unternehmenseigene und externe Kontrolle

Unter Umständen kann es «gefährlich» werden, wenn die Planungs- und Kontrollfunktion durch dieselbe Person ausgeübt wird. Abgesehen von der gefährdeten Objektivität und Neutralität können noch andere Gründe zur Delegation der Kontrollaufgaben an externe Institutionen führen. Beispiel hierfür ist ein Qualitätssystem nach ISO. Eine echte Fremdkontrolle ist aber nur dann gegeben, wenn die Prüfungsinstanz nicht zugleich massgeblich an Vorbereitung und Abwicklung der Massnahmen beteiligt war. Heute werden vermehrt Instrumente wie Mysteryshopping oder Mysterycalling eingesetzt. Mysteryshopping bedeutet, dass eine externe Firma mittels Testkäufen die Dienstleistungsqualität bewertet.

Mysteryshopping kommt aus den USA. Es wird vorwiegend im Bereich Service- und Dienstleistungen, z.B. in Detailhandel, Airlines, Hotelketten, Banken und Versicherungen, eingesetzt, um Standards wie Sauberkeit, Freundlichkeit, Kundenorientierung etc. systematisch gemäss den Vorgaben zu messen.

9.3.1 Kontrollmethoden

Als Kontrollmethoden eignen sich folgende Mittel: **Kontrollmethoden**

- Statistiken (interne, externe)
- Erhebungen (z. B. Marktberichte)
- Beobachtung (z. B. Reisebegleitung)
- Auswertung (z. B. Besuchsberichte, Spesenabrechnungen)
- Befragungen (z. B. Kundenbefragungen, Führungsgespräche)

9.3.2 Schwerpunkte der Verkaufskontrolle

Als besondere Herausforderung der Verkaufskontrolle gilt, dass es meistens schwerfällt, die Wirksamkeit des Verkaufs isoliert von den Wirkungen der anderen Marketinginstrumente zu betrachten. Dies darf jedoch nicht dazu führen, dass die Verkaufskontrolle vernachlässigt wird, insbesondere nachdem sich Teilbereiche der Verkaufskontrolle durchaus getrennt betrachten und kontrollieren lassen.

9.3.3 Hauptarten von Kontrollen

Marktkontrolle	Marktkennzahlen, Entwicklungstendenzen, Mitbewerber
Umsatz-, Absatzkontrolle	Bezogen auf Regionen, Kunden, Vertreter, Produktgruppen, Key-Accounts etc.
Preis- und Margenkontrolle	Preis- und Rabattgestaltung, Margen
Personalkontrolle	Wochenpläne, Rapporte, Statistiken, Mysteryshopping, Kontrolle CRM-Einträge, Kundeninputs durch den ADM, persönliche Gespräche
Kostenkontrolle	Vergleich effektive Kosten/Budget je Produkt, Warengruppe, Auftrag, Verkaufsregion
Gewinnkontrolle	Gewinne, Deckungsbeiträge

9.3.4 Verkaufs-Kontrollplan

ML = Marketingleiter, VL = Verkaufsleiter, FRW = Finanz- & Rechnungswesen

Pos.	Kontrollobjekt	Wie	Wann	Mittel/Instrument	Wer
1.	**Marktkontrollen**				
	Konkurrenz: Produkte, Preise Zusatzleistungen, Marktanteile Hilfsmittel, etc.	Erhebung durch AD	Monatlich	Statistik der Offerten ohne Abschluss; Gründe?	ML
			Quartal	Beobachtung Sortiment Feedback der Kunden	ML
	Kunden: Bedürfnisse, Wünsche, Kaufkriterien, -verhalten, Trends, Zwischenhandel	Erhebung mit MAFO (IHA)	Jährlich	Motivforschung durch Institut mit IHA	ML
		Erhebung mit MAFO (Nielsen)	Quartal	Nielsen-Detailhandelspanel	ML
2.	**Umsatz- und DB Kontrollen**				
	pro Produktgruppe; Region Kundengruppe, Aussendienst-MA	EDV Auswertung SOLL/IST VJ	Monatlich	Statistik mit Grafik, Vergleich mit anderen ADM	VL
	Erzielte Margen und DB	Dito	Monatlich	Dito	VL
	Rabatte und Konditionen	SOLL/IST Vergleich	Quartal	Konditionsvereinbarungen Verkaufsanlagen, Kundenstruktur-Abstufungen	VL
3.	**Verkaufskosten**				
	ø Besuchskosten	Auswertung EDV	Quartal	Sonderauswertung, einfliessend in Qualifikation, Vergleiche zu anderen ADM	VL
	ø Kosten pro Auftrag	Dito F & FRW	Quartal	Dito	VL
	Personalkosten	Vergleich	Monatlich	Lohnabrechnung IST versus Budget (SOLL)	FRW
	Spesenkontrolle	Vergleich	Monatlich	Spesenabrechnung alle ADM	VL
	Ausbildungskosten	Vergleich	nach Anlass	Budget Ausbildung/effektive Kosten gemäss Abrechnung	ML
4.	**Personalkontrollen**				
	Planung und Organisation	Stichprobe	Monatlich, Täglich	Einsatzpläne, Vollständigkeit	VL
		Auswertung	Monatlich	Rapporte, Tourenplanung	
	Fachliche Kompetenzen (Produktkenntnisse, Verkaufstechnik)	Kundenbefragung	Nach Schulung	Reklamationsauswertung	ML
		Test	Ad Hoc	Testbogen, Auswertung	VL
		Begleitung		Beobachtung des VL	VL
	Erreichung der Ziele	Datenauswertung EDV, Statistiken	Monatlich	Wochenrapport, Sitzungen Qualifikationsgespräch	VL
	Einsatz Verkaufshilfen	Stichprobe	Ad Hoc	Beobachtung	VL

9.3.5 Checkliste der Verkaufskontrollen

Was	Beschrieb
Marktkontrollen	- Entwicklungstendenzen, Trends - Substitutionsprodukte - Marktgrössen, Distributionskennzahlen - Konkurrenz - Konsumverhalten
Absatz-/Umsatz- kontrollen	- nach Regionen - Produktgruppen, Artikel - Abnehmer- und Verbraucherkategorien - Neukundengewinnung, Verhältniszahlen wie - Auftragsgrösse, Zahl der Aufträge pro AD etc.
Preis- und Margenkontrollen	- Budgetkontrolle - Deckungsbeiträge - Rabatte
Personalkontrollen	- Anzahl Besuche, Besuchsqualitäten - Kundenkarteien (Nachführung, Vollständigkeit) - Schulungsergebnisse durch Tests - Gesprächsführung, Abschlusstechnik - Verhalten bei Phantomkäufen - Anzahl Reklamationen - Produktkenntnisse - Tages- und Tourenplanung
Kostenkontrolle	- je Produkt/Warengruppe/Auftrag - ø Besuchskosten, ø Kosten pro Auftrag - Personalkosten AD - Personalkosten ID

Wichtig bei Kontrollplan in Rasterform:

Was	wird kontrolliert (Kontrollobjekt)
Wie	wird kontrolliert (Methode)
Womit	wird kontrolliert (Hilfsmittel)
Wann	wird kontrolliert (Periodizität)
Wer	kontrolliert (Verantwortung)

9.3.6 Mögliche Instrumente für die Kontrolle

MIS (Management-Informationssystem)
Darunter versteht man die Konzeption von Daten mit historischem und aktuellem Plancharakter, mit Soll- und Ist-Vergleichen, individuell zugeschnitten auf die verschiedenen Führungsinstanzen (Informationsempfänger).

Hauptziel MIS
Das MIS soll den regelmässigen Informationsfluss für das Management gewährleisten, um optimale Vorbereitungen zu schaffen, Entscheide und Massnahmen treffen zu können.

Welche Fragen muss ein Informationssystem beantworten?

- Wozu soll berichtet werden? (Zweck)
- Was soll berichtet werden? (Inhalt, Genauigkeit)
- Wer soll wem berichten? (Empfänger, Ersteller)
- Wann soll berichtet werden? (Periodizität)

Verwendungszweck von Berichten für das Management

- **Dokumentation** (von Ereignissen, z. B. Ergebnisse einer GL-Sitzung)
- **Auslösen betrieblicher Vorgänge** (z. B. Hinweis auf Plan/Ist-Abweichungen)
- **Kontrolle** (von Verkaufstätigkeiten, Absatz, Umsatz, Besuchsquantität etc.)
- **Entscheidungsvorbereitung** (z. B. einstellen neuer AD-MA, notwendige Einsparungen)

9.3.7 BSC (Balanced Scorecard)

Die Balance Scorecard ist ein strategisches Konzept unter der Berücksichtigung der Vision und der Strategie, welches Management Informationen liefert und ausgewogen die verschiedenen Perspektiven berücksichtigt.

Die Perspektive dieses MIS liegt auf einer qualitativen Wertsteuerung.

Das Wort «Balance» weist auf die Bedeutung der Ausgewogenheit hin zwischen:

- kurzfristigen und langfristigen Zielen
- monetären und nicht monetären Kennzahlen
- Früh- und Spätindikatoren
- externen und internen Leistungsperspektiven

Die BSC übersetzt die Unternehmensstrategie in Ziele und Zahlen aus vier Perspektiven:

1. **finanzwirtschaftliche Perspektive**
   (Rentabilität, Umsatz, Cashflow, Wachstumskennzahlen)

2. **Kundenperspektive**
   (Kundenzufriedenheit, Kundentreue, Kundenakquisition, Kundenrentabilität, kurze Durchlaufzeiten, Marktanteile etc.)

3. **interne Prozessperspektive**
   (Identifizierung neuer Prozesse, die ein Unternehmen zur Erreichung optimaler Kundenzufriedenheit schaffen muss, z. B. ISO-Zertifikate 9000...)

4. **Lern- und Entwicklungsperspektive**
   (die jene Infrastruktur identifiziert, die ein Unternehmen schaffen muss, um ein langfristiges Wachstum und eine kontinuierliche Verbesserung zu sichern)

© Kheng Guan Toh – Fotolia

Aufgaben zu Kapitel 9

1. Was ist der Unterschied von Controlling und Kontrolle?

2. Was ist der Vorteil der Selbstkontrolle?

3. Nennen Sie fünf konkrete Beispiele, was Sie im Verkauf kontrollieren.

4. Was ist der Zweck eines MIS?

5. Nennen Sie die vier Perspektiven der BSC und formulieren Sie je ein Ziel.

10 Verkaufsunterstützende Massnahmen

Lernziele
Nach der Bearbeitung dieses Kapitels ...

- kennen Sie das Franchising-System.
- können Sie ein Messekonzept erstellen.
- können Sie Messeziele formulieren.
- kennen Sie den Begriff Verkaufsförderung.
- können Sie ein CRM-Konzept erstellen.
- kennen Sie Multichannel und Networking.

10.1 Franchising

Franchising ist ein auf Partnerschaft basierendes Absatzsystem. Der sogenannte «Franchise-Geber» übernimmt die Planung, Durchführung und Kontrolle eines erfolgreichen Produkts oder einer Dienstleistung. Er erstellt ein unternehmerisches Gesamtkonzept, das von seinen Geschäftspartnern, den Franchise-Nehmern, selbstständig an ihrem Standort umgesetzt wird. Der Franchise-Nehmer ist stärker in das Vertriebssystem eingebunden als der blosse Vertragshändler. Der Franchise-Nehmer ist dennoch Händler im eigenen Namen und auf eigene Rechnung.

10.1.1 Anwendung

Franchising wird von Grossunternehmen mit einer weitverzweigten Filialstruktur angewendet. Dabei haben die Filialleiter häufig eine «Scheinselbstständigkeit».

Der Franchise-Nehmer verkauft seine Produkte und Dienstleistungen zwar rechtlich selbstständig, zahlt jedoch Gebühren für die Verwendung einheitlicher Ausstattung, eines einheitlichen Namens und Auftretens nach aussen, eines Symbols, zur Nutzung einer Marke, eines einheitlichen Vertriebssystems sowie oftmals für gemeinsame Buchhaltung. Der Franchise-Geber bildet den Franchise-Nehmer aus, überprüft die Umsetzung des Konzepts und darf Anweisungen erteilen.

10.1.2 Vorteile für den Franchise-Nehmer

- ☺ Markteintritt wird beschleunigt, weil das System bekannt und etabliert ist
- ☺ Gebietsschutz
- ☺ erprobtes Geschäftskonzept
- ☺ komplettes Leistungspaket (Schulung, IT, laufender Infoaustausch)
- ☺ gutes Image durch langjähriges Marketing, welches laufend angepasst wird
- ☺ erhöhte Kreditwürdigkeit bei Banken
- ☺ Grössenvorteile (Werbeaktionen, Einkauf etc.)
- ☺ Franchise-Nehmer ist dennoch selbstständiger Unternehmer

10.1.3 Nachteile für den Franchise-Nehmer

- ☹ stark eingeschränkt
- ☹ oftmals Knebelung durch äusserst restriktive Verträge und Abnahmezwang beim Franchise-Geber
- ☹ Ablieferung eines Teils der Einnahmen an die Franchise-Geber
- ☹ Gefahr der Beeinträchtigung des eigenen Images durch Aktionen des Franchise-Gebers
- ☹ keine Expansionsmöglichkeit über das vereinbarte Gebiet hinaus
- ☹ mögliche Absatzschwierigkeiten bei ungeeigneten oder schlechten Produkten/DLs

10.1.4 Vorteile für den Franchise-Geber

- ☺ sofortiger Zugriff auf festen Kundenstamm bei Übernahme von bestehendem Betrieb
- ☺ Aufwandsminderung zum Aufbau eines Filialsystems
- ☺ massgeschneiderte Vertriebsnetzlösung, z. B. in Bezug auf Örtlichkeit, Distanzen etc.
- ☺ optimale Vermarktung des marktbewährten Systems mit relativ geringem Kapitaleinsatz
- ☺ Rationalisierung, grössere Effizienz des Systems am Markt
- ☺ steigende Attraktivität bei den Lieferanten
- ☺ schnellere Expansionsmöglichkeiten
- ☺ Markt-, Kunden- und Partnernähe

10.1.5 Nachteile für den Franchise-Geber

- ☹ Verzicht auf einen Teil der Erträge
- ☹ Gefahr, dass das Konzept und das Image verwässert werden
- ☹ grosser Kontrollbedarf und entsprechende Kosten
- ☹ Widerstände bei Auflagen/Konzeptanpassungen mit dem Franchise-Nehmer

10.1.6 Weitere Beispiele von Unternehmen im Franchising

McDonalds, Burger King, Pizza Hut, inlingua International School of Languages, Obi, Good year, Aral, Vodafone, Bang & Olufsen, Benetton (Kleidung), Eismann Tiefkühlservice, Bofrost, diverse Automobilhersteller in einzelnen Ländern, Lufthansa (regional), Remax (Immobilien).

10.2 Messe- & Ausstellungskonzepte

10.2.1 Die Stellung der Messen im Marketing-Mix

Für die Investitionsgüterindustrie gewinnt die Messebeteiligung zusehends an Bedeutung. Wichtige Entscheidungsträger räumen dem Medium Messe im Rahmen des Kommunikations-Mix und insbesondere dem Verkaufs-Mix nebst persönlichen Besuchen und Referenzen durch Fachleute einen hohen Stellenwert ein.

Dabei hat die Messe ihre **wichtigste Funktion bei der Verkaufsanbahnung**, sodass der Messeerfolg nicht allein an den an der Messe getätigten Abschlüssen und Verkäufen gemessen wird, sondern auch an den nachfolgenden Resultaten, die aber vor allem von der Qualität der Nachfassaktivitäten des Verkaufs abhängig sind.

10.2.2 Zielsetzungen

Warum beteiligt man sich an welcher Messe? Die Frage nach den Zielsetzungen einer Messebeteiligung ist weit im Vorfeld der Messe zu stellen und definitiv zu beantworten. Das Argument «Die Konkurrenz ist auch dabei» darf sicher nicht das einzige Motiv einer Beteiligung sein.

©alphaspirit – Fotolia

Das wesentliche Charakteristikum der Messe ist es, dass sie nicht nur dem Erreichen eines einzelnen Zieles (z. B. Verkauf) dienen kann. Vielmehr lässt sich ein ganzes Bündel von Zielvorstellungen zusammenfassen und verwirklichen. Wie im Rahmen des Marketingkonzeptes sind auch bezüglich der Messeziele klare Prioritäten zu setzen.

Unter Zielen versteht man nicht Aussagen, wie «möglichst viel Umsatz» oder «wir wollen dieses oder jenes Produkt einführen». Konkrete Messeziele beinhalten klare und messbare Resultate, z. B.:

- 500 Kontakte mit bestehenden Kunden
- 200 Gespräche mit potenziellen Kunden

Die möglichen Ziele können wie folgt strukturiert werden:

- Verkaufsziel
- Kontaktziel
- Marketingziele

10.2.3 Die Wahl der Messen

Grundsätzlich gibt es Fach- und Publikumsmessen im Inland oder Ausland. Vermehrt mischen Anbieter auch die Formen, z. B. die ersten drei Tage sind für das Fachpublikum, die restlichen zwei Tage für das Publikum. Angesichts der hohen Kosten einer Messebeteiligung darf hier nichts dem Zufall überlassen werden.

Auf jeden Fall sind über sämtliche Alternativen weitere Informationen einzuholen, die sich insbesondere auf die Angebotsgliederung und auf die zu erwartenden Besucher (Zielgruppen) beziehen. Abstützungen auf Routineentscheide, «da waren wir schon immer dabei», sind sicher falsch. Die vorher erwähnten Informationen bekommt man am besten vom Veranstalter oder von den Industrie- und Handelskammern, eventuell auch von Ausstellerfirmen.

Auswahlkriterien für eine Messeteilnahme:

- Struktur und Angebot auf der Ausstellerseite
- Quantität und Qualität auf der Besucherseite
- Qualität und Quantität des Hallenangebotes
- Preis-Leistungs-Verhältnis der Dienstleistungen
- Image der Messe und deren Verankerung bei unseren bestehenden und potenziellen Kunden
- Infrastruktur-Einrichtungen

10.2.4 Messebudget

Die Erfahrungen zeigen, dass Aussteller zwischen 25 und 40 % des Messebudgets für den Standbau ausgeben. Als Faustregel gilt, dass man, auf die Platzmiete umgelegt, etwa das Zehn- bis Fünfzehnfache des Quadratmeterpreises für den Stand aufwenden muss. Personalkosten und Spesen werden meistens nicht dem Messebudget zugeordnet. Grob dargestellt lässt sich der Gesamtaufwand einer Messebeteiligung wie folgt aufgliedern:

- Vorbereitungsphase
- Durchführungsphase
- Nachbearbeitungsphase

10.2.4.1 Kosten Vorbereitungsphase

- Informationsbeschaffung
- Konzeption
- Organisation

10.2.4.2 Kosten Durchführungsphase

- Standkosten (Entwurf, Herstellung, Platzmiete, Ausstattung, Auf- und Abbau, Reinigung, Bewachung, Materialeinlagerung etc.)
- Transporte und Versicherungen
- Installationen (Telefon etc.)
- spezielles Werbe- und Informationsmaterial (Prospekte, Pressedienst, Pressemappe, Einladung, Inserate, Direct-Mailings etc.)
- Telefonmarketing (Kosten für Terminvereinbarungen etc.)
- Ausstellungsobjekte (Modelle, Spezialanfertigungen etc.)
- Bewirtung Messebesucher, ergänzende Messeveranstaltung, Pressekonferenz etc.
- eigenes Personal und Hilfskräfte (Saläre, Reise- und Aufenthaltsspesen, Trainingskosten etc.)

10.2.4.3 Follow-up-Phase

- Sichtung und Wertung der Resultate/Manöverkritik
- interner Schlussbericht/Schlussrechnung
- Auswertung der Messekontakte
- Nachbearbeitung durch den Verkauf und/oder durch eine separate Telefonmarketing-Aktion

10.2.5 Das Messe-Team

Standleitung
Chef des Standes ist in der Regel der Messe-Koordinator der Vorbereitungsphase. Idealerweise ist dies ein Verkaufskoordinator oder eine Assistenz-Person. Der Verkaufsleiter und die Aussendienstmitarbeitenden sollten sich hauptsächlich den Kunden widmen.

Geschäftsleitung
Da auch von den Kunden Geschäftsleiter oder Mitglieder der GL kommen, erwarten diese auch vom Aussteller, dass entsprechende Gesprächspartner vor Ort sind.

Verkaufsmitarbeiter
Wichtig ist es, die Anzahl ADM und IDM dem entsprechenden Besucheraufkommen anzupassen und genug Pausen einzurechnen. Zudem können IDM wichtige administrative Aufgaben speditiv übernehmen.

Techniker
Bei Ausstellungen mit Maschinen, Geräten etc. ist es zwingend, dass ein Techniker oder Monteur vor Ort ist, um die Kunden optimal zu beraten und/oder Störungen sofort zu beheben.

Service-/Büropersonal
Administrative Mitarbeiter und Hostessen können intern oder extern rekrutiert werden. Oftmals lohnt sich der Einsatz von professionellen, mehrsprachigen externen Hostessen.

10.2.6 Messe-Training

10.2.6.1 Trainingskonzept

Ein Trainingskonzept für die Messe hat folgenden Inhalt:

- Zielsetzungen
- Stoff
- Trainerwahl
- Methodik
- Erfolgskontrolle

10.2.6.2 Interner und externer Trainer

Nicht nur Produkt- und Marktkenntnisse sind wichtig. Die Verkaufssituation an einer Messe ist aussergewöhnlich. Auch bei erfahrenen Mitarbeitern lohnt sich ein Messetraining mit einem internen oder externen Trainer. Ein externer Trainer bringt oftmals mehr Erfahrungen und Wissen von anderen Branchen mit.

10.2.6.3 Information und/oder Training

Zur Information gehören folgende Bereiche:

- Zielsetzung der Messebeteiligung
- Information über die Messe selbst (Besucherzahlen, Besucherzusammensetzung etc.)
- Fachinformationen über die ausgestellten Produkte
- Aufgaben der Standbetreuer
- Verhalten nach 5-K-Regel (Kompetenz, Kommunikation, Konzentration, Kleidung, Körper)
- Nachfassaufgaben

Zum Training gehören folgende Themenkreise:

- Besucherpsychologie
- Kontaktaufnahme/Besuchsablauf
- Demonstrationstechnik
- Argumentation für Produkt-Neueinführungen
- Verhalten gegenüber der Konkurrenz
- Verhalten bei Reklamationen
- Nachbearbeitung

10.2.6.4 Ergänzende Kommunikationsmassnahmen zur Messe

Neben den selbstverständlichen Inseraten in der Fachpresse werden die Messen heute noch viel zu wenig für eigentliche Massnahmen im Bereich Produkte-PR benützt. Gute Messen sind immer ein Medienereignis und diese Situation sollte entsprechend genützt werden, indem man gezielte Presseorientierungen durchführt oder Beiträge in Fachzeitschriften veröffentlicht.

Viele Firmen haben bereits im Rahmen internationaler Messen mit Erfolg Symposien oder Workshops organisiert, mit denen Entscheidungsträger und Beeinflusser angesprochen wurden.

Solche Veranstaltungen sind vor allem dann am Platz, wenn man Neuigkeiten präsentieren kann, die im Nachfeld der Messe der Unternehmung einen Vorsprung gegenüber der Konkurrenz sichern sollen.

10.2.7 Verhalten des Standpersonals/Tipps für das Messe-Team

- unauffällige, aber gepflegte Kleidung inkl. Schuhe
- sinnvolle Kennzeichnung des Standpersonals
- richtige Verpflegung, Vorsicht mit Alkohol
- gute Körperhygiene
- perfekte Einhaltung des Anwesenheitspersonals
- körperliche Fitness dank genügend Schlaf
- richtiges Verhalten bei Reklamationen
- Festhalten besprochener Themenkreise
- Adressbeschaffung sämtlicher Interessenten (Austausch Visitenkarten, Angebot der Nachsendung von Unterlagen, Vorstellung anderer Standbetreuer etc.)
- richtiges Ansprechen von Messebesuchern
- laufende Reinigungsarbeiten
- Verhalten bei Konkurrenzgesprächen
- etc.

10.2.8 Aktivitäten vor der Messe

- Inserate in der Fachpresse
- Direct-Mailings
- ADM-Besuche
- Telefonkontakt durch AD oder ID

10.2.9 Aktivitäten nach der Messe

- telefonische Nachfassung
- persönliche Besuche
- Nachbearbeitung der Pendenzen
- Erstellen von Angeboten
- etc.

10.2.10 Lessons Learned

Unmittelbar nach der Messe sollte ein kurzer Rückblick gemacht werden, z. B.:

- Zielerreichung gemäss Messeziele
- Anzahl Besucher
- Erfahrungsaustausch der Standbetreuer, Verbesserungsvorschläge
- Soll-Ist-Vergleich von Werbemassnahmen, Kosten, Schulung, Kundenakquisition
- Auflistung von Pannen, Konkurrenzbeobachtungen, Kundenbedürfnisse

10.2.11 Das Messekonzept (Checkliste)

Analyse

- Soll-Ist-Vergleich aus dem Vorjahr/Schlussfolgerungen
- Vorgaben: Marketing, Budget
- Auswahl der Messe (aufgrund Zielsetzungen der GL)

Zielgruppen
Wen sollen, können, wollen oder müssen wir ansprechen?

Zielsetzungen

- Umsatz
- Bekanntheitsgrad
- Produkteimage, Unternehmensimage
- quantitative und qualitative Ziele (messbar)

Produkteselektion

- Werbung (PR, Katalog, Eintritte, Beilagen, Wettbewerb, Coupon etc.)
- Verkaufsförderung (persönliche Einladung)

Vor der Messe
Massnahmen:

- Standplanung (Ausführung, Aufbau, Telefon, Verpflegung etc.)
- personelle Disposition (Messe-Team bestimmen)
- Schulung des Standpersonals
- Sortimentsselektion
- Blickfang
- Präsentation
- Geschenk
- Informationen, Präsentationen
- Verpflegung intern/extern
- Kundeneinladung, Mailing, persönlich
- Sitzung Messestrategie (Standchef/Stellvertreter bestimmen)
- Innendienst: Verarbeitung der täglichen Infos
- VIP-Raum

Während der Messe
Massnahmen:

- Informationsabgabe am Stand (optisch, dokumentarisch, mündlich)
- dynamische Aktionen am Stand (Wettbewerb, Showteil, Degustation, Video etc.)
- Demos/Vorführung von Produkten
- Dienstleistungen (abholen mit Bus etc.)
- Rapporting (Adressmaterial, Visitenkarten etc.)
- Verkaufsförderung (VIP-Tag, spezielle Vorführung, Attraktionen, spez. Preisgestaltung)
- Beobachtung von Mitbewerbern, Kundenverhalten

Infrastruktur:

- Standordnung (Rauchen, Kleidung, Alkohol, Präsenz, Rapportwesen etc.)
- Übermittlung des Adressmaterials, Bestellungen, Anfragen etc.
- Standplanung (wer ist wann wo inkl. Pausen), externes Personal informieren
- Prospektmaterial, Wettbewerb

Nach der Messe
Massnahmen:

- Dienstleistungen ausführen
- Kommunikation (AD-Besuchsplanung, Nachfassaktion, Auswertung, Adressmaterial)
- Distribution (Auslieferung der bestellten Ware)

Infrastruktur:

- Dankesschreiben
- Nachfassaktivitäten: Mailing, Telefonaktion, Prospekte etc.
- Schlussbericht/Besprechung (Soll-Ist-Vergleich, Ablage für nächstes Jahr)

Budget
Inkl. Infrastruktur, Verpflegung, Spesen etc.

Termine/Zuständigkeiten

Kontrolle
Soll-Ist-Stand, Analyse

10.3 Verkaufsförderung

Als Verkaufsförderung **(Sales Promotion)** werden innerhalb der Kommunikationsmassnahmen des Marketings alle Aktivitäten zusammengefasst, die der kurzfristigen Aktivierung der Marktbeteiligten (eigene Vertriebsorgane, Absatzmittler, Konsument) zur Erhöhung von Verkaufsergebnissen dienen.

10.3.1 Schema-Darstellung eines Verkaufsförderungskonzeptes

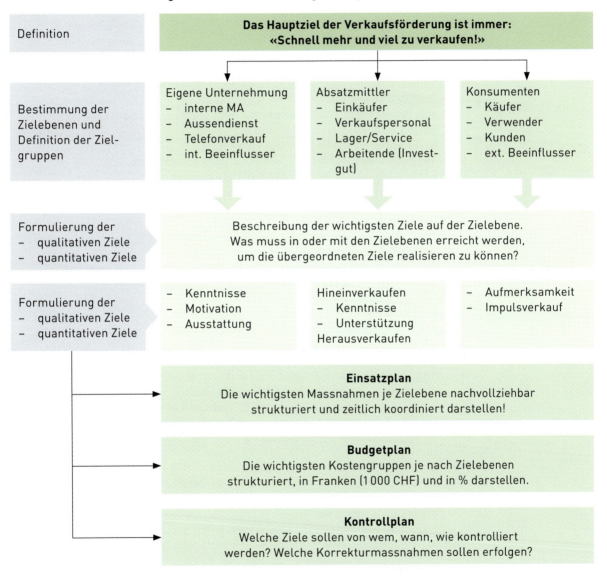

10.3.2 Verkaufsförderungsmassnahmen

Durch den Einsatz des Internets sind die Möglichkeiten der Verkaufsförderung deutlich gesteigert worden. Dabei ist auch die Verfügbarkeit von Produkten und Dienstleistungen aufgrund der Schnelligkeit nochmals gestiegen.

Zielebene	Massnahmen
Eigene Unternehmung	– Städteflug (mit Partner/-in) wie London, Paris, Mailand etc. – Abenteuerwoche – VW Beetle als Verkaufswettbewerbsgewinn – private Wünsche werden erfüllt – Einkaufsgutschein bei … – 1 Monat gratis Smart fahren – Luxuslimousine mit Chauffeur, Abendgarderobe für zwei Personen mit Theaterbesuch – CHF-Betrag von … für einen Kurs nach Wahl – eine Woche Fischfang in Kanada mit Kurs und Ausrüstung – Gokart-Rennen – F1-Erlebnisfahrt in Le Castellet – alle Mitarbeiter werden z. B. von Hugo Boss eingekleidet – Goldvreneli-Aktion, abgestuft nach Absatzzahlen – Lebensmittelbereich: Kochkurs oder Kochbuch – Nachtessen mit Persönlichkeit – GA zur Verfügung – Ausstatten mit Werbegeschenken für besuchte Kunden – interaktive Bedienungsanleitungen – Werkbesuch mit Unterhaltungsprogramm bei Hersteller unserer Produkte – zusätzliche Ferientage – Lob – Auszeichnungen – Auflistung am Anschlagbrett der besten Verkäufer, Info in Firmenzeitung
Absatzmittler	– Plakate und Prospektmaterial zur Auflage – originellen, kreativen Promotions- und Degustationsstand – Einladung zu Bregenzer Festspielen, Wiener Opernball etc. – Schulung durch Fachreferenten, z. B. Verhaltenspsychologie – Umsatzstufenplan, d. h. progressiver Bonus – Firmenbesichtigung mit Abendprogramm, inkl. Partner/-in – Hotline – Bestenliste im Internet – zur Unterstützung einen Mann aus unserer Unternehmung vor Ort während VF-Aktion – Klaussack, Osterhasen etc. – Zugang zu bestimmten Bereichen (geschützt) auf unserem Intranet – Ausstellungsmaterial zur kostenlosen Verfügung (Konsignationsware) – Mithilfe bei Gestaltung am POS, Merchandising – Werbebeiträge – Verkaufshilfen wie TV-Gerät mit Film, Plakate, Regalstopper, Schüttkörbe – Messebeteiligung – Argumentationshilfen

Zielebene	Massnahmen
Absatzhelfer	- Presseartikel - Partyeinladung - Kurs über Unfallverhütung (Schleuderkurs, Verkehrssicherheitstraining) - Information (Informationsveranstaltung in Showform) - Member gets Member - Kongresseinladung - Störungsbehebung via Internet - Referenzlisten via Internet - Testgeräte - Modelle, Musterpackungen - direct Mail - Give Aways - kostenlose Schulung und Beratung
Konsumenten	- Bonusprogramme - Treueprämien, Punkte - Messerabatt - In Pack/On Pack - Multipack, Kombipack - 3 für 2 - Selfliquidators - Gebrauchserleichterungen, Rezepte - Wettbewerb - Degustationen, Demonstrationen - Werkbesichtigungen - Price-off - Gutscheine - Gratisleistungen, Gratisartikel bei Vermittlung von weiteren Kunden - ein Jahr gratis ein Handy, inkl. Gesprächsgebühren von CHF 50.00/Monat - Clubmitgliedschaft, Memberpass (Zusatzinfo, Zusatzrabatt etc.) - alternative Zahlungs- und Finanzierungsmöglichkeiten/Modelle - Picknick-Korb - ein Jahr pro Monat einen Blumenstrauss (Büro oder Heimlieferung) - kostenlose Beratung

10.4 Beziehungsmanagement (CRM)

10.4.1 Begriff CRM

Customer-Relationship-Management, kurz CRM, ist ein ganzheitlicher Ansatz zur Unternehmensführung. Dabei stehen der Aufbau und die Pflege der Kundenbeziehung im Vordergrund. Heutzutage bedient man sich u. a. verschiedenster Softwaretools. Erst in zweiter Priorität sind Verkaufsziele wie Absatz/Umsatz zu werten.

Aus Kundensicht soll CRM den Einkauf der benötigten Produkte und Dienstleistungen erleichtern und den Nutzen steigern.

10.4.2 Ziele CRM

- Kundenbindung erhöhen
- Steigerung der Kundenprofitabilität
- Wertsteigerung im Kundenprozess
- Erarbeitung einer Kunden-Typologie als entscheidende, strategische Erfolgsposition
- Personalisierung der Leistungspalette ermöglichen
- Wertsteigerung im Kundenprozess
- Erarbeitung einer Kunden-Typologie als entscheidende, strategische Erfolgsposition
- Reduktion der Bearbeitungs- und Transaktionskosten (z. B. bei Bestellungen)
- Erhöhung der Kundenloyalität (Reduktion der «Kundensterblichkeit»)
- bessere Planungsbedingungen für uns und dadurch erhöhter Lieferservicegrad
- neues Geschäftspotenzial identifizieren (Grundlage für «Cross-Selling» und «Up-Selling» schaffen)

> **Praxisbeispiele**
> - VMI (Vendor Managed Inventory), der Lieferant bewirtschaftet das Lager des Kunden, nimmt ihm also Aufwand ab
> - Konsignations-Lager, der Lieferant verrechnet die gelieferte Ware erst beim Verkauf an den Endabnehmer, schont also die Liquidität des Kunden
> - Produkte gemeinsam entwickeln
> - Kundenbindungsmassnahmen langfristig planen (z. B. in der Industrie oder der Dienstleistungsbranche)

10.4.3 Massnahmen

Der Aufbau und die Pflege eines Kundenbeziehungsmanagements bedeutet, sich vom klassischen, produktorientierten Marketing zu entfernen und sich stattdessen zu einem ganzheitlichen Beziehungsmarketing zu wandeln.

Für ein erfolgreiches Kundenbindungskonzept müssen wir die Kunden kennen und jeweils für den einzelnen Kunden/die Kundengruppe ein speziell für sie zugeschnittenes Angebot präsentieren.

Wichtige Voraussetzung bei Kundenbindungsmassnahmen:

Die «richtigen» Kunden binden!

- Einhalten des Verkaufsversprechens
- reibungslose und zufriedenstellende Auftragsabwicklung
- optimales Preis-Leistungs-Verhältnis, laufende Anpassung
- Aufbau einer persönlichen Beziehung nach Kriterien: persönlich, menschlich, herzlich
- individuelle Betreuung (der Kunde ist nicht einer von vielen, als Mensch ernst genommen)
- Bedankung, Anerkennungsbriefe, kleine Geschenke, Aufmerksamkeiten, Geburtstagsgrüsse etc.
- Freundlichkeit und Höflichkeit jederzeit
- Feedback dankbar und mit «offenem Ohr» aufnehmen
- Permission-Marketing (Infofluss mit elektronischen Medien, vorwiegend E-Mail als Ersatz-Mailings)
- Datenbank regelmässig pflegen (Ansprechpartner, Mailadresse, Hobbys, Vorlieben, Eigenheiten, Bestellrhythmen, Aktionsverhalten etc.)
- Fragen nach Tipps, Anwendungsideen, Verbesserungsmöglichkeiten (z. B. mit persönlicher Befragung)
- Kundenzufriedenheits-Checkliste
- Belohnung für Vermittlung von neuen Kunden/Weiterempfehlung
- Gutscheine
- Bonussysteme
- Kundenkarte/Clubkarte
- Information, Schulung, Weiterbildung von Kunden
- Artikel über Kunde in Firmenzeitung
- bevorzugte Behandlung (Priorität 1 bei zeitlichen Infos betreffs Neuheiten)
- Musterabgabe, Demogegenstände
- Einladung zu Besichtigungen (Werksbesichtigung in England etc.)
- gemeinsame Durchführung von Ausflügen und Reisen
- Kontaktquantität steigern (es gibt immer Gründe für einen Kontakt)
- Vertragssystem
    - Servicevertrag (Inspektion, Wartung, Instandhaltung für EDV, Autos, Inv. güter)
    - Abonnement (Fitness, Medien, Solarium, Freizeitaktivitäten generell)
    - spez. Finanzierung (Leasing und Abzahlungsmöglichkeiten)
- Aktionen (Bierpass in Gastronomie, Lochkarte in Pizzeria 11 × Essen für 10)
    - Kundenzeitschrift, Kunde in eigenen Werbeunterlagen nach Absprache als Referenz erwähnen
    - Gegengeschäfte
    - Hotline für Kunde
    - Datenbankzugriffe, z. B. über Intranet mit Passwortschutz
    - Expertengespräch
    - Give Aways

Es braucht einen rund fünfmal grösseren Aufwand, um einen neuen Kunden zu gewinnen, als einen bestehenden Kunden zu behalten.

10.5 Multichannel

Multichannel-Marketing oder **Multikanalstrategie** ist der strategische Ansatz des Handels und der Dienstleister, die (potenziellen) Konsumenten auf mehreren verschiedenen Kommunikationskanälen zu erreichen, und ist die konsequente Fortsetzung der Nutzung unterschiedlicher Werbekanäle in Form von Bereitstellung unterschiedlicher Kommunikations- und Vertriebswege.

© ipopba – Fotolia

Mit der allgemeinen Verbreitung von mobilen Endgeräten hat auch das Schlagwort vom «Everywhere Commerce» in die Fachpresse Einzug gehalten. Der Begriff verweist einerseits auf E-Commerce und andererseits auf die Tatsache, dass Kunden jederzeit und allerorts *in einen Kaufentscheidungsprozess einsteigen können*.

10.6 Networking

Networking (deutsch Netzwerken) bedeutet den Aufbau und die Pflege von persönlichen und beruflichen Kontakten. Ziel ist ein Netzwerk aus einer Gruppe von Personen, die zueinander in Beziehungen stehen und sich privat, vor allem aber beruflich unterstützen, helfen oder kooperieren, ohne dass dabei Leistung und Nutzen für Dritte (wie Kunden, Unternehmen, Gesellschaft oder Staat) relevant sind.

Meist wird in der Wertigkeit ein Unterschied zwischen Kontakt und Beziehung herausgestellt. Laut der international anerkannten Netzwerkforscherin Marina

Hennig meint Letzteres eine «*wechselseitige, verfestigte Interaktion*», während ein Kontakt auch einen einfachen Visitenkartenaustausch bedeuten könne.

Die Begriffe «Network» oder deutsch «Netzwerk» sind irreführend, da sie unterschiedliche Dinge und Systeme bezeichnen. «Netzwerk» kann im IT-Bereich ein Computer-Netzwerk bezeichnen, während «Soziales Netzwerk» Online-Communities wie Facebook oder Twitter bzw. «Offline»-Gruppierungen von Personen meint.

Zur Definition des beruflichen Networkings wird gerne «Business Networking» verwendet, wobei dies beinahe automatisch die Nutzung privater Beziehungen für den Beruf ausklammert, was in der Praxis selten trennbar ist. Umgangssprachlich wird für Networking häufig auch «Vitamin B» (B für Beziehung) verwendet. Der Begriff ist neben den Synonymen «Seilschaft», «Klüngel» oder «Vetternwirtschaft» negativ konnotiert, da mit ihrer medialen Verwendung missbräuchlich betriebenes Networking oder Korruption beschrieben wird, wie beispielsweise bei der Wulff-Affäre.

Weil «Netzwerken» vom englischen Begriff «Networking» abgeleitet ist, also eine englische/amerikanische Tradition impliziert, gibt es Neologien, die den europäischen Ursprung der Netzwerk-Traditionen betonen: In Anlehnung an einen Passus in «Connected!», einem Networking-Standardwerk von Nicholas A. Christakis und James H. Fowler, wurde der Begriff «Dictyonomie» (griech. dictyo für Netz) eingeführt, der in der Berliner Wirtschaftswelt entstand. Er soll für ein europäisches, wertebasiertes Networking stehen.

Netzwerke des 20. und 21. Jahrhunderts erstrecken sich über alle Bereiche der Gesellschaft und sind oft nicht klar erkennbar. Unsere moderne Gesellschaft ist auf unzähligen Netzwerkstrukturen aufgebaut, wir sind heute so vernetzt wie noch keine Generation vor uns. Die Wirtschaft treibt diese Vernetzung noch voran: globalisierte Warenströme, internationale Dienstleistungen, Arbeiten in der **Cloud, Social Media**. Alles wird dezentral in Netzwerken organisiert.

Wirtschaft
In der freien Wirtschaft gelten Kooperationen als bestes Mittel, um seine unternehmerischen Chancen zu vergrößern. Durch Networking sollen letztlich ein Kontakt geknüpft, eine Beziehung aufgebaut und das nötige Vertrauen geschaffen werden, um daraus eine Kooperation entstehen zu lassen. Die Netzwerkforscherin Martina Kauffeld-Monz hat regionale Innovationssysteme und 23 Netzwerke sowie deren Erfolgskonzept erforscht und erklärt «Vertrauen» als wesentlichen Faktor fürs Networking: «*Netzwerke können zur Vertrauensentwicklung ganz entscheidend beitragen.*» Studenten werden für die Jobsuche im Sinne der Employability dazu angehalten, Kontakte zu knüpfen und Beziehungen zu pflegen. Viele Studenten treten aus diesem Grund Verbindungen bzw. Burschenschaften bei.

Aufgaben zu Kapitel 10

1. Franchising; nennen Sie fünf Anforderungen an einen Franchise-Nehmer.

2. Skizzieren Sie ein Messekonzept.

3. Nennen Sie konkrete Beispiele der Verkaufsförderung für folgende Produkte: Einführung Neuwagen, Eröffnung Reisebüro.

4. Beschreiben Sie Multichannel für folgende Firmen: Migros, Helsana Versicherungen.

5. Nennen Sie drei konkrete Networking-Massnahmen.

11 Kundenbindung

Lernziele
Nach der Bearbeitung dieses Kapitels ...

- kennen Sie die Bedeutung von Kundenbindung.
- kennen Sie die Wirkungskette der Kundenbindung.
- können Sie Instrumente für die Kundenbindung formulieren.
- können Sie ein Kundenbindungskonzept erstellen.

11.1 Grundlagen Kundenbindung

Zur Darstellung der Grundlagen der Kundenbindung werden zunächst die strategische Bedeutung und der Begriff der Kundenbindung und des Kundenbindungsmanagements erläutert. Daran schliessen sich eine Erörterung der Wirkungskette der Kundenbindung sowie eine Typologisierung möglicher Kundenbindungsursachen an.

11.1.1 Strategische Bedeutung der Kundenbindung im Rahmen der markt- und forschungsbezogenen Entwicklungen

Die Bedeutung des Themas Kundenbindung hat in den letzten Jahren sowohl in der Praxis als auch in der wissenschaftlichen Forschung stark zugenommen. Betrachtet man zunächst die Unternehmensseite, so war ein wesentlicher Grund hierfür die globale Verstärkung der Wettbewerbsintensität. Das gilt auch heute noch für viele Branchen. Die markt- und wettbewerbsbezogenen Veränderungen hatten zur Folge, dass die Gewinne sanken bzw. es wesentlich problematischer wurde, die Ergebnisse und Wachstumsraten der Vergangenheit aufrechtzuerhalten. Dies wiederum löste eine Phase der internen Orientierung gegen Ende der 1980er-Jahre aus, die vor allem auf Kostensenkungen abzielte und an die sich eine Phase der externen Orientierung – hin zum Kunden – anschloss.

Aufseiten der Wissenschaft vollzog sich diese Entwicklung durch den Vorschlag eines Paradigmenwechsels im Marketing. Diese neue Sichtweise äussert sich darin, dass Vertreter aus der Wissenschaft die herkömmliche Konzentration auf einzelne Transaktionen und die klassischen Marketinginstrumente (4 Ps) unter bestimmten Voraussetzungen nicht mehr als die effizienteste Form eines Austausches ansehen. Vielmehr wird postuliert, dass es notwendig sei, die gesamte Geschäftsbeziehung mit all ihren Facetten zu bewerten. Die Pflege einer solchen Geschäftsbeziehung prägt in der Folge den Begriff des Relationship-Marketing. Das Konzept des Relationship-Marketing wurde schnell von wesentlichen Bereichen der Wissenschaft akzeptiert und ist heute – explizit oder implizit – stark verbreitet. Das Kundenbindungsmanagement kann in diesem Zusammenhang als ein Teilaspekt dieses umfassenden Ansatzes gesehen werden.

Etwa zeitgleich fand eine intensive wissenschaftliche Auseinandersetzung mit Fragen der Zufriedenheitsforschung statt, die ihrerseits dazu beigetragen hat, dass das Thema Kundenbindung an Bedeutung gewann. Die Grundannahme der

Zufriedenheitsforscher lautete, dass Kunden als zufrieden bezeichnet werden können, wenn ein Produkt bzw. eine Dienstleistung die Erwartungen des Kunden erfüllt.

Es stellte sich jedoch heraus, dass die reine Zufriedenheit eines Kunden nicht immer dessen zukünftiges Verhalten bestimmt. Vielmehr ist es notwendig, gegenwärtige und zukünftige positive Verhaltensweisen und Einstellungen – also eine stabile Kundenbindung – zu generieren. Vor diesem Hintergrund wurden zu Beginn der 1990er-Jahre erstmals Studien zur Beziehung zwischen Kundenzufriedenheit und Kundenbindung erstellt. Andere Studien zeigten auch, dass Kundenzufriedenheit zwar positiv für ein Unternehmen ist, letztlich jedoch die Kundenbindung das zukünftige Ergebnis eines Unternehmens nachhaltiger bestimmt. Diese Erkenntnis stiess in Wissenschaft und Unternehmenspraxis auf grosse Aufmerksamkeit. In zahlreichen Studien wurde dieses Ergebnis in der Folgezeit bestätigt. Eine hohe Kundenbindung zu erreichen wurde so zu einer bedeutsamen strategischen Aufgabenstellung für marktorientierte Unternehmen.

11.1.2 Definition Kundenbindung/Kundenbindungsmanagement

In der Literatur gibt es viele Begriffe, die synonym für den Begriff der Kundenbindung verwendet werden. Insbesondere die Begriffe **Relationship-Marketing, Customer-Relationship-Management, Retention-Marketing, Geschäftsbeziehungsmanagement, Beziehungsmanagement, Markentreue** und **Produkttreue,** aber auch Kundenzufriedenheit werden oft falsch oder auch gleichbedeutend mit Kundenbindung oder Kundenbindungsmanagement verwendet. Deshalb ist eine Klärung der Begriffe Kundenbindung und Kundenbindungsmanagement notwendig.

Kundenbindung kann wie folgt definiert werden:

> Kundenbindung umfasst sämtliche Massnahmen eines Unternehmens, die darauf abzielen, sowohl die Verhaltensabsichten als auch das tatsächliche Verhalten eines Kunden gegenüber einem Anbieter oder dessen Leistungen positiv zu gestalten, um die Beziehung zu diesem Kunden für die Zukunft zu stabilisieren bzw. auszuweiten.

Anhand dieser Definition wird deutlich, dass grundsätzlich eine Nachfrager- und eine anbieterbezogene Sicht der Kundenbindung zu unterscheiden sind. Es ist somit zweckmässig, Kundenbindung von dem Begriff der Kundenloyalität abzugrenzen. Der Begriff **Kundenloyalität** beschreibt lediglich die nachfragerbezogene Perspektive einer Bindung, d.h. der Kunde hat seinerseits eine verringerte Wechselbereitschaft. Kundenbindung kann hingegen sowohl auf Nachfrager- als auch auf Anbieterseite existieren.

Das Management der Kundenbindung wiederum bezieht sich auf die anbieterseitigen Aktivitäten. Aufbauend auf diesen Überlegungen legen wir folgende Definition des Begriffs **Kundenbindungsmanagement** zugrunde:

> Kundenbindungsmanagement ist die systematische Analyse, Planung, Durchführung sowie Kontrolle sämtlicher auf den aktuellen Kundenstamm gerichteten Massnahmen mit dem Ziel, dass diese Kunden auch in Zukunft die Geschäftsbeziehung aufrechterhalten oder intensiver pflegen.

Vorteile der Kundenbindung

- Wiederkauf
- Cross-Buying (Zusatz- oder Folgekäufe)
- Weiterempfehlung
- Preiserhöhungsakzeptanz

11.1.3 Wirkungskette der Kundenbindung

Aufbauend auf diesem Grundverständnis wird die klassische Wirkungskette, die zu durchlaufen ist, bis eine Kundenbindung und darüber hinaus ökonomische Effekte eintreten, näher betrachtet. Stark vereinfacht sind hierbei **fünf Phasen** zu unterscheiden:

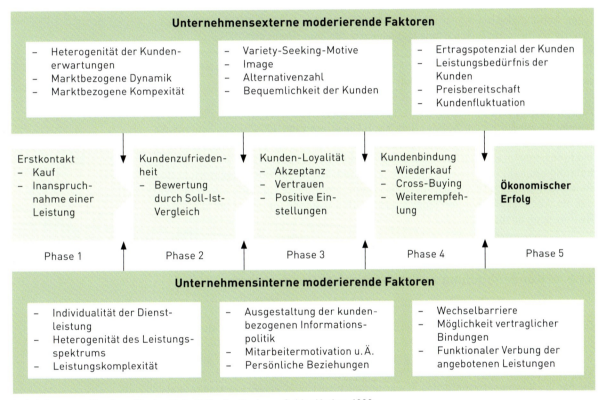

In Anlehnung an Homburg/Bruhn. Seite 7. Berlin: Springer Gabler Verlag; 1998.

11.1.4 Typologisierung von Bindungsursachen

Es sind unterschiedliche Ursachen und Gründe denkbar, warum sich ein Kunde an ein Unternehmen bindet. Eine Möglichkeit, die Bindungsursachen zu typologisieren, besteht darin, zwischen **habitueller**, **freiwilliger** und **unfreiwilliger** Bindung zu unterscheiden. Diese übergeordneten Bindungsursachen können in **fünf weitere Aspekte** geordnet werden:

- situative Bindungsursachen
- vertragliche Bindungsursachen
- ökonomische Bindungsursachen

- technisch-funktionale Bindungsursachen
- psychologische Bindungsursachen

Situative Bindungsursachen sind äussere Faktoren, z. B. die Beschaffenheit des Marktes oder der günstige Standort eines Anbieters aus Sicht des Kunden, die bewirken, dass ein Kunde einen Anbieter primär frequentiert (z. B. aus Bequemlichkeit). Vertragliche Bindungsursachen bestehen, wenn der Kunde an den jeweiligen Anbieter aufgrund einer verbindlichen Vereinbarung gebunden ist und somit zeitweise keine (rechtliche) Möglichkeit zu einem Wechsel hat. Ein klassisches Beispiel für eine vertragliche Bindung ist der Bertelsmann Club.

Wird eine Geschäftsbeziehung so gestaltet, dass es für eine Partei finanziell unvorteilhaft wird, sie zu beenden, so spricht man von ökonomischer Bindung. Ein Wechsel findet aufgrund objektiver oder subjektiv zu hoch empfundener Wechselkosten nicht statt. Von technisch-funktionaler Bindung kann gesprochen werden, wenn Abhängigkeiten in technischer Hinsicht bestehen und ein Wechsel des Geschäftspartners mit Beschaffungsschwierigkeiten oder Kompatibilitätsproblemen verbunden wäre (z. B. im Computer- oder Hi-Fi-Bereich). Zu den psychologischen Bindungsursachen zählen die Kundenzufriedenheit, persönliche Beziehungen, aber auch Gewohnheiten des Kunden.

Als vorrangiges Ziel eines effektiven Kundenbindungsmanagements gilt es, die freiwillige Bindung zu erhöhen. Dies kann vor allem über eine hohe Kundenzufriedenheit erreicht werden, weshalb diese als dominante Ursache für Kundenbindung gesehen werden kann. Bei der Umsetzung eines professionellen Kundenbindungsmanagements wird die Zufriedenheit durch spezielle, zielgerichtete Bindungsinstrumente so gesteuert, dass eine emotionale Bindung entsteht, bei der ein Wechsel des Kunden jederzeit möglich ist, jedoch aufgrund persönlicher Präferenzen ausbleibt.

11.2 Kundenbindung aus theoretischer Perspektive

Die Marketingforschung ist eine interdisziplinäre Wissenschaft, in der relativ häufig Ansätze angrenzender Bereiche zur Erklärung marketingrelevanter Phänomene herangezogen werden. Dies gilt auch für die Kundenbindung, die entweder mehr aus verhaltenswissenschaftlicher oder aus ökonomischer Sicht interpretierbar ist. Vor diesem Hintergrund werden auch verschiedene Erklärungsansätze betrachtet, die je nach Forschungsausrichtung unterschiedliche Determinanten der Kundenbindung erklären können.

Hierbei werden vor allem die sozialpsychologischen, verhaltenswissenschaftlichen sowie transaktionskostenorientierten Ansätze betrachtet.

11.2.1 Kundenbindung aus sozialpsychologischer Perspektive

Grundlage dieser Theorie ist der soziale Austausch als eine Situation, in der das Verhalten eines Akteurs das eines anderen entweder verstärken oder abschwächen kann. Der Mensch wird somit als Reaktionsmechanismus im Sinne der behavioristischen Forschung betrachtet.

Eine weitere Annahme ist, dass die Akteure versuchen, ihren positiven Nutzen, der aufgrund ihrer Handlungen entsteht, zu maximieren und negative Effekte zu minimieren.

Ein Individuum vergleicht nach der sozialen Austauschtheorie sein wahrgenommenes Nettoergebnis mit seinem Vergleichsniveau. Liegt das Nettoergebnis über dem Vergleichsniveau, entsteht Zufriedenheit; liegt es darunter, kommt es zu Unzufriedenheit. Erst der Vergleich mit einem alternativen Vergleichsniveau bestimmt jedoch, ob eine Geschäftsbeziehung beendet wird oder nicht. Die soziale Austauschtheorie macht die Fortsetzung einer Beziehung von der Zufriedenheit mit vergangenen Interaktionen im Vergleich mit einem Vergleichsniveau für eine alternative Interaktion abhängig. Somit leistet sie insbesondere einen Beitrag zur Beantwortung der Frage, von welchen Determinanten die Fortsetzung von Interaktionen zwischen zwei Akteuren abhängt.

11.2.2 Kundenbindung aus verhaltenswissenschaftlicher Perspektive

Aus verhaltenswissenschaftlicher Perspektive können insbesondere die Lerntheorie und die Risikotheorie als Erklärungsansätze von Kundenbindung herangezogen werden. Aus der Vielzahl unterschiedlicher Lerntheorien sei in diesem Zusammenhang auf die des Lernens durch das Verstärkungsprinzip verwiesen. Sie besagt, dass nutzenbringende Verhaltensweisen der Vergangenheit beibehalten werden und Verhaltensweisen, die wenig Nutzen gebracht haben, zu Verhaltensänderungen führen. Auf die Kundenbindung bezogen bedeutet dies, dass Kunden eine Geschäftsbeziehung eher beibehalten, wenn sie in dieser Geschäftsbeziehung einen klaren Nutzen wahrnehmen bzw. mit der Geschäftsbeziehung zufrieden sind.

Die Risikotheorie besagt, dass Individuen versuchen, ihr subjektiv wahrgenommenes kaufspezifisches Risiko möglichst gering zu halten. Das subjektiv empfundene Risiko setzt sich hierbei aus der Bedeutsamkeit negativer Konsequenzen einer möglichen Fehlentscheidung sowie der bestehenden Unsicherheit hinsichtlich des Eintretens dieser Negativfolgen zusammen. Auch die Risikotheorie kann einen Beitrag zur Erklärung der Kundenbindung leisten, da ein Kunde durch die Wiederholung einer ihm vertrauten Kaufentscheidung bzw. Anbieterwahl versuchen kann, das Risiko einer potenziellen Unzufriedenheit so gering wie möglich zu halten.

11.2.3 Kundenbindung aus transaktionskostenorientierter Perspektive

Einen weiteren Beitrag zur Erklärung des Phänomens Kundenbindung kann die Transaktionskostentheorie leisten. Grundüberlegung ist, dass Individuen nicht rational – wie es die klassische mikroökonomische Theorie postuliert –, sondern opportunistisch und eingeschränkt rational handeln. Darüber hinaus geht die Transaktionskostentheorie davon aus, dass die Koordination einer (Geschäfts-)Beziehung mit sogenannten Transaktionskosten verbunden ist, die es zu minimieren gilt. Die Transaktionskosten setzen sich aus den Kosten für Anbahnung, Abwicklung, Kontrolle, Anpassung und Auflösung von Verträgen sowie aus den Opportunitätskosten zusammen. Diese Kosten steigen nach der Transaktionskostentheorie mit wachsender Unsicherheit und Häufigkeit einer Transaktion überproportional an.

11.3 Kundenbindung aus strategischer Perspektive

Dieser Abschnitt diskutiert die Kundenbindung aus der strategischen Perspektive. Hierzu wird zunächst die Kundenbindung in das Zielsystem des Unternehmens eingeordnet. Zusätzlich werden die einzelnen strategischen Dimensionen eines Kundenbindungsmanagements ausführlich dargestellt.

11.3.1 Kundenbindung im Zielsystem des Unternehmens

Den Beginn eines Managementprozesses bildet im Idealfall die Zielfestlegung. Diese bestimmt in Verbindung mit den erarbeiteten Strategien Ausmass und Richtung zukünftiger Entwicklungen von Unternehmen. Voraussetzung der Zielfestlegung ist eine eindeutige Operationalisierung nach Inhalt, Ausmass, Zeit und Segment sowie die Formulierung eines eindeutigen Zielsystems. Die Unternehmensführung hat hierbei die Aufgabe, das Ziel der Kundenbindung möglichst zielharmonisch in das bestehende Zielsystem einzugliedern.

Diese Integration wurde in den letzten Jahren in zahlreichen Unternehmen vollzogen. Der ausschlaggebende Grund hierfür liegt in den vielfältigen Einflüssen der Kundenbindung auf psychografische und vor allem ökonomische Ziele. Betrachtet man die Zusammenhänge im betriebswirtschaftlichen Zielsystem genauer, so sind neben diesem direkten Zusammenhang noch weitere vorökonomische Zielgrössen – und hier sei insbesondere auf die mitarbeitergerichteten Ziele verwiesen – zu berücksichtigen, die die ökonomischen Ziele positiv beeinflussen können und deren Zusammenhänge einer näheren Betrachtung bedürfen.

Kundenbindung ist eine psychografische Zielgrösse, die ebenso wie die Mitarbeiterbindung massgeblichen Einfluss auf den langfristigen Erfolg (als ökonomische Zielgrösse) eines Unternehmens hat. Die Gründe für die postulierten positiven Wirkungen von Kundenbindung auf die Zielgrösse Erfolg sind vielfältig. Betrachtet man die Umsatzkomponente in einer Kundenbeziehung, so ist zu erkennen, dass (freiwillig) gebundene Kunden häufig eine höhere Preisbereitschaft aufweisen als nicht gebundene Kunden. Hier existiert also ein Preissteigerungspotenzial. Gleichzeitig wirkt sich eine hohe Kundenbindung positiv auf die Verkaufsmenge eines Unternehmens aus. Bei gebundenen Kunden ist oftmals eine steigende Kauffrequenz zu beobachten und auch Cross-Buying-Potenziale lassen sich leichter ausschöpfen. Durch eine steigende Menge an verkauften Produkten sowie die Möglichkeit, die Preise zu erhöhen, können in der Folge der Umsatz und auch der Gewinn eines Unternehmens steigen. Diese positive Entwicklung lässt sich ferner an gestiegenen Kundenwerten, d. h. dem Wert, den ein Kunde für ein Unternehmen hat, im Zeitablauf ablesen.

Auf der Kostenseite hat ein erfolgreiches Kundenbindungsmanagement ebenfalls positive Auswirkungen. Hier sind vor allem sinkende Kundenbetreuungskosten durch eine Konzentration auf die wichtigen, treuen Kunden zu vermerken.

Auch können durch eine Integration der Kunden in den Entwicklungs- und Produktionsprozess erhebliche Kosten eingespart werden. Ferner lassen sich auf Distributionsseite durch neue Interaktionsmöglichkeiten (Internet, elektronische Bestellungen) Transaktionskosten verringern.

Zusätzlich zu diesen ökonomischen Zielgrössen wirkt sich Kundenbindung auch im Bereich der psychografischen Zielgrössen aus. Freiwillige Kundenbindung ist das Ergebnis grösserer Bekanntheit eines Unternehmens, grösseren Vertrauens der Kunden gegenüber dem Unternehmen und eines besseres Images – alles positive psychografische Effekte, die mit einer erfolgreichen Kundenbindung einhergehen.

11.3.2 Strategische Dimensionen des Kundenbindungsmanagements

In engem Zusammenhang mit der Zieldefinition ist auch über die Kundenbindungsstrategie zu entscheiden. Darunter ist ein bedingter, langfristiger und globaler Verhaltensplan zur Erreichung der Kundenbindungsziele zu verstehen. Grundsätzlich lassen sich die in der Abbildung «Dimensionen einer Kundenbindungsstrategie» dargestellten Kundenbindungsdimensionen unterscheiden, die bei der Planung eines individuellen Kundenbindungskonzeptes zu beachten sind. In einem ersten Schritt der Strategiefestlegung sollte das Bezugsobjekt der Kundenbindung konkretisiert werden, d. h. es ist festzulegen, um welches Objekt (z. B. Produkt, Hersteller, Absatzmittler) es sich handelt, an das ein Kunde gebunden werden soll (worauf bezieht sich die Kundenbindungsstrategie). Innerhalb der Zielgruppendefinition als zweite Strategiedimension geht es primär um die Frage, mit welcher Priorität Investitionen in die verschiedenen Kundensegmente zur Steigerung der Kundenbindung sinnvoll sind.

Häufig ergeben sich dabei Differenzierungen in der Art, dass bedeutsame A-Kunden eine individuellere Kundenbindungsansprache erhalten als beispielsweise C-Kunden mit sehr geringen Kundenwerten. Um eine Kernzielgruppe für aktive Kundenbindungsmassnahmen zu identifizieren, sind verschiedene Voraussetzungen (z. B. Database-Management) im Unternehmen zu erfüllen. Eine Definition der Kundenbindungszielgruppe ist notwendig, um eine gezielte und individualisierte Ansprache erreichen zu können.

In einem nächsten Schritt ist die Art der Kundenbindung näher zu bestimmen (wie soll der Kunde gebunden werden). In diesem Zusammenhang wurde bereits auf die situative, technisch-funktionale, vertragliche, ökonomische oder auch psychologische Kundenbindung verwiesen.

Dimension einer Kundenbindungsstrategie

Als weitere Strategiedimension folgt die Festlegung der Kundenbindungsinstrumente, die – je nach vorab festgelegter Kundenbindungsstrategie – eher auf den Aufbau von Dialog und Interaktion sowie Kundenzufriedenheit, aber auch auf den Aufbau von Wechselbarrieren ausgerichtet sein können.

Ferner gilt es, Intensität und Einsatzzeitpunkt (Timing) der Kundenbindung zu konkretisieren (z. B. Versendung von Mailings alle zwei Monate oder nur einmal im Jahr). Als sechste Dimension einer Kundenbindungsstrategie bleibt festzulegen, mit wem eine Abstimmung und Koordination der eigenen Kundenbindungsmassnahmen sinnvoll erscheint, um den Gesamterfolg zu erhöhen. Zu denken ist hier insbesondere an eine Kooperation zwischen Hersteller und Handel, um Synergien optimal auszunutzen und die Wirkungen der Kundenbindungsmassnahmen aufgrund der Abstimmung von Massnahmen zu erhöhen. Diese sechs Dimensionen bilden die Eckpunkte einer Kundenbindungsstrategie, die vom Unternehmen im Voraus zu analysieren und festzulegen sind.

11.4 Instrumente des Kundenbindungsmanagements

Im Folgenden werden die möglichen Instrumente eines Kundenbindungsmanagements dargestellt. Der erste Teil dieses Abschnitts besteht aus der Diskussion eines isolierten Kundenbindungsmanagements, wohingegen der zweite Teil Ansatzpunkte eines integrierten Kundenbindungsmanagements betrachtet.

11.4.1 Ansatzpunkte eines isolierten Kundenbindungsmanagements

Die Umsetzung der Strategie durch konkrete Massnahmen steht im Zentrum des operativen Kundenbindungsmanagements. Betrachtet man den Instrumenteeinsatz in der Praxis, so ist festzustellen, dass Massnahmen vorwiegend isoliert eingesetzt werden. Der Ausdruck «isoliert» bedeutet in diesem Zusammenhang, dass die Entscheidungsträger keinen Versuch unternehmen, die einzelnen Massnahmen der Kundenbindung aufeinander abzustimmen. In jüngster Zeit ist jedoch eine Tendenz zur Integration von Kundenbindungsmassnahmen zu erkennen.

Die Unterscheidung der einzelnen Kundenbindungsmassnahmen kann analog zu den klassischen Marketinginstrumenten vorgenommen werden, sodass folglich zwischen Massnahmen der Produkt-, Preis-, Kommunikations- sowie Distributionspolitik unterschieden werden kann.

Im Rahmen der Produktpolitik liegt der Fokus zum einem auf der Verbesserung des Leistungsprogramms sowie zum anderen auf der Servicekomponente. Es wird angenommen, dass diese die Zufriedenheit des Kunden positiv beeinflussen. Als Kundenbindungsmassnahmen bieten sich beispielsweise eine gemeinsame Produktentwicklung, individualisierte Produktangebote, besonderes Produktdesign, kernleistungsbezogene Zusatzleistungen sowie die Einführung von besonderen Qualitätsstandards an.

Preispolitische Kundenbindungsinstrumente können insbesondere auf die Wechselkosten des Kunden Einfluss ausüben. Hierbei werden durch den Einsatz preispolitischer Massnahmen monetäre Anreize geschaffen, die für den Kunden ein Grund sein können, die Geschäftsbeziehung aufrechtzuerhalten. Hier handelt es sich z. B. um den Einsatz attraktiver Bonussysteme, Preisgarantien sowie bestimmte Arten der Preisdifferenzierung.

Massnahmen der Kommunikationspolitik werden mit dem Ziel eingesetzt, in einen kontinuierlichen Dialog mit den Kunden zu treten. Insbesondere die interaktiven

Kommunikationsformen bieten hierzu zahlreiche Möglichkeiten, z. B. Kundenforen, Events, Servicenummern, Beschwerdemanagement, Kundenrückgewinnung sowie alle Massnahmen der persönlichen Kommunikation mit dem Kunden. Neue Möglichkeiten zur Intensivierung der direkten Kundenansprache bietet vor allem das Internet, z. B. durch www-basierte Online-Kundenberatung oder elektronische Kundenforen. Auch die klassischen Kundenzeitschriften sowie Direct-Mail-Aktionen können dem Bereich der Kommunikationspolitik zugeordnet werden.

Als Beispiele der Distributionspolitik können elektronische Bestellmöglichkeiten, Katalogverkauf sowie Abonnements herausgegriffen werden, die geeignet erscheinen, den Kunden langfristig zu binden. Die Abbildung «Instrumente des Kundenbindungsmanagements» zeigt mögliche Kundenbindungsinstrumente im Überblick, wobei nicht nur eine Unterscheidung in die vier Marketing-Mix-Bereiche, sondern zudem eine Einteilung bezüglich der schwerpunktmässigen Funktionen des jeweiligen Instrumentes innerhalb des Kundenbindungsmanagements vorgenommen wurde.

Es erscheint sinnvoll, die Instrumente danach zu differenzieren, ob sie darauf abzielen, primär den Dialog zu intensivieren (Fokus Interaktion) oder die Kundenzufriedenheit positiv zu beeinflussen (Fokus Zufriedenheit) oder ob der Instrumenteneinsatz primär darauf gerichtet ist, hohe Wechselbarrieren aufzubauen (Fokus Wechselbarrieren).

Bei aller Notwendigkeit einer Kundenbindung aus Sicht des Anbieters ist auch zu beachten, dass Kundenbindungsmassnahmen bereits von sehr vielen Unternehmen realisiert und von den Kunden selbst nicht immer als positiv empfunden werden. Zudem ist zu bedenken, dass derartige Massnahmen den Koordinationsaufwand des Kunden erheblich erhöhen, z. B. dass der Kunde bei einem Stadtbummel sämtliche Kundenkarten benötigt. Setzt sich die Entwicklung des Kundenbindungsmanagements in der bisherigen Geschwindigkeit fort, so verlangt diese von Unternehmen, sich auf möglicherweise auftretende Reaktanzen einzustellen und über adäquate Reaktionen nachzudenken. Diese Tendenzen sind im Bereich der klassischen Werbung (z. B. Zapping) bereits seit einigen Jahren zu beobachten.

	Fokus Interaktion	**Fokus Zufriedenheit**	**Fokus Wechselbarrieren**
Produktpolitik	– gemeinsame Produktentwicklung	– individuelle Angebote – Qualitätsstandards – Servicestandards – Zusatzleistungen – besonderes Produktdesign – Leistungsgarantien	– individuelle technische Standards – value-added Services (Mehrwertdienst)
Preispolitik	– Kundenkarten (bei reiner Informationserhebung)	– Preisgarantien – zufriedenheitsabhängige Preisgestaltung	– Rabatt- und Bonussysteme – Preisdifferenzierungen – finanzielle Anreize – Kundenkarten (bei Rabattgewährung)

→

	Fokus Interaktion	Fokus Zufriedenheit	Fokus Wechselbarrieren
Kommunika-tionspolitik	– Direct Mail – Event-Marketing – Online-Marketing – proaktive Kunden-kontakte – Servicenummern – Kundenforen/-beiräte	– Kundenclubs – Kundenzeitschriften – Telefonmarketing – Beschwerde-management – persönliche Kommuni-kation	– Mailings, die sehr indi-viduelle Informationen (hoher Nutzwert für den Kunden) über-mitteln – Aufbau kunden-spezifischer Kommuni-kationskanäle
Distributi-onspolitik	– Internet/Gewinnspiele – Werkstattbesuche	– Online-Bestellung – Katalogverkauf – Direktlieferung	– Abonnements – Ubiquität (Waren an je-dem Ort erhältlich) – kundenorientierte Standortwahl

«Instrumente des Kundenbindungsmanagements»

11.4.2 Instrumente eines integrierten Kundenbindungsmanagements

Die hier vorgenommene Aufzählung verschiedener Instrumente der Kundenbindung ist keinesfalls erschöpfend. Weiterhin ist zu beachten, dass der Einsatz eines dieser Instrumente das Ziel der Kundenbindung nicht alleine bewirken kann. Vielmehr ist es notwendig, einen aufeinander abgestimmten, kombinierten Einsatz von mehreren Massnahmen vorzunehmen **(Kundenbindungsinstrumente-Mix)**. Dieses Ziel lässt sich auch unter dem Begriff des integrierten Kundenbindungsmanagements subsumieren. Allerdings ist der Integrationsgedanke in der Unternehmenspraxis noch nicht so weit umgesetzt, dass von einem ganzheitlichen Integrationskonzept gesprochen werden kann. Vielmehr existieren nur erste Ansatzpunkte der Koordination von Massnahmen. Bevor wir näher auf die Umsetzung eines integrierten Kundenbindungsmanagements eingehen, werden fünf übergeordnete Prinzipien vorgestellt, die bei der Auswahl der Instrumente zu beachten sind, um einen geschlossenen Gesamteindruck zu erreichen:

- Informationen über das Kundenbindungsmanagement sollten den Kunden zugänglich sein.
- Die Investitionen in eine Geschäftsbeziehung sollten ausgewogen sein.
- Es sollte darauf geachtet werden, dass die Individualität eines Kunden bzw. eines Kundensegmentes erhalten bleibt.
- Auf die Interaktion mit dem Kunden ist besonders zu achten, da diese eine wesentliche Voraussetzung für die Effektivität und das Funktionieren von Kundenbindungsinstrumenten ist.
- Eine Integration des Kunden in das Unternehmen (d. h. in die Strukturen und Prozesse) sollte durch die Verantwortlichen des Kundenbindungsmanagements gewährleistet werden.

Die beschriebenen Prinzipien werden beispielsweise durch das Instrument Kundenclub realisiert. Ein Kundenclub zeichnet sich dadurch aus, dass Kunden aufgrund ihrer freiwilligen Mitgliedschaft in dem entsprechenden Club bestimmte Vorteile nutzen können. Je nach Zielsetzung des Unternehmens können dabei unterschiedliche Club-Arten, wie VIP-Club, Fan-Club, Vorteils-Club, Life-Style-Club oder Produkt-Increst-Club, angeboten werden.

Kundenclubs können als erster Schritt in die Richtung einer integrierten Kundenbindungsstrategie gesehen werden, da hier der Versuch unternommen wird, die einzelnen (produkt-, preis-, kommunikations- sowie distributionspolitischen) Instrumente aufeinander abzustimmen. Die Potenziale zur Steigerung der Kundenbindung im Rahmen eines Kundenclubkonzeptes sind beachtlich.

Neben dieser instrumentellen Integration, die versucht, die verschiedenen Instrumente miteinander zu verbinden, sind noch weitere Formen der Integration denkbar. Zu unterscheiden sind die **inhaltliche**, die **funktionale** und die **horizontale Integration** des Kundenbindungsmanagements.

Kundenbindungsmanagement

Bei der inhaltlichen Integration des Kundenbindungsmanagements liegt der Schwerpunkt in dem Bemühen, die einzelnen Massnahmen der Kundenbindung thematisch aufeinander abzustimmen und somit ein in sich geschlossenes Gesamtbild der Konzeption zu generieren, beispielsweise in der Form, dass die Kundenzeitschrift eines Automobil-Herstellers das Thema «Fahren im Winter» als Titelthema aufgreift und dass das zugesandte Direct Mail eine ähnliche Thematik behandelt. In diesen Rahmen kann auch die Kundenbindung durch nationale Kundenbarometer zugeordnet werden.

Die funktionale Integration konzentriert sich auf die Frage, ob eine bestimmte Funktionserfüllung, z. B. die der Interaktionsfunktion, für bestimmte Zielgruppen einen besonders hohen Bindungsanreiz aufweist. Ist dies der Fall, so sind spezielle Funktionsanalysen der Kundenbindungsinstrumente durchzuführen. Durch die funktionale Integration wird es möglich, die Einsatzplanung der Kundenbindungsinstrumente zu verbessern.

Die horizontale Integration verbindet die Kundenbindungsinstrumente auf den verschiedenen Marktstufen, vorrangig die des Herstellers und des Absatzmittlers. Dies ist beispielsweise in der Automobilwirtschaft von Bedeutung, damit der Kunde sowohl vom Hersteller als auch vom entsprechenden Vertragshändler auf identischem Niveau angesprochen wird.

Ein weiterer Ansatzpunkt liegt in dem Bemühen, die Kundenbindungsinstrumente in ihrer formalen Gestalt aufeinander abzustimmen. Die formale Integration beschäftigt sich folglich mit der Vereinheitlichung von Gestaltungsmerkmalen und wird somit primär im Rahmen der Kommunikationspolitik bedeutsam. Konkret ist an einheitliche **Gestaltungselemente**, **Logos**, **Schrifttypen** u. Ä. zu denken.

Vielfach werden integrierte Kundenbindungsprogramme auch mit speziellen Namen und Markierungen verbunden, z. B. die Programme von Pay-back oder Happy Digits im deutschen Einzelhandel. Die unterschiedlichen Ansatzpunkte zur Erarbeitung eines integrierten Kundenbindungsmanagements zeigen die Möglichkeiten, die ein Unternehmen über den isolierten Einsatz einzelner Kundenbindungsinstrumente hinaus ergreifen kann, um den Erfolg des Kundenbindungsmanagements langfristig zu steigern. Die Grundüberlegung eines integrierten Kundenbindungskonzeptes ist es, die gewünschten Wirkungen auf diese Art synergetisch zu verstärken.

11.5 Implementierung des Kundenbindungsmanagements

Unter dem Begriff Implementierung wird ein Prozess verstanden, durch den «Marketingpläne in aktionsfähige Aufgaben» umgewandelt werden und sichergestellt wird, dass diese Aufgaben auch die Ziele des Plans erfüllen können. Grundsätzlich können als zentrale Problemfelder der Implementierung die Umsetzung **(Spezifizierung der Strategie)** sowie die Durchsetzung einer Strategie **(Akzeptanz sowie interne Voraussetzungen schaffen)** identifiziert werden. Im Hinblick auf die Kundenbindung werden hier vor allem die Anpassung der Systeme, der Strukturen sowie der Kultur eines Unternehmens betrachtet, um ein Kundenbindungsprogramm zu implementieren. Nachfolgende Abbildung greift diese Systematisierung auf und weist den drei Dimensionen ausgewählte Massnahmen zur Implementierung des Kundenbindungsmanagements zu.

11.5.1 Systemorientierte Massnahmen

Ein professionelles Database-Management ist eine bedeutende Grundlage für ein erfolgreiches Kundenbindungsmanagement. Um seine Kunden analysieren zu können, ist es für ein Unternehmen notwendig, dass es nicht nur Informationen über die Adressen der Kunden und ihre vergangenen «Kaufgeschichten», sondern zudem ihre erklärten oder prognostizierten zukünftigen Kaufabsichten abrufen kann. Im Rahmen eines professionellen Database-Managements werden systematisch Kundendaten erfasst und ausgewertet. Hierdurch können **Zielgruppen identifiziert**, eine **Segmentierung** vorgenommen sowie **Befragungen** besser initialisiert werden. Ferner bietet ein Database-Management die Basis zur Berechnung von **individuellen Kundenwerten**. Eine weitere Massnahme ist die regelmässige Durchführung von Kundenzufriedenheitsanalysen. Im Rahmen der betrieblichen Marktforschung werden die Kunden hinsichtlich ihrer Zufriedenheit und ihrer Bindung zum entsprechenden Objekt befragt. Hieraus können Rückschlüsse auf neue Entwicklungen sowohl im Bereich der **Zufriedenheit** als auch im Bereich der **Kundenbindung** gezogen werden. Ebenfalls können die für Kunden zentralen Leistungsbereiche identifiziert und gezieltere Massnahmen ergriffen werden. Darüber hinaus ist ein kundenorientiertes Rechnungswesen als notwendige Voraussetzung für die Implementierung des Kundenbindungsmanagements anzusehen. Im Rahmen der Realisierung von Kundenbindungskonzepten entsteht in der Regel die Notwendigkeit, spezifische Informationen, die in der traditionellen Kosten- und Leistungsrechnung nicht erhoben werden, im Rechnungswesen aufzuarbeiten. Der Kundenwert kann hier als zentrale Kenngrösse angeführt werden. Zudem geht es um die Evaluierung der Attraktivität von Kunden und ihres Potenzials, die auf Basis der Daten aus dem Rechnungswesen beurteilt werden. Einen bedeutenden Beitrag liefert die **ABC-Kundenanalyse**, mit deren Hilfe das gegenwärtige sowie zukünftige Potenzial geschätzt werden kann. Aufgrund dieser Ergebnisse können somit die Kosten eines Kundenbindungsmanagements und seiner Instrumente kalkuliert werden. Hieraus wiederum entsteht die Möglichkeit, über dynamische Kapitalbudgetierungstechniken auch zukünftige Kundenwerte zu errechnen bzw. abzuschätzen.

ABC-Kundenanalyse

11.5.2 Strukturelle Massnahmen

Letztlich sind auch organisatorische Voraussetzungen für die Implementierung eines Kundenbindungsmanagements zu beachten. Betrachtet man beispielsweise die Gestaltung der Geschäftsbeziehung zwischen Absatzmittler und Hersteller, so sind (neue) Organisationsformen, z. B. das **Key-Account-Management**, **Category-Management** oder **Efficient Consumer Response** (ECR), zu nennen, die den Dialog und die Interaktion mit der Kundenbindungszielgruppe effizienter gestalten und zudem in der Lage sind, die interne Kommunikation zu verbessern. Organisatorisch bietet sich hier auch der Einsatz von Callcentern an. Über diese Voraussetzungen hinaus ist ein problemloser Zugriff auf die vorhandenen Kundendaten eine weitere Notwendigkeit, die durch die Unternehmensführung sicherzustellen ist.

11.5.3 Kulturelle Massnahmen

Sämtliche Ansätze zur Kundenbindung können nur dann erfolgreich umgesetzt werden, wenn sie von den Mitarbeitern getragen und aktiv gestaltet werden. Dies impliziert für den Mitarbeiter bzw. das Unternehmen, dass gerade in sich schnell verändernden Wettbewerbssituationen der Wille zur ständigen Anpassung und Veränderung in der Unternehmenskultur verankert wird und die Bedeutung der Kundenbindung allgemein bekannt und anerkannt ist. Über die Frage der Anpassungsfähigkeit bestehender Kulturtypen wurde in der Vergangenheit intensiv und vor allem kontrovers diskutiert. Mittlerweile hat sich jedoch die Erkenntnis durchgesetzt, dass ein Kulturveränderungsprozess – wenn auch nur sehr langsam – durchaus möglich und auch steuerbar ist. Als mögliche Massnahmen sei beispielsweise auf die gemeinsame Erarbeitung von **Unternehmensleitlinien**, die **Restrukturierung der internen Kommunikation** oder die **Integration von «Kultur-Modulen»** im Rahmen von kundenorientierten Schulungs- und Trainingsmassnahmen verwiesen. Auch kundenorientierte Anreizsysteme, wie die Verknüpfung eines variablen Gehaltsanteiles an Kennzahlen zur Kundenbindung, können einen Beitrag zur Veränderung der Unternehmenskultur leisten. Dies ist somit eine übergeordnete Voraussetzung, die nicht ausschliesslich dem Kundenbindungsmanagement im engeren Sinne zuzurechnen ist.

Festzuhalten bleibt, dass interne Voraussetzungen zu schaffen sind, bevor das Kundenbindungsmanagement in der Unternehmenspraxis implementiert werden kann. Diese sind mit Investitionen verbunden, bringen jedoch auch ausserhalb des Kundenbindungsmanagements zusätzliche Vorteile für ein Unternehmen.

11.6 Kontrolle des Kundenbindungsmanagements

Um eine systematische Gestaltung des Kundenbindungsmanagements vor dem Hintergrund der Unternehmensziele zu gewährleisten, ist eine Kontrolle der geplanten und umgesetzten Aktivitäten des Kundenbindungsmanagements erforderlich. Die wirkungsbezogene Bewertung des Kundenbindungsmanagements hat sowohl nach Effektivitäts- als auch nach Effizienzkriterien zu erfolgen.

11.6.1 Bewertung der Effektivität des Kundenbindungsmanagements

Im Rahmen einer Effektivitätskontrolle des Kundenbindungsmanagements wird die Eignung von Kundenbindungsmassnahmen beurteilt, ein bestimmtes Ziel (z. B. Wiederkauf, Cross-Buying, Weiterempfehlung) zu realisieren. Hinsichtlich des Erhebungszeitpunktes von Effektivitätskennziffern des Kundenbindungsmanagements können eine intentionale und eine faktische Effektivitätskontrolle unterschieden werden.

Cross-Buying

Bei der intentionalen Effektivitätskontrolle werden Wirkungen des Kundenbindungsmanagements vor ihrer tatsächlichen Realisierung erfasst. Als Kontrollgrössen werden Indikatoren für das beabsichtigte Kaufverhalten ermittelt, z. B. die **Wiederkauf-, Cross-Buying-** oder **Weiterempfehlungsabsicht**. Diese Kenngrössen lassen sich vor allem durch Kundenbefragungen erfassen. Aufgrund der nicht gegebenen objektiven Beobachtbarkeit dieser Indikatoren erfährt dieser Ansatz eine Einschränkung. Zur faktischen Effektivitätskontrolle werden die Konsequenzen des Kundenbindungsmanagements nach ihrem tatsächlichen Auftreten erhoben. Hierbei wird das tatsächliche Kundenverhalten gemessen, indem als Kenngrössen u. a. die Anzahl der Wiederkäufe, das Cross-Buying oder die Weiterempfehlungen erfasst werden. Diese Grössen sind objektiv beobachtbar und relativ leicht zu erfassen, da sie in einigen Unternehmen in einer Datenbank bereits vorhanden sind. Zur umfassenden Effektivitätskontrolle des Kundenbindungsmanagements reicht es nicht aus, eine einseitige Kontrolle dieser Dimensionen durchzuführen. Vielmehr gilt es, beide Kundenbindungsdimensionen – Absichten und tatsächliches Verhalten – kontinuierlich zu messen.

11.6.2 Bewertung der Effizienz des Kundenbindungsmanagements

Eine Effizienzkontrolle hat die Untersuchung von Input-Output-Relationen des Kundenbindungsmanagements zum Gegenstand und kann durch die **Wirtschaftlichkeitsanalyse** des Kundenbindungsmanagements erfolgen. Hierbei wird der Nutzen des Kundenbindungsmanagements seinen Kosten gegenübergestellt, um somit die **Profitabilität** beurteilen zu können. Die Kosten des Kundenbindungsmanagements entsprechen den für Kundenbindungsaktivitäten aufgewendeten Mitteln. Aufgrund des Gemeinkostencharakters der kundenbindungsbezogenen Kosten ist der Entwurf einer Prozesskostenrechnung des Kundenbindungs-

Profitabilität

managements erforderlich. Der Nutzen des Kundenbindungsmanagements steht in engem Zusammenhang zu den oben genannten Effektivitätskennziffern und repräsentiert das bewertete Mass der Zielerreichung durch Kundenbindungsaktivitäten. Grundlage des Kundenbindungsnutzens sind die Verhaltensweisen **aktueller und potenzieller Kunden** des Unternehmens, die in adäquater Weise zu **monetarisieren** sind.

Um Aussagen über die Effizienz des Kundenbindungsmanagements treffen zu können, sind die ermittelten Kosten- und Nutzenausprägungen durch die Bildung von Wirtschaftlichkeitskennziffern zu vergleichen. Im Hinblick auf die Berücksichtigung von Zeitaspekten lassen sich statische und dynamische Ansätze der Wirtschaftlichkeitsanalyse des Kundenbindungsmanagements unterscheiden. Bei der statischen Wirtschaftlichkeitsanalyse dienen der Kundenbindungsgewinn und die Kundenbindungsrendite als Wirtschaftlichkeitskenngrössen, während der Kundenbindungswert im Mittelpunkt der dynamischen Analyse steht.

Wirtschaftlichkeit

Sowohl bei der Effektivitäts- als auch bei der Effizienzkontrolle des Kundenbindungsmanagements ist zu berücksichtigen, dass die Kontrollphase idealtypisch die «letzte» Phase des Kundenbindungsmanagements darstellt. Aufgrund des engen Zusammenhangs zur strategischen Planung und deren Zukunftsbezogenheit dürfen sich Kundenbindungskontrollen nicht in der Ex-post-Kontrolle der Kundenbindungsaktivitäten erschöpfen, sondern sind zudem zeitlich nach vorne gerichtet und erfolgen parallel zu den Planungs- und Umsetzungsprozessen.

12 Key-Account-Management

Lernziele
Nach der Bearbeitung dieses Kapitels ...

- kennen Sie die Trends im Key-Account-Management.
- können Sie das Key-Account-Management organisatorisch einordnen.
- können Sie Anforderungen an einen Key-Account-Manager formulieren.
- können Sie einen Key-Account-Plan erstellen.

In erster Linie bedeutet Key-Account-Management die Betreuung von Grosskunden mit hohem **Kundenwert** durch spezielle **Account-Manager**. Grund für den Aufbau eines Key-Account-Managements ist vor allem, eine Grundlage für Wachstum in den Märkten zu erreichen. Dazu gehören der langfristige Ausbau der Geschäftsbeziehungen mit den **Altkunden** sowie die Anwerbung von **Neukunden** und die Sicherung der lokalen Marktnähe.

In der Praxis ist das Key-Account-Management oft global organisiert (globales Key-Account-Management). Die Einrichtung eines Key-Account-Managements ist in erster Linie dann sinnvoll, wenn die Nachfrage des Kunden oder sein **Kundenwert** als Referenz oder Multiplikator entsprechend gross und die Kundenstruktur komplex sind (beispielsweise bei hochtechnologischen, beratungsintensiven Produkten). Andererseits wird auch im Bereich der Konsumgüter das Key-Account-Management durchgängig praktiziert (z. B. Betreuung grosser Handelsunternehmen durch die Hersteller).

Kundenwert

Das professionelle Key-Account-Management beinhaltet eine umfassende Kundenbetreuung. Es geht dabei nicht nur um den **Vertrieb** von Waren und Dienstleistungen, sondern um die Optimierung der Kundenprozesse sowie um die Ergebnisverbesserung bei den Top-Kunden. Hierfür werden in der Regel individuelle Kundenentwicklungspläne erstellt.

12.1 Trends & Herausforderungen in der Zukunft

Nullsummenspiel	Stagnierende Märkte haben zu einem höheren Verdrängungswettbewerb zwischen den Anbietern geführt. Konkurrenten reagieren rasch auf neuartige Marketingmassnahmen, womit die Konkurrenzvorteile verloren zu gehen drohen.
Rationalisierungsdruck	Hoher Preisdruck auf die Marktleistungen bewirkt einen stärkeren Kostendruck in den Unternehmen. Gleichzeitig verlangt der Shareholder-Value-Ansatz das Erzielen genügender Free Cashflows als Massstab für den zukünftigen Unternehmenswert.
Diffusionsprozess	Technische Innovationen verbreiten sich schneller und werden von der Konkurrenz schneller nachgeahmt.

Zeitschere	Die Länge der Produkt- und Marktlebenszyklen nimmt ab, Forschungs- und Entwicklungsaufwand und damit verbundene Risiken nehmen zu.
Globalisierung der Märkte	Die Internationalisierung der Märkte führt zu stärkeren Positionen internationaler Konkurrenten auf bislang nationalen Märkten. Der Konzentrationsprozess (Fusionen) nimmt zu und führt zu einer Polarisierung der Betriebsgrössen. Mittlere Unternehmen kommen immer mehr unter Druck.
Buying Center	Insbesondere im Business-to-Business-Bereich entscheiden nicht mehr Einzelpersonen; stattdessen gibt es mehrere Mitwirkende an einer Kaufentscheidung. Die bessere Transparenz und der Kostendruck veranlassen die Kunden, immer «härter» einzukaufen.

Vor diesem Hintergrund sehen Marketing- und Verkaufsleiter ihre wichtigste zukünftige Aufgabe darin, ihre Anstrengungen in folgenden Bereichen zu verstärken:

- Verbesserung der Zusammenarbeit von Innendienst und Aussendienst
- bisherige Kunden besser pflegen, insbesondere die wichtigsten Schlüsselkunden
- den Innendienst für direkte Verkaufsaufgaben einsetzen (effizientes Kleinkundenmarketing)
- Chancen im Internet und im E-Commerce gezielt nutzen
- Aufbau bzw. Ausbau des Marketing- und Verkaufscontrollings
- Einführung von EDV-gestützten Verkaufsführungssystemen (CAS – Computer-Aided-Selling-Systeme)
- Durchführung von Kundenanlässen (Events) verstärken
- Lohn- und Anreizsysteme im Sinne der Strategien überarbeiten oder konsequent einführen
- Telefonmarketing verstärken
- Konkurrenzinformationssysteme einführen
- Kosten-Nutzen-Verhältnis im Verkauf optimieren
- Kostensenkungsprogramme in Marketing und Verkauf realisieren
- Produktivitätsverbesserungen in Marketing und Verkauf realisieren
- die Gewinnung neuer Kunden vorantreiben

Die Entwicklungstrends und die Ergebnisse der Umfrage bei den Verkaufs- und Marketingleitern weisen darauf hin, dass vor uns eine unberechenbarere und dynamischere Zukunft liegt, als wir dies je erlebt haben.

Die zu bewältigenden Aufgaben werden wesentlich umfangreicher und komplexer. Die Verantwortlichen müssen dafür sorgen, dass sie von den schnellen Veränderungen nicht überrannt werden. Sie müssen die Entwicklungen rechtzeitig erkennen, um drohenden Gefahren zu begegnen und Chancen, die in den Veränderungen liegen, nutzen zu können. Das starre Festhalten an alten Lösungen und Ideen wird der Misserfolg von morgen sein. Ein Ansatz zur aktiven Bewältigung dieser Herausforderungen ist das Schlüsselkunden- bzw. **Key-Account-Management**.

12.2 Strategische Erfolgsgrundsätze

Es gibt einige strategische Grundsätze, die als allgemeingültig bezeichnet werden können. Die Beachtung dieser »Regeln« ist eine wichtige Voraussetzung für die Sicherung des langfristigen Unternehmenserfolges. Die Grundsätze, die für Unternehmen aller Branchen und Grössen relevant sind, helfen uns, strategische und operative Entscheidungen richtig zu treffen und aus **Erfahrungen von Top-Unternehmen zu profitieren**. Sie mögen manchmal auf den ersten Blick trivial erscheinen, doch findet man in der Praxis viele Beispiele für ihre Nichtbeachtung, sei es aus Unwissenheit, falscher Einschätzung der eigenen Fähigkeiten, ungenügender Information oder aus anderen Gründen.

Küng, Toscano-Ruffilli, Schillig, Willi-Piezzi. Key Account Management, Seite 23.

Erfolgsgrundsatz	Allgemeine Bedeutung	Bedeutung im Marketing- und Verkaufsbereich	Bedeutung im Key-Account-Management
Effizienz «Die Dinge richtig tun»	Ein wichtiges Ziel der strategischen Unternehmensführung ist die langfristige Verbesserung der Effizienz des Unternehmens. Eine in allen anderen Punkten noch so gut durchdachte Strategie ist wertlos, wenn durch sie nicht die Erhöhung der Produktivität oder die Verbesserung der Kostenstruktur erreicht wird.	Ein gezieltes Marketing- und Vertriebscontrolling soll Potenziale zur Erhöhung der Produktivität aufzeigen und gleichzeitig Verbesserungen der Kostenstruktur vorschlagen.	Das Key-Account-Management soll einen Beitrag leisten, dank einer effizienteren Betreuung der wichtigsten Kunden die Produktivität insgesamt zu erhöhen.

Erfolgsgrundsatz	Allgemeine Bedeutung	Bedeutung im Marketing- und Verkaufsbereich	Bedeutung im Key-Account-Management
Konzentration der Kräfte «Die richtigen Dinge tun»	Prioritäten müssen in einer Erfolg versprechenden Strategie und deren Umsetzung eindeutig festgelegt werden, um die zur Verfügung stehenden Ressourcen vernünftig aufteilen und zuordnen zu können.	Klare Prioritäten bezüglich Produkten und Kunden stellen sicher, dass alle Mitarbeiter im Marketing- und Verkaufsbereich sich in der Marktbearbeitung auf das Wesentliche konzentrieren.	Ein gutes Key-Account-Management ist einer der wichtigsten Beiträge zu diesem Erfolgsgrundsatz, indem wir unsere Aktivitäten mit höchster Priorität auf diese Kunden ausrichten.
Aufbauen auf vorhandenen Stärken	Der Erfolg einer Strategie ist wesentlich wahrscheinlicher, wenn auf den bisherigen Stärken des Unternehmens aufgebaut wird und diese weiterentwickelt werden. In den meisten Fällen ist es falsch, sich nur an den Stärken des Mitbewerbers zu orientieren und ihn in diesen Bereichen angreifen zu wollen. Vielmehr sollten die Schwächen der Konkurrenz ausgenutzt werden.	Detaillierte Marketing- und Verkaufsanalysen verdeutlichen die eigenen Stärken und Schwächen im Vergleich zur Konkurrenz. Anschliessend können die Konzepte auf den erkannten Stärken aufbauen und diese gezielt ausnutzen.	Sinnvollerweise fokussieren wir uns in einer ersten Phase auf die Analyse und Optimierung der Resultate bei bestehenden Top-Kunden, bevor wir neue potenzielle Grosskunden angehen.
Differenzierung	Es muss in irgendeiner Form – durch Qualität, Image, Werbung usw. – eine möglichst gute Profilierung zu den Mitbewerbern, d.h. den «Gegnern» im Markt, gesucht werden.	Die Differenzierung ist ein wichtiger Bestandteil jeder Marketingstrategie. Für jedes Unternehmen ist es unerlässlich, zu definieren, worin es sich von der Konkurrenz abhebt, was also das Unternehmen anders oder besser macht als die Konkurrenten.	Mit unserem Beitrag zur Lösung betrieblicher und unternehmerischer Probleme bei Top-Kunden profilieren wir uns gegenüber Mitbewerbern.
Richtiges Timing	Es nützt nichts, Konzepte zu entwickeln, die gut durchdacht sind, wenn diese nicht schnell oder in angemessener Frist umgesetzt werden. So wird z.B. in Anbetracht der immer kürzer werdenden Marktlebenszyklen das »richtige Timing« bei Innovationen, Markteinführungen und in der Marktbearbeitung immer wichtiger.	Die Bedeutung des richtigen Timings wird vor allem im Falle einer Produkt-Neulancierung deutlich. Die verkaufsfördernden Aktivitäten müssen so terminiert werden, dass die Nachfrage der Kunden zeitgerecht befriedigt werden kann.	Wünsche unserer Grosskunden müssen schnell angegangen und erfüllt werden. Das Einhalten von Terminen hat zudem oberste Priorität.
Beharrlichkeit in der Strategieverfolgung	Eine entwickelte und formulierte Strategie sollte beharrlich und kontinuierlich verfolgt werden, um die angestrebten Ziele tatsächlich zu erreichen. Strategien sollten zwar flexibel an veränderte Rahmenbedingungen angepasst werden, um den entsprechenden Chancen und Gefahren zu begegnen. Unbegründete, kurzfristige und abrupte Kurswechsel sorgen aber nicht nur für eine allgemeine Verwirrung, sondern haben eine tiefere Produktivität und das Nichterreichen der Ziele zur Folge.	Die Beharrlichkeit in der Verfolgung der Marketing- und Verkaufskonzepte ist notwendig, damit den Mitarbeitern die Stossrichtungen klar sind und diese über eine gewisse Zeit verfolgt werden können. Kurzfristige Änderungen der Strategien zeigen ihre Wirkung erst einige Monate später, da die Zeit bis zur Umsetzung beachtet werden muss.	Das Key-Account-Management darf nicht aus einer Laune heraus im Unternehmen implementiert und nach wenigen Monaten wieder abgesetzt werden, weil die Resultate noch nicht ersichtlich sind. Die Entscheidung für das Key-Account-Management sollte gut überdacht und anschliessend konsequent und vor allem beharrlich umgesetzt werden.

Erfolgsgrundsatz	Allgemeine Bedeutung	Bedeutung im Marketing- und Verkaufsbereich	Bedeutung im Key-Account-Management
Nutzen von Umwelt- und Marktchancen	Die Umwelt und die für das Unternehmen interessanten Märkte müssen ständig nach Gelegenheiten abgesucht werden, die eine Optimierung oder eine Intensivierung der Anstrengungen in bestimmten Bereichen ermöglichen. Gleichzeitig können mit einer gezielten Markt- und Umweltbeobachtung drohende Gefahren rechtzeitig erkannt werden.	Umwelt- und Marktchancen spielen in jeder Marketing- und Verkaufsanalyse eine wichtige Rolle. Es ist das Ziel der Marketingarbeit, Veränderungen in der Umwelt und im Markt frühzeitig zu erkennen und in den Konzepten entsprechend umzusetzen.	Im Key-Account-Management gilt es, nicht nur die eigenen Umwelt- und Marktchancen zu erkennen und zu nutzen, sondern ebenso jene der Schlüsselkunden.
Abstimmen von Zielen und Mitteln	Die Ziele, die sich das Unternehmen in seiner Strategie setzt, müssen im Einklang mit den vorhandenen Mitteln (personelle, finanzielle etc.) stehen. Vom Verhältnis zwischen Zielen und Mitteln hängt die Höhe des Risikos ab, das mit der Realisierung der Unternehmensstrategie verbunden ist. Dieses Risiko ist natürlich möglichst gering zu halten.	Die Wirtschaftlichkeitsrechnungen im Rahmen der Marketing- und Verkaufskonzepte zeigen, ob die vorgesehenen Ziele mit den vorhandenen Mitteln und Aktivitäten überhaupt erreicht werden können.	Hohe Ziele bei Top-Kunden verlangen den Einsatz der besten Mitarbeiter und weitere Ressourcen. Eine Wirtschaftlichkeitsrechnung pro Kunde muss aufzeigen, ob sich mittelfristig die Investitionen tatsächlich lohnen oder nicht.
Teamarbeit	Eine Unternehmensstrategie muss von den Mitarbeitern des Unternehmens getragen werden. Die Unite de doctrine, der »Gemeinschaftsgeist«, der in einem Unternehmen herrscht, hat eine nicht zu unterschätzende Bedeutung für den Erfolg.	Im Marketingbereich ist die gute Teamarbeit entscheidend für die Entwicklung und Umsetzung neuer Ideen und Strategien.	Das Key-Account-Management muss mit Rücksicht auf die bestehenden Mitarbeiter entwickelt und eingeführt werden. Der Erfolg ist erst dann gesichert, wenn alle für einen Account zuständigen Team-Mitarbeiter die «gleiche Linie» verfolgen.
Einfachheit	Strategisches Denken darf nicht die Erstellung umfangreicher Handbücher und Richtlinien zum Ziel haben. Im Gegenteil: Es sind Übersichtlichkeit und konzentrierte Darstellung der getroffenen Entscheidungen anzustreben.	Die Einfachheit im Marketing und Verkauf bezieht sich nicht nur auf die intern erarbeiteten Konzepte und Pläne. Dem Grundsatz der Einfachheit sollten auch sämtliche Informationen, Dokumentationen, Werbemittel etc. entsprechen, die für die Kunden erarbeitet werden.	Accountpläne für die Grosskunden sind übersichtlich und möglichst einfach zu gestalten, damit sie allgemein verständlich sind.
Nutzen von Synergien	Eine erfolgreiche Unternehmensstrategie ist darauf ausgerichtet, dass die Aktivitäten der einzelnen Funktionsbereiche des Unternehmens so miteinander in Verbindung gebracht und aufeinander abgestimmt werden, dass Synergien zum Tragen kommen. Die zugrunde liegende Überlegung ist, dass «1 + 1 möglichst 3» ergeben sollte.	Im Marketing- und Verkaufsbereich sind vielfältige Synergien denkbar (z. B. Mehrfachnutzung von Daten und Informationen). Oft werden diese Synergien nicht ausgeschöpft, weil keine einheitliche Datenbankbasis vorhanden ist.	Synergien können zwischen den Unternehmensbereichen im Sinne des Cross-Sellings bei Grosskunden genutzt werden. Zudem gilt es, Synergien zwischen dem eigenen Unternehmen und den Key-Accounts zu erkennen und echte Win-win-Beziehungen aufzubauen.

Erfolgsgrundsätze in Marketing/Verkauf und im KAM

Zusammenfassend kann man sagen, dass ein gezieltes Key-Account-Management mehr und mehr zum unternehmerischen Imperativ für die erfolgreiche Nutzung von Chancen wird. Die Bedürfnisse von Schlüsselkunden müssen stärker als bisher in der strategischen Ausrichtung und der Organisation von Unternehmen berücksichtigt werden.

Erfolgssicherung in der Zukunft
Just in time, Lean Production und Business Process Reengineering führen nicht geradewegs in die Liga der besten Unternehmen. Das mussten schon verschiedene Firmen erfahren, die sich diese Verbesserungsprogramme verordneten. Zwar gelang es damit häufig, mit den Konkurrenten gleichzuziehen, aber dauerhafte Wettbewerbsvorteile konnten nicht sichergestellt werden, weil bei den gewählten Stossrichtungen keine Kernkompetenz im Beziehungsmanagement zu Kunden und insbesondere zu Top-Kunden aufgebaut wurde oder weil die Controlling-Instrumente versagten.

Wettbewerbsvorteile

Als »Wunderwaffe« bezeichnen Gary Hamel und C. K. Prahalad im Buch »Competing for the Future« die Entwicklung und Sicherung von Kernkompetenzen als verdichtetes Wissen und Können der gesamten Unternehmensorganisation.

Diese überlegenen Fähigkeiten in bestimmten Teilen der Wertschöpfungskette (Prozesskette) ermöglichen die Erneuerung einer profilierten, wachstumsorientierten Zukunftsstrategie, die weit mehr beinhaltet als Sparanstrengungen und Optimierung von Prozessen. Diese Wachstumsstrategie sollte auf echten Kernkompetenzen beruhen, die unabhängig von einzelnen Produkten sichergestellt werden. Die Stossrichtungen schliessen sich nicht aus. Es ist jedoch erfolgsentscheidend, dass wir für uns folgende Fragen beantworten:

Kleiner werden?	→	Umstrukturierung/Personalabbau
Besser werden?	→	laufende Optimierung bestehender Prozesse
Anders/Einzigartig?	→	Erneuerung der Zukunftsstrategie auf der Basis von Kernkompetenzen

Neben technischen Kernkompetenzen (und Kerntechnologien) gehört das Beziehungsmanagement zu wichtigen Kunden zum Kernkompetenzen-Portfolio erfolgreicher Unternehmen der Zukunft.

Ein optimales Beziehungsmanagement und damit bessere Marktkenntnisse erlauben uns die Beantwortung wichtiger Fragen zur Zukunft unseres Unternehmens:

Beziehungsmanagement

- Wer sind unsere 10 bis 20 wichtigsten Kunden in den nächsten Jahren?
- Was sind die wichtigsten Herausforderungen und Probleme unserer Kunden in der Zukunft?
- Was sind die Grundlagen unserer Wettbewerbsvorteile in der Zukunft?
- Wo liegt in unserer Wertschöpfungskette (Prozesskette) die Basis für überdurchschnittliche Deckungsbeiträge?
- Welche Fähigkeiten machen uns jetzt und in der Zukunft einzigartig («unique»)?
- In welchen geografischen Märkten werden wir tätig sein?

Neuere Untersuchungen zeigen, dass in vielen Unternehmen ein zu grosses Gewicht auf den Kosten- und Personalabbau gelegt wird und so eine «Schlankheitskur» die andere ablöst. Auf der anderen Seite stellt man fest, dass sich nur 35 % der Kunden »echt rentieren«. Erstaunlich ist jedoch, dass ca. 50–60 % des Marketingbudgets und der Verkaufsressourcen auf Kunden ausgerichtet sind, die sich nicht rentieren resp. nie sinnvolle Deckungsbeiträge abwerfen können. Grund hierfür ist oft eine fehlende Priorisierung bezüglich Kunden oder die falsche Wahl von Vertriebskanälen. Zudem erzielen viele Unternehmen 50–70 % des Umsatzes/Deckungsbeitrages mit Produkten, die älter als fünf Jahre sind.

Wachstumsstrategien		
Kundenportfolio-Management	Entwicklung neuer Erfolgsprodukte und Dienstleistungen	Vertriebskanal-Management

Erfolgspotenziale

Kundennutzen Wettbewerbsüberlegener/einzigartiger Kundennutzen

Wirtschaftlichkeit Vorteile über die gesamte Prozess-/Wertekette

Umsetzung Nachhaltig bessere Strategieumsetzung durch konsequente Anpassung von Organisation und Führung

Quelle: unbekannt

Für eine profilierte Wachstumsstrategie gilt es, diejenigen Ansatzpunkte festzulegen, die es uns erlauben, nachhaltig wirksame Quantensprünge zu erzielen. Ein echtes Wachstum kann demnach mit einer Strategie erfolgen, die den richtigen Kundenfokus, gezielte Produktinnovationen/-verbesserungen und die richtigen Kernkompetenzen definiert.

Wachstumsstrategie

Damit die «Stossrichtungen» in den kommenden Jahren greifen, sind eine gezielte Ausrichtung am zukünftigen Kundennutzen, die Wirtschaftlichkeit der Geschäftsprozesse und eine konsequente Umsetzung mit begeisterten, engagierten Mitarbeitern unabdingbar.

Die Wachstumsstrategie und unsere Erfolgspotenziale werden dann erfolgreich umgesetzt, wenn es uns gelingt, die richtigen Top-Kunden zu wählen, zu pflegen und langfristig als Partner mit «Win-win-Leistungen» zu überzeugen

12.3 Stellung des Key-Account-Managements in der Konzepthierarchie

Jedes Unternehmen, das seine Wettbewerbsvorteile konsequent nutzen will, entwickelt und implementiert in seinem Unternehmen Konzepte, die in der nachstehenden Konzepthierarchie erkennbar sind. Die Umsetzung der verschiedenen Konzepte muss sich dabei auf die zentralen Punkte der Wertschöpfungskette konzentrieren, damit die strategischen Grundsätze und die strategischen Erfolgspotenziale konsequent umgesetzt resp. genutzt werden können

Die Aufgaben der Unternehmensführung können grundsätzlich in zwei Bereiche aufgeteilt werden: Entscheidungen werden entweder auf der strategischen oder auf der operativen Ebene gefällt.

Auf strategischer Ebene werden Entscheidungen mit mittel- bis langfristiger Gültigkeit getroffen. Die wichtigste Aufgabe ist hier die Festlegung der Unternehmensstrategie, die alle Bereiche der Unternehmenstätigkeit einbezieht, die als Basis für alle Überlegungen dient. Von ihr werden alle weiteren Konzepte und Teilstrategien (z.B. Marketingstrategien, Key-Account-Management-Konzept oder Personalstrategien) abgeleitet bzw. müssen in sie eingebettet sein.

Strategische Ziele

Auf der operativen und taktischen Ebene werden die strategischen Ziele konkretisiert. Es geht hier um die kurzfristige Planung und die detaillierte Bestimmung der Massnahmen, die zur Erreichung der Ziele notwendig sind (d.h. konkret, wer wann und wie welche Aufgaben zu erledigen hat), und letzten Endes um das tägliche Handeln und Entscheiden der Mitarbeiter des Unternehmens.

Auf den einzelnen Stufen der Konzepthierarchie sind unterschiedliche Inhalte und Fristen für die Konzepte, Strategien und Pläne gültig. Die lang- und mittelfristigen Konzepte werden im Sinne einer rollenden Planung einmal jährlich überprüft:

- Das Leitbild eines Unternehmens wird ohne zeitliche Beschränkung formuliert. Lediglich wesentliche Veränderungen der Unternehmenstätigkeit bzw. drastische Veränderungen in Markt und/oder Umwelt können ein Überdenken und Hinterfragen der Werthaltungen und der grundsätzlichen Ausrichtung gemäss Unternehmensleitbild nötig machen.

Küng, Toscano-Ruffilli, Schillig, Willi-Piezzi. Key Account Management, Seite 34.

- Die Unternehmensstrategie wird langfristig für ca. vier bis fünf Jahre festgelegt.
- Grundsatzüberlegungen zum Key-Account-Management finden sich oft bereits in der Unternehmensstrategie. Insbesondere ist es sinnvoll, die wichtigsten Marktpartner/Kunden in der Unternehmensstrategie namentlich zu erwähnen. Damit bekennt sich die Unternehmensleitung klar zur intensiven Bearbeitung dieser Top-Kunden. Gleichzeitig wird sichergestellt, dass die Bedeutung dieser Kunden stets präsent ist. Eine durchgeführte Umfrage des Beratungsunternehmens Dr. Pius Küng & Partner, St. Gallen, bei international tätigen Firmen hat ergeben, dass 47 % der befragten Unternehmen das Key-Account-Management in der Unternehmensstrategie erwähnen und 62.6 % davon erwähnen die Key-Accounts gar namentlich in der Unternehmensstrategie. Unter den Unternehmen, die die Schlüsselkunden namentlich erwähnen, ist die Konsumgüterbranche überproportional vertreten.
- Für die Teilstrategien, die aus der Unternehmensstrategie für einzelne Funktionsbereiche des Unternehmens abgeleitet werden und weiter ins Detail gehen, ist eine mittelfristige Gültigkeit von zwei bis drei Jahren sinnvoll. Das Key-Account-Management-Konzept ist in diesen Bereich eingebettet und sollte die Grundsätze der Unternehmensstrategie berücksichtigen und gleichzeitig mit dem Marketing- und Verkaufskonzept eine Einheit bilden.
- Operative Pläne, die konkret die Art und Weise der Realisierung von auf strategischer Ebene geplanten Massnahmen bestimmen, werden für eine Dauer von bis zu einem Jahr erstellt. Das Key-Account-Management definiert im Rahmen der operativen Pläne die Schlüsselkunden-Pläne, d. h. jeder einzelne Schlüsselkunde wird in Bezug auf Chancen/Stärken und Gefahren/Schwächen analysiert. Auf dieser Basis werden die Ziele und die Massnahmen für den jeweiligen Schlüsselkunden definiert.
- Eine taktische Planung wird für die Detailplanung von Einzelmassnahmen eingesetzt (z. B. Abschluss eines Rahmenvertrages, Planung eines gemeinsamen Messeauftrittes) und muss sorgfältig vorbereitet werden.

Unternehmensstrategie

12.4 Durchbrechen der gläsernen Decke – Problemlösungen für Schlüsselkunden

Die Umsetzung unserer Strategien und das Erreichen der Unternehmensziele sind weitgehend vom Erfolg bei unseren Schlüsselkunden abhängig. Hierfür ist eine «massgeschneiderte» Betreuung der Key-Accounts resp. der Divisionen und Abteilungen unserer wichtigsten Kunden unerlässlich. Nicht der Verkauf von Produkten steht im Mittelpunkt, sondern vielmehr unser Beitrag zur Lösung zentraler betrieblicher und unternehmerischer Probleme des Schlüsselkunden. Mit diesem Beitrag können der Wettbewerb bei Top-Kunden verkleinert und die Resultate des Kunden und unseres Unternehmens verbessert werden, insbesondere dann, wenn es uns gelingt, die strategischen Erfolgspositionen (Wettbewerbsvorteile und/oder die Kernkompetenzen unserer Kunden) zu stärken.

Strategische Erfolgspositionen

Die nachstehende Darstellung zeigt die Stufen vom Produktverkauf bis zum Problemlöser beim Kunden. Die sogenannte «gläserne Decke» stellt dabei die Hürde zwischen dem traditionellen Verkaufen und dem Schlüsselkunden-Management dar. Viele Mitarbeiter im Verkauf sind nicht in der Lage, diese gläserne Decke zu überspringen, weil die tatsächlichen Herausforderungen des Kunden nicht erkannt werden oder das Unternehmen nicht in der Lage ist, kundenspezifische Lösungen zu erarbeiten.

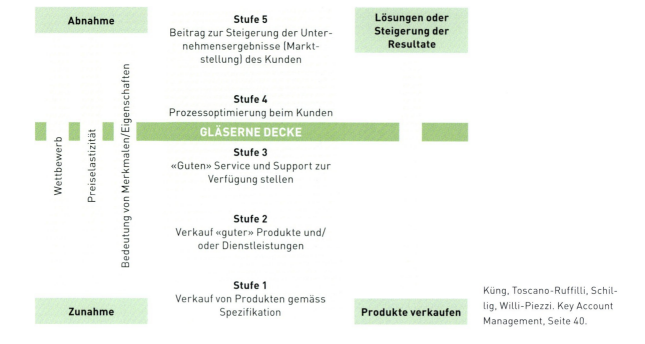

Küng, Toscano-Ruffilli, Schillig, Willi-Piezzi. Key Account Management, Seite 40.

12.5 Schlüsselkunden

Bei der Analyse ihrer Auftragsbestände, Kundenumsätze und ihres Deckungsbeitrages stellen viele Unternehmen Besonderheiten in der Kundenstruktur fest. Fast immer wird ein wichtiger Teil der Umsätze und Deckungsbeiträge durch ein paar wenige, sehr gute Kunden erzielt.

Altbekannt ist die Kunden-/Umsatzregel, wonach mit 20 % der Kunden rund 80 % des Umsatzes resp. der Deckungsbeiträge erzielt werden. Oft ist den Unternehmen zu wenig bewusst, dass fünf bis 20 Kunden rund 50–60 % des Umsatzes ausmachen (siehe folgende Abbildung).

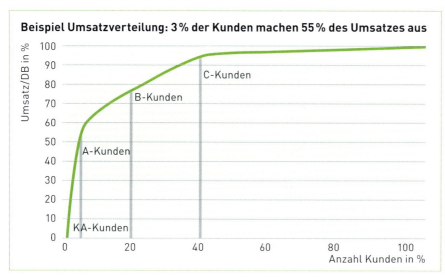

Küng, Toscano-Ruffilli, Schillig, Willi-Piezzi. Key Account Management, Seite 49.

Diese **Grösstkunden** werden als Schlüsselkunden oder als **Key-Accounts** bezeichnet, da ihr Auftragsvolumen von zentraler Bedeutung für das Unternehmen ist und der Verlust eines solchen Kunden ein tiefes «Loch» in die finanziellen Ergebnisse reissen würde.

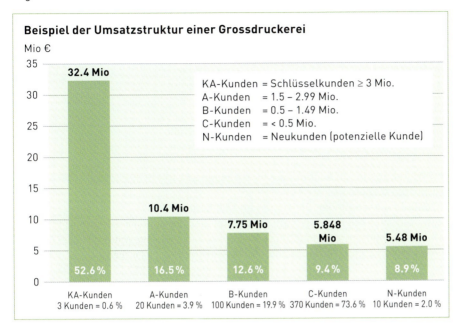

Küng, Toscano-Ruffilli, Schillig, Willi-Piezzi. Key Account Management, Seite 50.

Die wichtigsten Kunden sind logischerweise diejenigen Marktpartner, die auch für die Konkurrenten interessant sind. Die Mitbewerber arbeiten deshalb immer geschickter und zwingen uns zu weit höheren Anstrengungen, als dies noch vor kurzer Zeit der Fall war. Wir müssen mit der Tatsache leben, dass uns immer weniger Schlüsselkunden ohne geplante und koordinierte Anstrengungen erhalten bleiben.

Schlüsselkunden (Global-Accounts, Major-Accounts, Key-Accounts, Target-Accounts etc.) sind gemäss unserer Definition diejenigen Grösstkunden, die wir mit einem Spezialisten oder einem Account-Team auf verschiedenen Stufen und in verschiedenen Abteilungen durchdringen müssen, damit langfristig der Erfolg und das Erreichen unserer unternehmerischen Ziele sichergestellt sind.

Diese Ziele können wir dann erreichen, wenn wir die Unternehmensziele und die Geschäftsgrundsätze unserer Schlüsselkunden kennen und verstanden haben. So wissen wir, was zu tun ist, um unsere massgeschneiderten Konzepte für diese Grösstunternehmen zu entwickeln und zu implementieren.

Das Schlüsselkunden-Management ist mehr als eine intensivere Bearbeitung im Rahmen einer Kundenkategorisierung. Mit dem Schlüsselkunden-Management soll der Kunde Unterstützung sowie Hilfsmittel und Instrumente erhalten, um seine Strategie erfolgreich im Markt umzusetzen und seine eigene Position gegenüber den Mitbewerbern erfolgreich auszubauen.

Positionierung

Hierfür ist auch die genaue Kenntnis der Wertschöpfungskette (Prozesskette) der Schlüsselkunden wichtig, damit unsere Leistungen in diejenigen Glieder der Wertschöpfungskette des Kunden einfliessen, die helfen, die Strategien auf dem Markt erfolgreich umzusetzen.

12.5.1 Eigenschaften von Schlüsselkunden

In allen Industriezweigen zeichnen sich Schlüsselkunden durch quantitative (Umsätze, DB etc.) und qualitative Merkmale (Imagewirkung etc.) aus.

Auf der quantitativen Ebene wird hauptsächlich der heutige oder zukünftige Umsatz- oder Deckungsbeitragsanteil des Kunden betrachtet.

In qualitativer Hinsicht sind die Merkmale vielschichtiger: Imageträger, Attraktivität des Kundenmarktes, Ressourcenbedarf etc. sind einige relevante Kriterien. Entscheidend ist, dass

- am Entscheidungsprozess oft mehrere Personen beteiligt sind, die innerhalb der Beschaffung unterschiedliche Funktionen, Rollen und Interessen vertreten (Buying Center).
- die Schlüsselkunden nach Problemlösungen suchen, die ihrem eigenen Unternehmen als Wettbewerbsvorteil dienen.
- sich Mitarbeiter von Key-Accounts innerhalb der Divisionen und Einkaufsabteilungen, als Vertreter von Zentralbereichen oder als Mitglieder der Geschäftsleitung mit Beschaffungsproblemen auseinandersetzen.
- Top-Kunden oft von den Konkurrenten ähnlich intensiv beeinflusst werden wie vom eigenen Unternehmen.

12.5.2 Bestimmung der Schlüsselkunden

Im Vorfeld des eigentlichen Account-Managementprozesses muss zunächst bestimmt werden, welche Kunden als Schlüsselkunden für das Unternehmen definiert werden. Selbst in Grossunternehmen sollen (pro Division) nicht mehr als 20 bis 30 Kunden bestimmt werden, die als Key-Accounts bezeichnet und betreut werden. Im Folgenden werden unterschiedliche Methoden zur Bestimmung von Schlüsselkunden dargestellt. Die Bestimmung von Schlüsselkunden kann nicht unabhängig von den anderen Kundenkategorien erfolgen, d.h. die Wahl der Schlüsselkunden ist immer eingebettet in die gesamte Kundenkategorisierung eines Unternehmens.

12.5.2.1 Kategorisierung des Kundenstamms nach Vorjahreszahlen

Im Mittelpunkt der Kategorisierung des Kundenstamms steht eine Einteilung der Marktpartner in homogene Gruppen nach ihrer Bedeutung bezüglich Umsatz bzw. Deckungsbeitrag in der Vergangenheit. Im Gegensatz zur Segmentierung im Marketing geht es bei dieser Aufteilung nicht um die Aufteilung anonymer Zielgruppen (Produktverwender, Händler etc.), sondern um die Bedeutung für unser Geschäftsergebnis.

Der Kundenstamm wird nach ein bis zwei Kriterien analysiert. Als Key-Accounts werden diejenigen Kunden mit dem grössten Kauf- und/oder Deckungsbeitragsvolumen im letzten Geschäftsjahr (oder in den letzten zwei bis drei Jahren) verstanden. Als Informationsbasis dienen vorhandene Kundendaten aus dem betrieblichen und finanziellen Rechnungswesen. Problematisch an diesem Ansatz ist seine Vergangenheitsorientierung. Es findet keine Auseinandersetzung mit dem Potenzial des Unternehmens, mit unseren zukünftigen Zielen, mit unserer Position beim Kunden etc. statt, wie aus der nachstehenden Zusammenstellung hervorgeht.

Kundenkategorie	Umsatz pro Kunde Vorjahr	DB pro Kunde Vorjahr	Anzahl Kunden
Key-Account	≥ 1 000 000	≥ 500 000	7
A-Kunde	≥ 200 000	≥ 150 000	50
B-Kunde	≥ 50 000	≥ 25 000	600
C-Kunde	< 50 000	< 25 000	7000

Bildung von Kundenkategorien nach Vergangenheitswerten

Beispiel

Kundenname	Umsatz Vorjahr	DB Vorjahr	Kategorie
Müller	3 500 000	1 750 000	KA
Meyer	600 000	300 000	A
Fischer	180 000	90 000	B
Schulze	100 000	50 000	B
Mariska	90 000	45 000	B
Franke	–	–	N

12.5.2.2 Kundenkategorisierung nach Zukunftswerten

Eine Weiterentwicklung der vergangenheitsorientierten Kundenkategorisierung bildet die Methode mit der Integration der zukünftigen Ziele. Teilweise wird diese Methode in Verbindung mit den Vergangenheitswerten eingesetzt. Key-Accounts und andere Kundenkategorien sind nach dieser Methode Marktpartner, die in der Zukunft einen bestimmten Zielumsatz erzielen werden. Basis für diese Kundenkategorisierung ist die Einschätzung der möglichen Ziele durch die Verkaufsverantwortlichen auf der Basis der Vergangenheitszahlen. Nachteil dieser Methode ist die gefühlsmässige Einschätzung. Der wichtigste Vorteil ist die einfache Verarbeitung in den Datenbanken.

Kundenkategorie	Zielumsatz (in 1 000 CHF)	Ziel DB
Key-Account (KA)	≥ 1 000 000	≥ 500 000
A-Kunde	≥ 200 000	≥ 150 000
B-Kunde	≥ 50 000	≥ 25 000
C-Kunde	≥ 50 000	≥ 25 000
Target-Account (TA)	≥ 1 000 000 (in 2 Jahren)	≥ 500 000 (in 2 Jahren)
Neukunde (N)	≥ 200 000 (in 2 Jahren)	≥ 100 000 (in 2 Jahren)

Beispiel

Kunde	Umsatz Vorjahr	DB Vorjahr	Ziel-U. + 1 Jahr	Ziel-DB. + 1 Jahr	Ziel-U. + 2 Jahre	Ziel-DB. + 2 Jahre	Kat.
Müller	3 500 000	1 750 000	3 500 000	1 750 000	3 000 000	1 500 000	KA
Meyer	600 000	300 000	800 000	400 000	1 200 000	650 000	TA
Fischer	180 000	90 000	290 000	150 000	450 000	220 000	A
Schulze	100 000	50 000	110 000	60 000	120 000	65 000	B
Mariska	90 000	45 000	40 000	25 000	40 000	25 000	C
Franke	–	–	350 000	180 000	1 100 000	550 000	TA

12.5.2.3 Portfolio-Methodik für die Kundenkategorisierung

Eine beliebte Methodik für die Zuteilung der Kunden zu den einzelnen Kategorien ist der Einsatz der Portfolio-Methode, wobei die Technik von der bekannten Produktportfolio-Methode übernommen wird. Das Kundenportfolio orientiert sich an zwei Dimensionen zur Bestimmung der Kundenkategorie: der Attraktivität der Kunden und der Positionierung des eigenen Unternehmens beim Kunden.

Die Attraktivität des Kunden wird durch Kriterien wie z. B. erzielte Geschäftsergebnisse, Attraktivität der vom Kunden belieferten Märkte, Wachstumschancen des Kunden in seinem Markt oder Umsatzziele mit unseren Produkten in der Zukunft bestimmt. Die Positionierung des eigenen Unternehmens ergibt sich dagegen aus Kriterien wie: unser Umsatzanteil am Total-Umsatz des Kunden, Deckungsbeitrag des Kunden, Beziehungsqualität zu kaufwichtigen Personen, Attraktivität unserer Lösungen für den Kunden.

Nach der Aufteilung der beiden Dimensionen in verschiedene Kriterien erfolgt eine Bewertung der Kriterien in Bezug auf deren Wichtigkeit für die Kundenkategorisierung. Die Gewichtung kann in Prozentzahlen ausgedrückt werden, wobei die Summe der Gewichtungen 100 % ergeben muss. Im nächsten Schritt muss für jeden Kunden der Erfüllungsgrad pro Kriterium angegeben werden. Der Erfüllungsgrad wird mit einer Skala von 1 (sehr schlecht) bis 10 (sehr gut) angegeben. Die Verknüpfung zwischen Erfüllungsgrad und Gewichtung ergibt die Bewertung. Anschliessend kann für jede Dimension der Durchschnittswert berechnet werden. Für die Subkriterien der Attraktivität und zur Position müssen klare Bewertungsgrundlagen analog der vorstehenden Beispiele zur Verfügung gestellt werden.

Das folgende Beispiel soll zur Verdeutlichung des Vorgehens dienen. Es wird lediglich der Kunde Müller aus den vorhergehenden Beispielen betrachtet:

Unsere Kriterien	Gewichtung	Erfüllungsgrad	Bewertung
Umsatzpotenzial	40 %	10	4.00
DB-Potenzial in 2 Jahren	40 %	8	3.20
Attraktivität der Märkte (des Kunden)	15 %	9	1.35
Wachstumschancen des Kunden	5 %	8	0.40
Attraktivität des Kunden Müller			8.95

Kriterien des Kunden	Gewichtung	Erfüllungsgrad	Bewertung
Unser Anteil am Umsatz	20 %	9	1.8
DB des Kunden (Ist)	35 %	10	3.5
Beziehungsqualität	30 %	8	2.4
Attraktivität unserer Lösungen	15 %	8	1.2
Unsere Position des Kunden Müller			8.9

Die in beiden Dimensionen erreichte durchschnittliche Punktzahl wird in das Kundenportfolio übertragen (Schnittpunkt beider Achsen) und davon wird die entsprechende Kategorie resp. die Bedeutung innerhalb der Key-Accounts abgeleitet. Die Zuordnung der Kundenkategorien innerhalb des Kundenportfolios kann von Unternehmen zu Unternehmen unterschiedlich sein.

Attraktivität des Kunden			
10 Sehr hoch	Target-Account	Key-Account	Key-Account
	A-Kunde	A-Kunde	Key-Account
0 Sehr tief	C-Kunde	B-Kunde	A-Kunde
	0 Sehr schlecht	Eigene Position beim Kunden	10 Sehr gut

Die Kundenportfolio-Methode ist anspruchsvoll und bedingt eine sehr gute Kenntnis der Kunden auf der Basis detaillierter Analysen. Sie wird deshalb oft nur bei sehr wichtigen Kunden eingesetzt. Die Methode wird sinnvollerweise durch Unternehmen verwendet, die ihre Top-Kunden sehr gut kennen und bereit sind, bei wichtigen Accounts differenzierte Strategien zu verfolgen: Investitionsstrategie, Konsolidierungsstrategie, Abschöpfungsstrategie etc. Die regelmässige Pflege des Portfolios bringt einen grossen Aufwand mit sich. Zudem ergeben sich immer wieder Diskussionen bezüglich Bewertung von qualitativen Kriterien.

Eine ähnliche Methode besteht darin, rein quantitative Grössen zur Bestimmung der Position des Kunden im Portfolio beizuziehen. Dies ist möglich, wenn sehr gute Planungsunterlagen und hervorragende Informationen aus dem Rechnungswesen (Deckungsbeiträge, direkt zuordenbare Kosten) sowie gute Marktinformationen (z. B. Nielsen, GfK/IHA) zur Verfügung stehen. Das ist etwa in der Nahrungsmittelindustrie möglich.

Die beiden Dimensionen sind z. B. bei der rein quantitativen Variante: durchschnittliche Wachstumsrate des Kunden oder Wachstumsziele unseres Kunden in den nächsten zwei Jahren und Marktanteil oder Ist-Umsatz/-DB unseres Unternehmens beim Kunden.

12.5.2.4 Kategorisierung international tätiger Kunden

In verschiedenen Branchen werden internationale und weltweit tätige Kunden immer wichtiger. Zudem wird oft festgestellt, dass wichtige Kunden im Kundenportfolio fehlen. In der Praxis ist man deshalb dazu übergegangen, die Key-Accounts differenziert zu betrachten.

Als Major-Accounts oder Global-Accounts werden Grösstkunden bezeichnet, die international oder weltweit aktiv sind und für Grossbetriebe eine existenzielle Bedeutung haben. Durch ihre starke Wettbewerbsposition als Marktführer in ihrer Branche sind sie für Anbieter besonders attraktiv und geniessen innerhalb des Kundenportfolios oberste Priorität. Diese Kunden müssen in verschiedenen Ländern oder sogar weltweit betreut werden («Follow the customer»). So hat z. B. ein Marktleader im IT-Bereich seine Unternehmensstrategie mit Key-Account-Überlegungen geprägt: Mit 100 Kunden wollen wir weltweit $\geq$ 100 Mio. Umsatz erzielen. Top-Kunden ohne internationale Bedeutung werden als nationale Key-Accounts bezeichnet.

Target-Accounts sind potenzielle Grosskunden, die bislang relativ wenig oder keinen Umsatz mit unserem Unternehmen erzielt haben und in der Zukunft zum Key-Account oder Major-Account aufgebaut werden sollen. Es handelt sich hier um Kunden, deren Attraktivität besonders hoch und wo die eigene Position noch sehr schwach ist. Es gilt, diese Kunden als «Investitionskunden» binnen ein bis drei Jahren aufzubauen und langfristig an das Unternehmen zu binden. Target-Accounts sind klug auszuwählen, denn diese «Investitionskunden» binden beträchtliche Mittel und Ressourcen.

Target-Accounts

Im Übrigen gilt es zu beachten, dass bestehende A- und B-Kunden zu Key-Accounts oder Major-Accounts entwickelt werden können (siehe Abbildung auf der folgenden Seite). Mit einer solchen Strategie wird die Erfahrung genutzt, dass es wesentlich leichter ist, einen bestehenden Kunden mit einem grossen Potenzial zu erschliessen, als einen neuen Kunden (Target-Account) aufzubauen.

12.5.3 Das Marktsystem des Schlüsselkunden

Im Marktsystem unseres Unternehmens ist der Schlüsselkunde einer von vielen, jedoch ein sehr bedeutender Marktpartner, den es gezielt zu bearbeiten gilt. Wird der Marketingansatz auf das Schlüsselkunden-Management «fokussiert», haben allgemeine Bestimmungsfaktoren wohl eine zentrale Bedeutung; doch das Marktsystem präsentiert sich anders. Im Schlüsselkunden-Management orten wir folgende «Mitspieler» und Einflussfaktoren:

- Schlüsselkunden inkl. Coaches, Fans, Gegner an der Zentrale des Schlüsselkunden sowie in den verschiedenen Divisionen (inkl. Niederlassungen) und Abteilungen
- Konkurrenten
- externe Beeinflusser
- Marktsystem(e) unserer Schlüsselkunden inkl. Umweltfaktoren im Markt unserer Schlüsselkunden
- Umweltfaktoren in unserer Branche

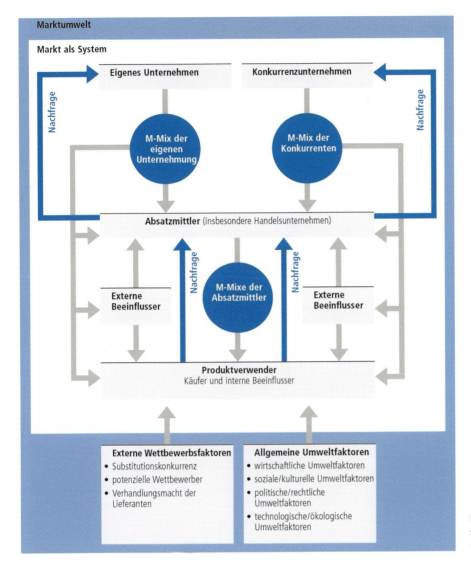

R. Kühn, U. Fuhrer, Marketing-Analyse und Strategie, 15. Auflage, Thun 2016, S. 28

12.5.4 Das Buying Center des Schlüsselkunden

Das Buying Center (Gruppe der Entscheider und der internen Beeinflusser) des Kunden besteht aus mehreren Personen, die unter eher informellen Bedingungen die Einkaufsentscheidungen des Unternehmens bestimmen. Im Buying Center können Mitarbeiter/-innen verschiedener Abteilungen und Divisionen ebenso wie Mitglieder des Managements geortet werden. Im Key-Account-Management müssen der Umfang, die Struktur, die hierarchische Macht und der Einfluss der beteiligten Personen sowie das Informations- und Entscheidungsverhalten des Buying Centers berücksichtigt werden.

Schlüsselkunden-Marktsystem aus Sicht unseres Unternehmens

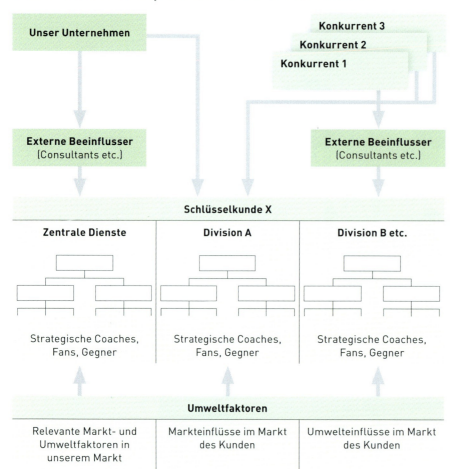

Küng, Toscano-Ruffilli, Schillig, Willi-Piezzi. Key Account Management, Seite 68.

Nach einer empirischen Untersuchung der FHS St. Gallen und von Dr. Pius Küng & Partner, St. Gallen, in der Investitionsgüter- und Dienstleistungsbranche sind vier bis acht «wichtige» Personen an einer Kaufentscheidung beteiligt. Sie sind für uns beim Key-Account die zentralen Ansprechpartner. Sie übernehmen im Entscheidungsprozess unterschiedliche Aufgaben und Rollen, die u. a. durch ihre Funktion und durch ihre Persönlichkeit innerhalb des Unternehmens geprägt sind. Einige dieser in Literatur und Praxis eingesetzten Bezeichnungen weisen Überlappungen auf.

So besitzen Einkäufer zwar die «formale Kompetenz», Kaufabschlüsse zu tätigen. Die tatsächliche Entscheidungskompetenz beschränkt sich aber häufig auf die vertraglichen Detailpunkte beim Erstabschluss. Bei Wiederholungsbestellungen ist die «Macht» der Einkäufer jedoch grösser.

Benutzer sind die eigentlichen Mitarbeiter, für die das Produkt oder die Leistung eingekauft wird. Ihre besondere Stellung ergibt sich aus ihren Erfahrungen. Sie beeinflussen massgeblich Umfang, Spezifikation und die Qualität der zu erwerbenden Leistung, selbst dann, wenn sie in der Hierarchiestufe wenig formale Entscheidungskompetenz haben.

Durch die internen Beeinflusser wird der Beschaffungsprozess indirekt gesteuert. Interne Beeinflusser sind Personen, die über informelle Kompetenzen verfügen. Durch selektive Informationsbeschaffung oder das Beantragen von Mindestanforderungen (Normen) tragen sie zu einer subjektiven Verlagerung der Wahlentscheidung zwischen den (Anbieter-)Varianten bei.

Als externe Beeinflusser werden Consultants, Trainer oder kooperierende Unternehmen bezeichnet. Sie besitzen Geschäftsbeziehungen zu verschiedenen Anbietern und Konkurrenten. Dadurch haben ihre Meinung bzw. Empfehlungen einen nicht zu unterschätzenden Einfluss auf den Beschaffungsprozess.

Im Unternehmen gibt es Personen, die in verschiedenen Phasen des Einkaufsprozesses dank ihrer Fachkompetenz die Entscheidung für einen Anbieter steuern oder bremsen können. Sie sind «Gatekeeper», die z. B. durch die selektive Aufbereitung von Informationen den Wissensstand des gesamten Buying Centers regulieren. Gatekeeper können u. a. Finanzchefs oder Qualitätsmanager sein.

Gatekeeper

Die Coaches innerhalb des Buying Centers geben den übrigen Personen Hinweise und Ratschläge in Bezug auf die Kaufentscheidung. In der Regel versteht der Coach dank seiner Position und seines Wissens den Account als Ganzes sehr gut und kann aus dieser Rolle heraus gute Ratschläge erteilen.

Sponsoren sind Personen innerhalb des Buying Centers, die die Lösung unserer Firma besonders unterstützen und fördern können und wollen. Häufig handelt es sich bei den Sponsoren um eigentliche «Fans unseres Unternehmens». Demgegenüber sind die Antisponsoren unserem Unternehmen gegenüber negativ eingestellt bzw. es sind ausgesprochene Fans unserer Konkurrenten.

Die Auftragsvergabe erfolgt durch die Entscheider und/oder Mitentscheider. Aufgrund ihrer Machtposition und/oder der damit verbundenen Einflussstärke bestimmen sie über die definitive Auswahl eines Angebotes oder Anbieters. Je nach Bedeutung des Abschlusses wird die Entscheidung an unterschiedlichen Stellen getroffen. Bei Grossinvestitionen entscheidet häufig das oberste Management (CEO, Divisionsleiter). Eine Person kann innerhalb des Buying Centers mehrere Funktionen/Rollen gleichzeitig übernehmen.

Buying Center

Küng, Toscano-Ruffilli, Schillig, Willi-Piezzi. Key Account Management, Seite 71.

Die Einstellung und das Verhalten der Personen innerhalb des Buying Centers hängen von zwei Faktoren ab: zum einen von den genutzten Informationsquellen und zum anderen von der Phase des Entscheidungsprozesses.

Empirische Ergebnisse zeigen, dass unterschiedliche Informationsquellen von den Mitgliedern des Buying Centers genutzt werden. Je nach Position wünschen die Mitglieder verschiedene Arten von Informationen und nutzen unterschiedliche Informationsmedien. Vor Einkaufsentscheidungen sind folgende Informationsquellen bedeutungsvoll:

1. Berater von Anbieterfirmen
2. Messen/Ausstellungen
3. Prospekte/Broschüren
4. Internet
5. Fachzeitschriften
6. Besichtigungen in anderen Unternehmen
7. Gespräche mit Fachkollegen

Je nach Phase des Entscheidungsprozesses verändern sich die genutzten Informationsquellen. So werden die unpersönlichen bzw. Massenmedien vor allem in der Phase der ersten Informationssammlung und alternativen Bewertung dominant, während der persönliche Kontakt zum Anbieter in den Phasen vor der konkreten Entscheidung wichtiger wird, wie aus der folgenden Abbildung hervorgeht.

Entscheidungsprozess

Die Frage, durch welche Person(en) die Entscheidung massgeblich beeinflusst oder getroffen wird, lässt sich nicht generell, sondern nur situativ beantworten. Entscheidend hierfür ist die Frage der Machtstellung der einzelnen Personen im Buying Center. Dabei kann die Macht der Personen positiv (entscheidungsfördernd) oder negativ (entscheidungshemmend) eingesetzt werden.

Die «Macht» bezüglich Entscheidungen zeichnet sich durch die formale Position (Hierarchie) innerhalb des Unternehmens aus. Demgegenüber wirkt die Macht der Gegner (Antisponsoren) subtiler. Sie entsteht häufig durch informelle Beziehungen im Buying Center und äussert sich z. B. durch das fachspezifische Wissen oder eine besondere Legitimation einer Person im Entscheidungsprozess. Im Key-Account-Management und im Verkauf von Grossprojekten ist die Kenntnis des Buying Centers und damit der Macht- und Einflussverhältnisse der am Entscheidungsprozess beteiligten Personen ausschlaggebend für den Erfolg.

Informationsquellen \ Entscheidungsprozess des Kunden	Anregungsphase/Informationsbeschaffung	Suchphase/Evaluation	Vorentscheid	Definitive Entscheidung
Inserate, Homepage	sehr wichtig	wichtig		
PR	wichtig	wichtig		
Direktmarketing	wichtig	wichtig		
Prospekte	wichtig	wichtig		
Porträts/Prospekte/Dokumentationen		wichtig	nicht zu vernachlässigen	nicht zu vernachlässigen
Seminare und Info-Anlässe		wichtig	nicht zu vernachlässigen	nicht zu vernachlässigen
Messen	sehr wichtig	sehr wichtig	sehr wichtig	nicht zu vernachlässigen
Verkauf/Präsentationsmappe	sehr wichtig	sehr wichtig	sehr wichtig	sehr wichtig
Offerten/Nachfassen		wichtig	sehr wichtig	sehr wichtig

● sehr wichtig ● wichtig ○ nicht zu vernachlässigen unwichtig

Küng, Toscano-Ruffilli, Schillig, Willi-Piezzi. Key Account Management, Seite 70.

12.5.5 Kurztest zum Key-Account-Management

Nachstehend finden Sie einen einfachen, pragmatischen Fitnesstest zum Key-Account-Management. Mit diesem Test können Sie sich ein erstes, allgemeines Bild über den Fitnessstand des Key-Account-Managements in Ihrem Unternehmen machen.

Aussagen	Trifft zu	Trifft teilweise zu	Trifft nicht zu
Wir haben ausgewiesene Erfolge in der Bearbeitung bestehender und potenzieller Grösstkunden.			
Wir haben unsere Kunden und wichtigen Beeinflusser analysiert und kategorisiert.			
Die Vorgaben zum Key-Account-Management gehen aus der Unternehmensstrategie bzw. aus dem Marketingkonzept klar hervor.			
Die Ziele der Unternehmensstrategie und des Marketingkonzeptes werden im Key-Account-Management konsequent umgesetzt.			
Wir helfen unseren Top-Kunden, Probleme zu lösen.			
Dank unserer Lösungen können sich unsere Kunden in ihrem Markt besser und erfolgreicher positionieren.			
Wir haben die Schlüsselkunden ausführlich analysiert und kennen deren angestrebte Stossrichtung in der Zukunft.			
Wir kennen den Entscheidungsprozess beim Kunden und die wichtigsten Entscheidungspersonen sind uns bekannt.			
Bei jedem Kontakt mit dem Schlüsselkunden sammeln wir Informationen zum Schlüsselkunden und insbesondere zu den Kontaktpersonen.			
Für jeden Schlüsselkunden haben wir Ziele für die nächsten Jahre festgelegt.			
Wir haben kreative und wirkungsvolle Marketingmassnahmen für unsere Schlüsselkunden geplant, mit denen wir uns von der Konkurrenz abheben.			
Wir haben ein klares Kontrollsystem und einfache Soll-Ist-Vergleiche, mit denen der Erfolg bei jedem Schlüsselkunden laufend überwacht und gesteuert werden kann.			
Wir haben gut qualifizierte Mitarbeiter, die in der Lage sind, die Aufgaben als Stratege, Koordinator, Analytiker und Verkäufer zu erfüllen.			
Die Key-Account-Manager haben genügend Zeit und Kompetenzen, um sich intensiv der Schlüsselkunden anzunehmen.			
Punkte pro Antwort	2	1	0

Auswertung

24–28 Punkte: Sie haben bzw. Ihre Firma hat das Key-Account-Management grundsätzlich im Griff. Die nachfolgenden Kapitel in diesem Buch geben Ihnen Anregungen und Ideen, um das Key-Account-Management in Ihrer Firma weiter zu optimieren. Sie sind und bleiben erfolgreich.

16–23 Punkte: Für das Key-Account-Management in Ihrer Firma gibt es wichtige Lücken zu füllen, die in der nächsten Zeit angegangen werden sollten. In den folgenden Kapiteln dieses Buches erhalten Sie Anhaltspunkte zum Vorgehen und zur effizienten Ausgestaltung des Key-Account-Managements. Versuchen Sie die dargestellten Konzepte und Instrumente für Ihr Unternehmen umzusetzen. Führen Sie diesen groben Test in ca. sechs Monaten nochmals durch, bestimmt können dann auch Sie auf ≥ 24 Punkte kommen.

≤ 15 Punkte: Es fehlen noch wichtige Voraussetzungen für den Erfolg mit dem Key-Account-Management. Sie müssen sofort aktiv werden oder die Organisation und den Aufbau des Key-Account-Managements geeigneten Drittpersonen anvertrauen.

12.6 Organisatorische Eingliederung des Key-Account-Managements

12.6.1 KAM in funktionsorientierten Organisationen

Innerhalb der **funktionsorientierten Organisation** werden die Key-Account-Manager als Linienverantwortliche für den Bereich der Grösstkunden eingesetzt (Unterstellung unter Geschäftsleitung, Divisionsleitung, Marketing- oder Verkaufsleitung). Der Verantwortungsbereich wird als unabhängige und eigenständige Aufgabe in den Unternehmen angesehen (siehe die nachfolgende schematische Darstellung). Eine Einordnung in eine Stabsstelle ist nicht sinnvoll bzw. diese Einordnung wird der Bedeutung des Key-Account-Managements nicht gerecht. Typischerweise verfügen Stabsstellen über keine Weisungsbefugnis, sondern haben lediglich beratende und unterstützende Funktionen. Angesichts dieses Verständnisses einer Stabsstelle wäre der Key-Account-Manager nicht befähigt, seine Aufgaben in umfassender Weise wahrzunehmen, weil ihm die Kompetenzen fehlen würden. Zudem würde es dem Key-Account-Manager in dieser Position an Akzeptanz seitens der Verhandlungspartner mangeln.

Tätigkeitsorientierte Organisation des Key-Account-Managements

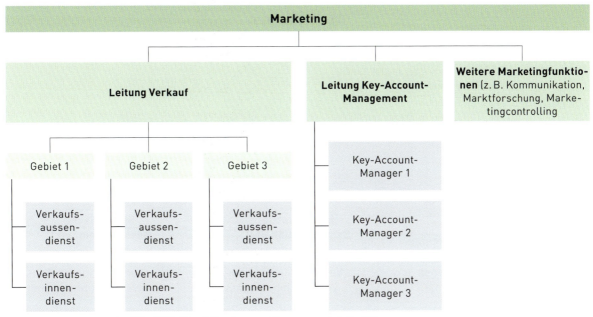

Küng, Toscano-Ruffilli, Schillig, Willi-Piezzi. Key Account Management, Seite 112.

Die klare Abgrenzung des Verantwortungsbereichs und die Möglichkeit der **Konzentration auf die Kernaufgaben des Key-Account-Managements** sind die Vorteile der Organisation nach Funktionsbereichen in Marketing und Verkauf. Sie ermöglicht eine eindeutige Zurechenbarkeit von Kosten und DBs des Key-Account-Managements. Gerade für kleinere und mittelständische Unternehmen mit einem beschränkten und engen Produktprogramm bietet sich die funktionale Eingliederung an.

Nachteile bestehen im Bereich der Koordination mit den anderen Funktionsbereichen des Marketings. Die Abstimmung zwischen den Bereichen muss durch eine übergeordnete Instanz erfolgen, die die Gesamtaufgaben nach einzelnen Teilaufgaben differenziert und verteilt. Zudem besteht die Gefahr, dass das Key-Account-Management das Gesamtziel aus den Augen verliert und einem blinden «Bereichsegoismus» verfällt.

12.6.2 KAM in divisionalen Organisationen

Innerhalb der divisionalen Organisation nach Geschäftseinheiten (Business Units), Produktgruppen etc. kann dem Key-Account-Management eine grössere Bedeutung gegenüber der funktionsorientierten Vorgehensweise eingeräumt werden. Zu diesem Zweck werden die Geschäftsbereiche nach produktspezifischen Kriterien oder nach Kundengruppen aufgeteilt. Dadurch erhält der Key-Account-Manager vorrangige Kompetenzen gegenüber anderen Funktionsbereichen des Marketings. Es entstehen flexible Organisationsstrukturen, die sich konsequent an den Bedürfnissen des Schlüsselkunden ausrichten.

Divisionale Eingliederung des Key-Account-Managements in die Organisation

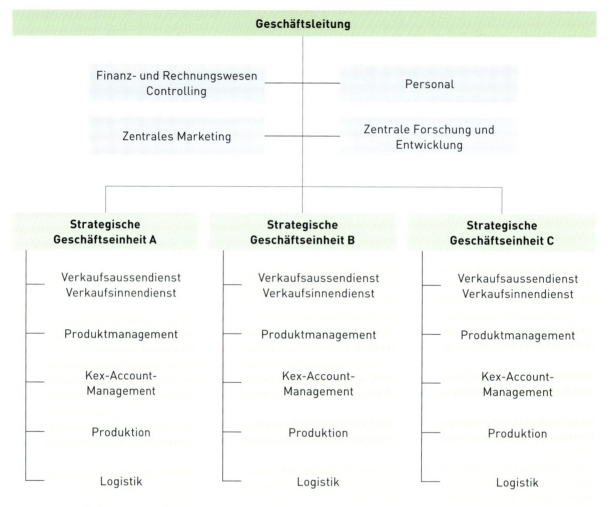

Küng, Toscano-Ruffilli, Schillig, Willi-Piezzi. Key Account Management, Seite 113.

Vorteilhaft ist in diesem Zusammenhang die **konsequente Ausrichtung der Unternehmen an den Bedürfnissen des Marktes** und insbesondere der Kunden, dank der Bildung von spezialisierten Divisionen. Die konsequente Ausrichtung unterstützt die Umsetzung von klaren Key-Account-Management-Konzepten.

Nachteilig wirkt sich der geringere Einfluss der höheren Managementebenen auf die Divisionen aus. Die umfassende und autonome Arbeit der Bereiche lässt sich nur schwer kontrollieren bzw. im Sinne der Unternehmensstrategie steuern. Gemeinsame Bearbeitung von Key-Accounts über die Divisionen hinaus ist nur mit einem erheblichen Koordinationsaufwand möglich. Ebenso muss von einer hohen Kostenintensität des Key-Account-Managements ausgegangen werden und es besteht die Gefahr von kostenintensiven Doppelspurigkeiten.

12.6.3 Hierarchische Eingliederung des KAM

In den vorherigen dargestellten Grundformen wurde stets davon ausgegangen, dass das Key-Account-Management dem Bereich Marketing zugeordnet ist.

In der Praxis sind die verschiedensten hierarchischen Eingliederungen denkbar. Eine Umfrage von Dr. Pius Küng & Partner («Wo ist in Ihrem Unternehmen das Key-Account-Management angegliedert?») zeigte folgende Ergebnisse:

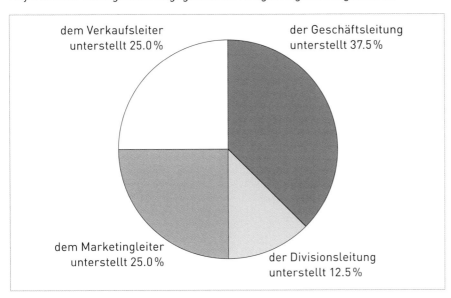

Küng & Partner, Dr. Pius: Integration des Key-Account-Managements in der Gesamtorganisation

50% der Befragten gaben an, das Key-Account-Management der Geschäftsleitung oder der Divisionsleitung unterstellt zu haben. In den restlichen Unternehmen ist das Key-Account-Management entweder dem Marketingleiter (25%) oder dem Verkaufsleiter (25%) unterstellt.

Die Resultate der Umfrage mögen auf den ersten Blick erstaunen. Die Ergebnisse würden die grosse Bedeutung des Key-Account-Managements für den unternehmerischen Erfolg deutlich unterstreichen, indem sich die meisten Unternehmen entschlossen haben, das Key-Account-Management auf höchster hierarchischer Ebene einzuordnen. Bei genauerer Betrachtung der Ergebnisse stellt man aber fest, dass in 50% der Fälle, in denen angegeben wurde, dass das Key-Account-Management direkt der Geschäftsleitung unterstellt ist, der Geschäftsführer selbst die Aufgaben des Key-Account-Managers innehat. Dies trifft meistens auf kleinere und mittlere Unternehmen zu. In eher kleinen Unternehmen deckt der Geschäftsführer in der Regel mehrere Funktionen ab (z. B. Geschäftsführung und gleichzeitig Marketing- und Verkaufsleitung oder Geschäftsführung und zugleich Finanzchef bzw. Produktionsleitung).

Das **Key-Account-Management als eine «lebenswichtige» Aufgabe** sollte der Geschäftsführer in kleinen und mittleren Unternehmen nicht aus der Hand geben, sondern er muss selbst dafür Sorge tragen, die wichtigen Kontakte zu den Schlüsselkunden zu pflegen und die Beziehungen aufrechtzuerhalten.

Bei Handelsorganisationen (d. h. Unternehmen, die lediglich den Vertrieb der Produkte übernehmen, selbst aber über keine Produktion verfügen) hat die Untersuchung gezeigt, dass der Vertrieb entweder regional oder kundengruppenspezifisch aufgebaut ist. In diesen Fällen bildet das **Key-Account-Management meist eine eigenständige «Vertriebsschiene»** unter dem Geschäftsleiter der Vertriebsorganisation, parallel zu den Vertriebseinheiten mit Aussen- und Innendienstmitarbeitern. Das nachfolgende Beispiel soll diesen Zusammenhang verdeutlichen.

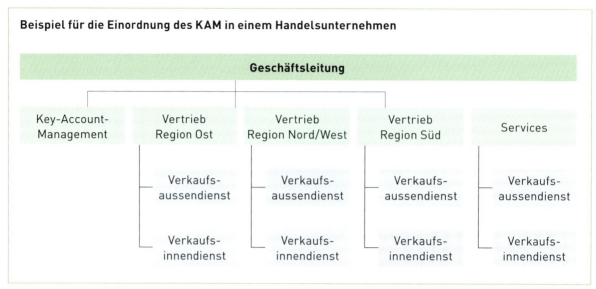

Küng, Toscano-Ruffilli, Schillig, Willi-Piezzi. Key Account Management, Seite 113.

Das dargestellte Beispiel zeigt eine **regionale Organisation des Vertriebs**. Über diese Organisationseinheiten werden sämtliche mittleren und kleineren Kunden im ganzen Land betreut und beraten. Lediglich die **Grosskunden werden durch die getrennte Key-Account-Management-Organisation** betreut. In der Abteilung «Services» sind sämtliche Bereiche zusammengefasst, die nicht direkt zum Vertrieb gehören, z. B. Logistik, Organisation, Planung, technische Verkaufsunterstützung.

12.6.4 Abgrenzung des KAM gegenüber anderen Funktionen

Wenn die organisatorische Eingliederung des Key-Account-Managements im Gesamtunternehmen geklärt ist, gilt es, die Aufgaben und Anforderungen an die Mitarbeiter im Key-Account-Management näher zu erörtern. Bevor auf die einzelnen Aufgaben des Key-Account-Managers eingegangen wird, ist eine Abgrenzung zu anderen Funktions- bzw. Managementaufgaben im Bereich von Marketing und Verkauf sinnvoll und nützlich.

12.6.4.1 Abgrenzung zum Produktmanager

Das Produktmanagement fasst die **produktorientierten Aufgaben** des Marketings zusammen. Demzufolge ist der Produktmanager mit allen Aufgaben betraut, die direkt mit Fragen des Produktes zusammenhängen. Dazu gehören u. a. die **Gestaltung des Marketingprogramms** (Markt- und Konkurrenzanalysen für das betreute Produkt, Ableiten von Marketingstrategien) und dessen Anpassung an Umweltveränderungen, die **Gestaltung der kommunikationspolitischen Massnahmen** (Werbe- und Verkaufsförderungsmassnahmen für das Produkt, Schulung der Verkaufsmitarbeiter), **Koordination** zwischen Marketing, Produktion sowie Forschung & Entwicklung.

In neuester Zeit wird in der Investitionsgüterbranche zusätzlich zwischen Produkt- und Marktmanagern unterschieden, **wobei sich der Produktmanager technischen Belangen widmet** (Projektarbeit, technische Merkblätter, Koordination mit der Entwicklung etc.) und der **Marktmanager kundenspezifische Fragen** (Marktanalysen, Trendanalysen, Marktleistungsprofile etc.) bearbeitet. Im Gegensatz dazu beschäftigt sich der Key-Account-Manager mit der kundenorientierten Sichtweise des Marketingmanagements. Der Aufgabenfokus ist die Entwicklung kundenbezogener Strategien. Ziel ist es, das Angebotsprogramm gegenüber den Key-Accounts zu profilieren und gegenüber der Konkurrenz zu differenzieren.

12.6.4.2 Abgrenzung zum Projektmanager

Das Projektmanagement ist auf den **Zeitraum eines Projektes** beschränkt. Die Aufgaben des Projektmanagements werden von mehreren Personen mit unterschiedlichen Qualifikationen und Aufgabenbereichen im Team bewältigt. Das Team ist für alle **projektspezifischen Massnahmen** eigenverantwortlich tätig. Ziel des Projektmanagements ist die Einhaltung der zeitlichen und finanziellen Vorgaben des Projektes. Projektmanager werden in der Praxis teilweise für die Abwicklung von Grossaufträgen eingesetzt.

Das Key-Account-Management stellt im Gegensatz zum Projektmanagement eine **dauerhafte, zeitlich nicht begrenzte Funktion** innerhalb der Unternehmen dar. Zwar können sich die Key-Accounts im Zeitablauf verändern, jedoch sind die Aufgaben immer mit der gleichen Zielvorgabe zu erfüllen: Durch eine massgeschneiderte Unternehmensleistung ist der Kunde langfristig an das Unternehmen zu binden.

12.6.4.3 Abgrenzung zum Verkaufsleiter

Der Verkaufsleiter ist für den regional-, teilmarkt- oder branchenspezifisch organisierten Verkauf der Leistungen zuständig. Ihm sind die einzelnen Aussendienstmitarbeiter unterstellt. Vor dem Hintergrund der vorgegebenen Marketingstrategie entwirft er die **Verkaufsstrategie** und definiert die **Verkaufsziele** (Absatz, Umsatz, Kontakte) für Mitarbeiter und Regionen sowie die entsprechenden Führungs- und Steuerungsinstrumente.

Verkaufsmanagement und Key-Account-Management haben den gleichen Fokus, «den Kunden». Im Gegensatz zum Verkaufsleiter konzentriert sich der Key-Account-Manager auf die Grösstkunden und auf potenzielle Top-Kunden. Sein Ziel ist es, die unternehmenseigenen Leistungen gegenüber dem Kunden derart zu positionieren, dass sie der Kunde als einen potenziellen Wettbewerbsvorteil gegenüber seiner direkten Konkurrenz wahrnimmt. Der Verkaufsleiter betreut zusammen mit den Aussendienstmitarbeitern alle weiteren Kundenkategorien (A-, B- und C-Kunden sowie potenzielle Neukunden). Ein weiterer Unterschied besteht in der Organisation des Key-Account-Managements. Sie ist selten regional strukturiert, sondern richtet sich nach den für das **Unternehmen relevanten Kundeneigenschaften**. Der Key-Account-Manager ist national und zunehmend international tätig.

Zusammenfassend kann der Aufgabenbereich des Key-Account-Managers wie folgt umschrieben werden: Der Key-Account-Manager ist diejenige Person, die die **Darstellung** und **Profilierung** des eigenen Unternehmens **gegenüber seinen Schlüsselkunden** übernimmt. Er analysiert die Position des eigenen Angebotes, plant die Strategien, führt die Massnahmen durch und kontrolliert den Erfolg der eigenen Aktivitäten. Er ist die Schnittstelle zwischen dem eigenen Unternehmen und dessen wichtigsten Kunden.

12.7 Die Person des Key-Account-Managers

12.7.1 Aufgaben des KAM

Um den Zuständigkeitsbereich des Key-Account-Managers zu beschreiben, sollen im Folgenden zuerst seine Hauptaufgaben dargestellt werden. Von besonderer Bedeutung sind hierbei die Erwartungen, die der Kunde an den Key-Account-Manager und sein Team richtet. So sind nach einer Umfrage von Dr. Pius Küng & Partner folgende Anforderungen an einen Key-Account-Manager wichtig:

- konzeptionelles und analytisches Know-how
- ausgeprägte Marketingorientierung und tiefes Verständnis für die Kundenprobleme und -strategien
- hohe Fach- und Beratungskompetenz
- Know-how im Projektmanagement
- sicheres und konsequentes Auftreten beim Kunden

Der ideale Schlüsselkunden-Manager hat somit das «Format eines Verkaufsleiters», aber er hat weniger Interesse an der Führung vieler Mitarbeiter.

Vor diesem Hintergrund lassen sich die Aufgaben des Key-Account-Managers mit vier Rollen umschreiben:

- die Rolle als Konzepter für Kundenstrategien (Rolle 1)
- die Rolle als interner Koordinator (Rolle 2)
- die Rolle als Verkäufer, Kundenbetreuer und Berater (Rolle 3)
- die Rolle als Analytiker (Rolle 4)

Diese Rollen werden in ihrer Bedeutung grosse Veränderungen erfahren, wenn der Account-Manager die Entwicklungstendenzen in den Märkten berücksichtigt und den Herausforderungen und Anforderungen der Zukunft seiner Kunden gerecht werden will.

Viel zu oft wurde der beste Verkäufer zum Key-Account-Manager erkoren, ohne zu beachten, ob die Person die Anforderungen an einen Key-Account-Manager überhaupt erfüllt. Dies hat zur Folge, dass der bisherige Verkäufer weiterhin das tut, was er am besten kann: verkaufen. Damit können aber die Erwartungen und Bedürfnisse der Top-Kunden nur ungenügend erfüllt werden, weil die Rollen als Analytiker, Konzepter und interner Koordinator nur schlecht abgedeckt werden. Der Key-Account-Manager muss deshalb alle vier dargestellten Rollen abdecken.

Die Rolle des Key-Account-Managers in der Vergangenheit und in der Zukunft

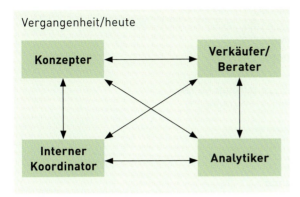 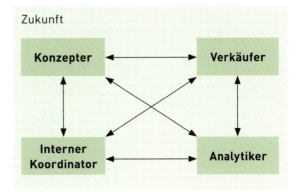

Die in obiger Abbildung dargestellten Veränderungen für die einzelnen Rollen lassen sich wie folgt begründen:

12.7.1.1 Rolle 1: Der Account-Manager als Konzeptionist und Stratege

Angesichts der steigenden Bedeutung der Schlüsselkunden muss der Account-Manager vermehrt strategisch denken und handeln. Er darf nicht mehr als unermüdlicher Umsatzjäger jedem x-beliebigen Geschäft nachrennen, sondern er muss Konzepte entwerfen, die es ermöglichen, die eigene Wettbewerbsposition nachhaltig auszubauen und den Kunden langfristig an das Unternehmen zu binden.

Der Key-Account-Manager muss in der Lage sein, die übergeordneten Strategien des eigenen Unternehmens (Unternehmens- und Marketingstrategie) sowie die Strategien seines Schlüsselkunden und dessen strategische Erfolgspositionen und Kernkompetenzen zu erkennen. Auf dieser Basis gilt es, massgeschneiderte Konzepte zu entwickeln und die Massnahmen (Aktionen) daraus abzuleiten. Diese Aufgabe kann nur erfüllt werden, wenn eine enge Zusammenarbeit mit der Geschäfts-, Marketing- und Verkaufsleitung im eigenen Unternehmen sichergestellt ist.

Die nachfolgende Abbildung zeigt die Zusammenhänge zwischen dem eigenen Unternehmen und dem Top-Kunden. Es muss dem Key-Account-Manager gelingen, die strategischen Vorgaben des eigenen Unternehmens mit den strategischen Zielen des Kunden zu verschmelzen.

12.7.1.2 Rolle 2: Der Account-Manager als interner Koordinator

Dieser Bereich wird in Zukunft besonders an Bedeutung gewinnen. Der Rationalisierungsdruck in unserem Unternehmen sowie bei unseren Kunden verlangt eine systematische, alle Instrumente umfassende Koordinations- und Führungsarbeit, damit die Bearbeitung sowie die Betreuung des Kunden zielgerichtet durch alle Mitarbeiter erfolgen.

Der Key-Account-Manager als Konzeptionist und Stratege

Küng, Toscano-Ruffilli, Schillig, Willi-Piezzi. Key Account Management, Seite 122.

Interviews in Grösstbetrieben haben aufgezeigt, dass die Koordinationsarbeit noch grosse Erfolgsreserven aufweist. Mit der Arbeit des Account-Managers als Verkäufer ist man wohl zufrieden, seine Fähigkeiten als interner Koordinator zieht man jedoch sehr stark in Zweifel.

Die Rolle als Koordinator bezieht sich nicht allein auf die Mitglieder des Account-Teams und auf die Mitarbeiter im Innendienst, sondern auch auf die Marketingverantwortlichen, denn die Account-Strategien verlangen «massgeschneiderte Marketingaktionen» sowie entsprechende Infrastruktur-Massnahmen in verschiedenen Unternehmensbereichen.

Account-Strategien

12.7.1.3 Rolle 3: Der Account-Manager als Verkäufer, Kundenbetreuer und Berater

Die traditionelle Aufgabe des Key-Account-Managers ist der Verkauf der Unternehmensleistungen an den Kunden. Die harte Konkurrenzsituation verlangt, dass der Account-Manager seine Verkaufsaufgabe aktiv wahrnimmt, damit die kurz- und mittelfristigen Strategien erreicht werden können. Vor dem Hintergrund des Buying Centers auf Kundenseite muss das Key-Account-Team über Möglichkeiten und Fähigkeiten verfügen, die einzelnen an der Einkaufsentscheidung beteiligten Personen umfangreich zu informieren. Die Schlüsselspieler auf der Kundenseite sind der Fokus aller Kontakt- und Verhandlungsbemühungen des Key-Account-Managers.

12.7.1.4 Rolle 4: Der Account-Manager als Analytiker

Die Rollen 1 bis 3 können nur dann erfolgreich erfüllt werden, wenn der Account-Manager ein kompetenter Analytiker ist, der die Märkte, die Probleme und die Strategien des Kunden versteht und ihm dann bei der Umsetzung dieser Strategien behilflich sein kann. Auch hier gilt der Grundsatz: Wenn die Unternehmensziele und Geschäftsgrundsätze des Accounts bekannt und verstanden sind, sind die wichtigsten Informationen erkannt, um Erfolg zu haben.

Auf den ersten Blick entstehen Widersprüche und damit Konflikte zwischen den vier verschiedenen Rollen. Diese Konflikte können jedoch zumindest teilweise bewältigt werden. Der Account-Manager wird noch gezielter als bisher die Verkaufsarbeit auf die wichtigsten Schlüsselspieler an der Konzernzentrale und in den verschiedenen Abteilungen bzw. Filialen des Key-Accounts konzentrieren müssen. Es liegt an ihm, Konzepte und/oder umfassende Vorschläge zur Lösung von Kundenproblemen zu «verkaufen». Er wird sich deshalb bei seiner Aufgabe als Analytiker (Rolle 4) noch intensiver mit dem Verkaufen (Rolle 2) geeigneter Vorschläge zur Problemlösung befassen müssen, d. h. er muss sich im persönlichen Kontakt mit dem Kunden identifizieren und eine echte Partnerschaft aufbauen, um den Schlüsselkunden in seiner Bedeutung zu erhalten und weiterzuentwickeln. Die Rolle des Account-Managers wird sich in Zukunft dahingehend ändern, dass er sich nicht allein auf seine Verkaufsaufgabe fokussiert, sondern mehr denn je alle vier Rollen wahrnimmt.

12.7.2 Anforderungen an einen KAM

In Ableitung zu den definierten Aufgaben und Rollen eines Key-Account-Managers können die Anforderungen an den idealen Schlüsselkunden-Betreuer wie folgt dargestellt werden:

– Erfolgreiche Verkaufserfahrung: Als eine der wichtigsten Anforderungen wird immer wieder die langjährige, erfolgreiche Verkaufserfahrung erwähnt. Es zeigt sich, dass der Key-Account-Manager in den Verhandlungen mit dem Kunden sein gesamtes verkäuferisches Know-how einsetzen muss. In allen Branchen stehen den Key-Account-Managern immer besser ausgebildete Einkäufer gegenüber.
– Betriebswirtschaftliches Know-how: Neben der Verkaufserfahrung muss der Key-Account-Manager über ein fundiertes betriebswirtschaftliches Wissen verfügen. Diese Anforderung wurde in der Umfrage oft mit der Forderung nach einem akademischen Abschluss oder Fachhochschulabschluss verstärkt. Die Praxis zeigt in den letzten Jahren verstärkt den Trend, im KAM Leute einzustellen, die bereits über einen sehr guten «Schulrucksack» verfügen. Dies stellt sicher, dass die Mitarbeiter schnell die Marktsituation, die Strukturen und Strategien des Kunden erkennen und anschliessend systematisch Strategien, Ziele und Aktivitäten ableiten können. Als wichtigste Bereiche der Betriebswirtschaftslehre haben sich für das Key-Account-Management neben dem Marketing v. a. die Kenntnisse der Investitionsrechnung, der Logistik und des Finanz- und Rechnungswesens (Kalkulation) erwiesen.
– Optimale Teamfähigkeit: Im Weiteren soll der Key-Account-Manager über eine hohe soziale Kompetenz verfügen. Es muss ihm gelingen, die Interessen und Erwartungen verschiedener Mitarbeiter und Personen im eigenen Unternehmen und im Unternehmen des Kunden zu vereinen. In diesem Zusammenhang wurde in der Umfrage mehrmals die Eigenschaft eines «Teamplayers» erwähnt. Um der Anforderung als Teamplayer zu entsprechen, muss es sich beim Key-Account-Manager in der Regel um eine offene, kommunikative Person mit starker Persönlichkeit handeln.
– Analytische und konzeptionelle Fähigkeiten: Den oben dargestellten Aufgaben kann der Key-Account-Manager nur entsprechen, wenn er ein guter Analytiker ist und über ein sehr gut entwickeltes konzeptionelles und vernetztes Denken verfügt. Erst mit diesen Eigenschaften ist der Key-Account-Manager in der Lage, die komplexen und dynamischen Zusammenhänge im Markt des Kunden zu verstehen und in zielgerichtete Strategien zu übertragen.
– Fremdsprachen/multikulturelles Verständnis: Die Kunden der Key-Account-Manager sind immer mehr überregional bzw. international organisiert.

Für den Key-Account-Manager gewinnen Fremdsprachen deshalb in Zukunft an Bedeutung. Die Internationalisierung der Märkte muss gleichzeitig durch ein verstärktes multikulturelles Verständnis seitens der Key-Account-Manager unterstützt werden.

Im Weiteren wurden folgende Eigenschaften im Rahmen der Umfrage als wichtig bezeichnet: Top-Level-Akzeptanz und technisches Know-how. Die Forderung bezüglich des technischen Know-how wurde von den Interviewpartnern aus der Investitionsgüterbranche erwähnt, die erklärungsbedürftige technologische Produkte und Lösungen anbieten.

Wie die nachfolgende Tabelle zeigt, unterscheiden sich die Anforderungen an einen Key-Account-Manager deutlich von denen eines Aussendienstmitarbeiters. Wird das Key-Account-Management neu in einem Unternehmen eingeführt, wird in der Praxis oft der «beste», d.h. erfolgreichste Aussendienstmitarbeiter zum Key-Account-Manager ausgewählt. Dabei wird vernachlässigt, dass der beste Aussendienstmitarbeiter gemäss obiger Darstellung in der Regel ein Spezialist ist. Er versteht es, auf ausgezeichnete Art und Weise zu verkaufen. Die einzelnen Verhandlungs- und Argumentationstechniken sind seine Stärken. Dies garantiert einem Unternehmen aber noch nicht, dass dieser gute Aussendienstmitarbeiter auch über Projekt-, Management- und BWL-Know-how verfügt.

	Key-Account-Manager	Aussendienstmitarbeiter
Spezialist	Weniger wichtig	Sehr wichtig
Generalist	Sehr wichtig	Wichtig
Verkaufserfahrung	Sehr wichtig ($\geq$ 5 J.)	Sehr wichtig ($\geq$ 2 J.)
Teamfähigkeit	Sehr wichtig	Weniger wichtig
Projektmanagement- und BWL-Know-how	Sehr wichtig	Vernachlässigbar
Konzepter, Analytiker, vernetztes Denken	Sehr wichtig	Weniger wichtig
Top-Level-Akzeptanz	Sehr wichtig	Sehr wichtig
Hunter/«Jäger»	Wichtig	Sehr wichtig
Farmer/«Betreuer»	Wichtig	Wichtig

Mögliche Anforderungen an einen Key-Account-Manager und an einen Aussendienstmitarbeiter in einem IT-Unternehmen

Es ist denkbar, dass mit massgeschneiderten Trainings der gute Aussendienstmitarbeiter eventuelle «Wissenslücken» füllen kann. Allerdings muss im Einzelfall überprüft werden, ob das Anforderungsprofil des Key-Account-Managers dem guten Aussendienstmitarbeiter überhaupt entspricht.

12.8 Der Accountplan

12.8.1 Die Bedeutung des Accountplans

Die grosse Bedeutung der Schlüsselkunden für den unternehmerischen Erfolg geht aus den vorherigen Kapiteln hervor. Bisher wurde allerdings noch nicht dargestellt, wie eine konzentrierte und v. a. zielgerichtete Bearbeitung der Top-Kunden durch die Key-Account-Manager sichergestellt werden kann. Der Accountplan ist das Schlüsselinstrument zur Erfolgsvorbereitung und Erfolgssicherung bei jedem Top-Kunden. Das Arbeitsinstrument Accountplan ist der gezielte Fokus auf einen Schlüsselkunden. Dabei wird für jeden Key-Account eine Analyse erarbeitet, daraus die Strategie und die Massnahmenplanung abgeleitet und gleichzeitig die Erfolgskontrolle bestimmt.

Vereinfacht kann der Grundgedanke des Accountplans wie folgt dargestellt werden:

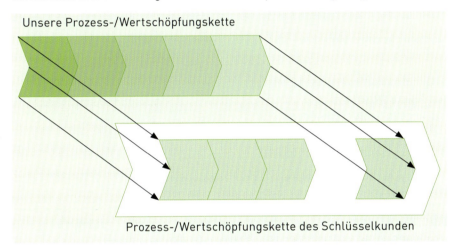

Küng, Toscano-Ruffilli, Schillig, Willi-Piezzi. Key Account Management, Seite 178.

Mithilfe des Accountplans lassen sich Lösungen und Massnahmen individuell auf den Schlüsselkunden zuschneiden. Den zentralen Orientierungspunkt bildet dabei das bereits früher dargestellte Schlüsselkunden-Marktsystem.

12.8.2 Aufbau und Inhalt eines Accountplans (Account-Management-Prozess)

Der Accountplan ist in fünf eigenständige, miteinander vernetzte Schritte untergliedert, die in Ableitung zur Unternehmens- und Marketingstrategie sowie zur Verkaufsstrategie entwickelt werden und Quantensprünge bei der Resultatsicherung und im Beziehungsmanagement ermöglichen. Der Accountplan ist sowohl für Major-Accounts, Key-Accounts als auch für Target-Accounts gemäss Verkaufskonzept einsetzbar.

Der in der nachfolgenden Abbildung aufgezeichnete detaillierte Prozess erhebt keinen Anspruch auf Allgemeingültigkeit und muss branchen- und/oder unternehmensspezifisch angepasst werden. Für Klein- und Mittelunternehmen (KMU), in denen der Verkaufs- oder Geschäftsleiter oft selbst «Key-Account-Manager» ist, lohnt sich je nach Zielsetzung eine vereinfachte Lösung, wobei die Prozessstufen nicht verändert werden.

Der Accountplan im Überblick

12.8.2.1 Analysephase

Die Analysephase kann in vier Bereiche differenziert werden:

- Analyse des Key-Accounts
- Analyse des Buying Centers
- Analyse der Strategien der direkten Wettbewerber
- Analyse der eigenen Situation beim Schlüsselkunden

Analyse des Key-Accounts

Für die ausführliche Analyse des Key-Accounts ist eine breite Datenbasis notwendig. Sie muss Auskunft geben können über die Situation des Kunden in seinem Markt- und Wettbewerbsumfeld sowie Daten über die interne Struktur des Kunden liefern. Von primärer Bedeutung ist die Kenntnis der vom Kunden verfolgten Strategien. Je nach deren Ausprägung bieten sich unterschiedliche Anknüpfungspunkte für die Leistungen der eigenen Unternehmen und für die Entwicklungsmöglichkeiten mit diesem Kunden.

Um als Anbieter mit unternehmerischen Problemlösungen die Leistungsfähigkeit des Kunden steigern zu können, ist zudem die Kenntnis der Wertschöpfungsstruktur bezüglich der Erfolgs- bzw. Misserfolgsfaktoren notwendig. Als Analyserahmen kann hierzu die Wertschöpfungs- und Prozesskettensystematik von Porter herangezogen werden.

Wertschöpfungsstruktur

Gleichzeitig liefert die Analyse der Umsatz- und Absatzentwicklung des Schlüsselkunden in seinem Markt wertvolle Informationen über die Position des Top-Kunden und über die zukünftigen Absichten (z. B. deuten stagnierende Kundenumsätze in einer Wachstumsbranche darauf hin, dass der Kunde nicht mit dem Branchenwachstum mithalten kann, weil möglicherweise die Angebote veraltet sind; es wäre aber auch denkbar, dass der Kunde kein Interesse hat, die Umsätze in der Wachstumsbranche zu steigern, weil eine Konzentration auf andere Bereiche stattfinden soll).

Analyse des Buying Centers

Nachdem die Gründe für das Verhalten des Kunden in seinem Markt und Wettbewerbsumfeld ermittelt wurden, erfolgt im zweiten Schritt die Analyse des Buying Centers. Vorerst müssen die Kontaktpersonen beim Schlüsselkunden sowie bei den externen Beeinflussern festgehalten werden, inkl. Angabe der Funktion, Abteilung und weiteren Angaben wie direkte Telefon-/Faxnummer, E-Mail-Adresse etc.

Neben den «gewöhnlichen» Datenbankinformationen gilt es, bei jeder Kontaktperson deren Rolle innerhalb des Buying Centers zu bestimmen. Erst wenn die Rollen bekannt sind, kann im Rahmen der Analyse festgestellt werden, ob die Beziehungen zu den richtigen und wichtigen Personen innerhalb des Buying Centers vorhanden sind oder nicht.

In Zusammenhang mit dem Buying Center werden zusätzlich der üblicherweise zutreffende Entscheidungsprozess sowie die durchschnittliche Entscheidungsdauer beim Key-Account analysiert. Daraus lassen sich wertvolle Informationen zur Bearbeitung und zum konkreten Vorgehen beim Schlüsselkunden ableiten.

Beispiel: Analyse des Buying Centers und des Entscheidungsprozesses des Key-Accounts eines Unternehmens der Autozulieferbranche

Situation beim Key-Account: Bei den Key-Accounts dieses Unternehmens handelt es sich um internationale Konzerne. Für die Unternehmen der Autozulieferbranche sind die wichtigsten Ansprechpartner der zentrale Einkauf, der technisch orientierte Bereich Forschung & Entwicklung sowie die einzelnen Werke (mit den Abteilungen Einkauf, Entwicklung, Qualitätsmanagement).

Name	Abteilung	Funktion	Funktion
Muster Michael	Zentraler Einkauf	Einkäufer	**Entscheider** beim Abschluss der Rahmenverträge mit den Lieferanten und bei der Bestimmung der drei «Hoflieferanten». **Fan** von uns, es besteht eine sehr gute Beziehung zum Key-Account-Manager. Wirtschaftliche Aspekte (Preis-Leistungs-Verhältnis) spielen bei der Entscheidung eine wichtige Rolle.
Jochen Schwarz	Forschung & Entwicklung	Ingenieur	**Interner Beeinflusser** bei der Definition der technischen Anforderungen an Teile/Produkte. Technische Erfüllung der Anforderungen und Zuverlässigkeit der Lieferanten stehen im Vordergrund.
Viktor Braun	Werk 1	Einkäufer	**Entscheider** bei der Wahl des Lieferanten im Rahmen der durch den zentralen Einkauf **vorselektionierten Lieferanten**. **Fan** von Konkurrent D.; dessen Produkte werden bevorzugt eingekauft. Lieferbereitschaft, Qualität und Preis stehen im Vordergrund.
Hans Weiss	Werk 1	Qualitätsmanager	**Interner Beeinflusser** (wenn zweimal falsch geliefert wird, Meldung an den zentralen Einkauf). War bisher mit den Leistungen unserer Firma stets sehr zufrieden, keine Reklamationen.
etc.			

Analyse des Entscheidungsprozesses

- Mit dem zentralen Bereich Forschung & Entwicklung des Kunden wird gemeinsam eine neue Lösung definiert (gemeinsames Engineering), und zwar mit dem Ziel einer klaren technischen Spezifikation.
- Der zentrale Einkauf holt diverse Offerten gemäss den technischen Spezifikationen ein.
- Der zentrale Einkauf führt die Gespräche mit den Lieferanten. Die Ingenieure aus dem Bereich Forschung & Entwicklung haben die Möglichkeit, die verschiedenen Lieferanten und die angebotenen Teile/Produkte zu beurteilen.
- Der zentrale Einkauf definiert mit zwei bis drei Lieferanten einen groben Rahmenvertrag. In der Regel wird ein Lieferant als bevorzugt bezeichnet (z. B. 70 % der Teile sollen bei diesem Lieferanten bezogen werden, die restlichen 30 % bei den anderen Lieferanten).
- Rahmenvereinbarungen und bevorzugte Lieferanten werden den Einkäufern in den weltweit verstreuten Werken mitgeteilt.
- Die Einkäufer in den einzelnen Werken bestellen direkt beim Lieferanten. Sie haben die Freiheit, zwischen den Lieferanten auszuwählen.

Rahmenvertrag

Analyse der Strategien der Mitanbieter
Innerhalb der Analysephase werden die Mitanbieter beim Key-Account näher untersucht. Aus dem Vorgehen der direkten Konkurrenz gegenüber dem Key-Account können wichtige Anhaltspunkte über den Kunden und mögliche Chancen für die eigene Strategie gesammelt werden.

Folgende Informationen sind hier von besonderer Bedeutung:

- Stärken bzw. Schwächen der Konkurrenz beim Schlüsselkunden
- Ziele und Strategien der Konkurrenten beim Schlüsselkunden
- Marketing-Mix (Einsatz der Marketinginstrumente Produkt, Preis, Kommunikation und Distribution) und Infrastruktur-Ressourcen (zur Verfügung stehende finanzielle und personelle Mittel zur Bearbeitung dieses Schlüsselkunden) der Mitanbieter

Da sich der Wettbewerb direkt beim Kunden fokussiert, sind die notwendigen Informationen relativ leicht zugänglich. Gespräche mit dem Kunden selbst oder mit Mitarbeitern des eigenen Unternehmens, die bereits Kontakte mit dem Kunden und den Mitbewerbern hatten, sowie Informationsmaterialien der Konkurrenz können entscheidende Anhaltspunkte für die Strategien bieten.

Analyse der eigenen Position beim Key-Account
Die Analyse der eigenen Situation beruht vor allem auf den bisherigen Erfahrungen mit dem Schlüsselkunden. Die Analyse sollte folgende Fragen beantworten können:

- Bisherige Erfolge beim Schlüsselkunden: Umsatz-, Absatz- und Deckungsbeitragsstatistiken, aufgeteilt nach Produkten und/oder Abteilungen/Divisionen/Filialen des Key-Accounts.
- Bewertung der Geschäftsbeziehung: Wie viele Kontakte fanden jährlich mit dem Schlüsselkunden statt und durch wen? Hat sich die Geschäftsbeziehung bisher positiv oder negativ entwickelt? Gab es Reklamationen? Wer sind die wichtigsten Mitarbeiter in unserem Unternehmen bei diesem Schlüsselkunden?

- Bewertung der bisherigen Aktivitäten: Welche Massnahmen wurden bisher durchgeführt und mit welchem Erfolg? Wurde der Schlüsselkunde bisher überhaupt angemessen bearbeitet?

12.8.2.2 Strategieentwurf

Grundgedanke des Key-Account-Managements ist die Sicherstellung von Problemlösungen, die dem Kunden helfen, seine Wettbewerbsposition gegenüber seiner Konkurrenz zu verbessern.

In der Phase des Strategieentwurfs ist die grundsätzliche Ausrichtung des Key-Account-Managements gegenüber dem Schlüsselkunden zu formulieren. Im Wesentlichen geht es um die Definition von kurz- und mittelfristigen Zielen. Eine kürzlich durchgeführte Umfrage von Dr. Pius Küng & Partner bei Key-Account-Managern von international tätigen Unternehmen verschiedener Branchen hat gezeigt, dass die Zielformulierung gegenüber den Schlüsselkunden häufig vernachlässigt wird. Nach der meist ausführlichen Analyse des Schlüsselkunden werden direkt die kurzfristigen Massnahmen festgelegt. Die fehlende Zielformulierung erschwert eine klare Ausrichtung für die Zukunft und eine einheitliche, zielgerichtete Bearbeitung des Schlüsselkunden.

Zielformulierung

Die Festlegung der Ziele muss quantitative und qualitative Zukunftsvorstellungen berücksichtigen. Quantitative Ziele beziehen sich auf den Umsatz und die Deckungsbeiträge, die das Unternehmen beim Schlüsselkunden im Planungszeitraum realisieren will, oder auf die Umsatzposition, die als Lieferant erreicht werden soll. Die qualitative Zielformulierung kann sich sowohl auf die Definition der Produktprioritäten als auch auf die Benennung erfolgskritischer Mitglieder des Buying Centers beziehen.

Die Strategie mit dem Key-Account sollte sich auf die Formulierung der zur Erreichung der Ziele notwendigen Wege beschränken. Die aus der Analysephase ermittelten Faktoren und Trends bezüglich Konkurrenzverhalten, der Situation des Kunden und der eigenen Position bilden hier die Grundsteine der Strategie. Grundgedanke des Strategieentwurfs muss es sein, massgeschneiderte Problemlösungen anzubieten, die die eigene Position gegenüber der Konkurrenz verbessern und den Kunden durch die Optimierung seiner Wertschöpfungs- und Prozessstruktur langfristig an das Unternehmen binden. Die Festlegung der Aktionsschwerpunkte soll zu einer weiteren Konkretisierung der Bearbeitungsschwerpunkte v. a. in den nächsten zwölf Monaten beitragen. Hierzu werden die Kernaktivitäten der Strategie konkretisiert und präzise definiert.

12.8.2.3 Aktionsplanung

Die Aktionsplanung stellt die logische Umsetzung und praktikable Ausgestaltung der entworfenen Strategie dar. Sie sollte eine volle Planungsperiode (in der Regel zwölf Monate) umfassen.

Zunächst erfolgt die Kontaktplanung. Sie bestimmt den Umfang und die Zeitpunkte der Kontaktaufnahme zu den Schlüsselkunden. Hier bietet es sich an, die Informationsgewohnheiten des Buying Centers und dessen Mitgliedern zu berücksichtigen und als Grobraster einzusetzen. In der Kontaktplanung werden sämtliche aktiv durch das eigene Unternehmen initiierten Kontakte festgehalten – zwischen allen Personen, die mit dem Schlüsselkunden Kontakt haben. Ausserdem werden die Review- und Jahresgespräche definiert, in denen mit wichtigen Entscheidungsträgern des Kunden Bilanz gezogen wird.

Im zweiten Schritt erfolgt die Planung und Ausgestaltung der einzelnen Massnahmen gegenüber dem jeweiligen Schlüsselkunden. Zu denken ist insbesondere an Schulungen des Kundenpersonals, besondere Events für den Schlüsselkunden, Ausgestaltung von Rahmenverträgen etc.

Die anschliessende Ressourcenplanung beinhaltet neben der Zuweisung von finanziellen Mitteln auch die Zuteilung der personellen Ressourcen. Die Arbeit des Key-Account-Teams wird hinsichtlich der Gestaltung der Geschäftsbeziehungen und der Ansprache der Mitglieder des Buying Centers festgelegt. In diesen Bereich fallen infrastrukturelle Massnahmen, die die Arbeit innerhalb des Key-Account-Teams und mit dem Schlüsselkunden unterstützen.

12.8.2.4 Realisierung

Bei der Realisierung werden vor dem Hintergrund der Aktionsplanung die tatsächlichen Aktivitäten durchgeführt. Hierbei ist eine konsequente und umfassende Umsetzung der Vorgaben und abgeleiteten Aktivitäten anzustreben. Freiräume, die die strategische Stossrichtung bietet, sollten kreativ im Sinne der Problemlösung für den Schlüsselkunden genutzt werden.

Da es sich beim Key-Account-Management um Massnahmen handelt, die eine langfristige Bindung des Kunden an das eigene Unternehmen bewirken sollen, ist ein möglichst intensiver persönlicher Kontakt zu ihm zu suchen. Etwaige Unzufriedenheit beim Kunden muss sofort behoben bzw. von vornherein vermieden werden. Der Aufbau einer Datenbank, die alle schlüsselkundenspezifischen Daten zusammenfasst und ein Dossier für jeden Key-Account beinhaltet, leistet in diesem Zusammenhang wichtige und wertvolle Dienste. Projektfortschritte, Verhandlungsprotokolle, Adressen der Ansprechpartner und ähnliche kundenbezogene Daten sind dadurch rasch und allgemein zugänglich.

Kundenbindung

Ein entscheidender Baustein der Kundenbetreuung ist der Kundenservice. Informationen über die zukünftigen Leistungen des Unternehmens, neueste Entwicklungen im technologischen Bereich sowie über Veränderungen in Markt und Wettbewerb sollten den Key-Accounts ständig zur Verfügung gestellt werden. Wie die Informationen aufbereitet werden sollen, hängt massgeblich von der Qualität und dem Entwicklungsstadium der Geschäftsbeziehung ab. Je älter und enger die Beziehungen sind, desto eher kann ein informeller Informationsaustausch gepflegt werden.

Bei Beschwerden oder Problemen der Kunden sollte das Key-Account-Team in der Lage sein, flexibel und unbürokratisch zu reagieren und einen massgeschneiderten Kundendienst zu bieten. Empirische Studien weisen darauf hin, dass unzufriedene Kunden nicht sofort den Lieferanten wechseln, sondern erst nach mehrmaligen erfolglosen Reklamationen zur Konkurrenz abwandern.

12.8.2.5 Erfolgskontrolle

Die Erfolgskontrolle ist kein nachgelagerter Schritt innerhalb des Account-Management-Prozesses, sondern stellt eine ständige Aufgabe des Key-Account-Managers dar, um die eigenen Aktivitäten hinsichtlich ihrer Effizienz zu überprüfen. Je nach Stufe des Prozesses können verschiedene Kennziffern dazu beitragen, den Erfolg der Massnahmen zu belegen bzw. bei der Verfehlung der Vorgaben und Ziele Gegenmassnahmen einzuleiten.

Ständig zu kontrollierende Erfolgsgrössen sind der Umsatz pro Key-Account oder der beim Schlüsselkunden sichergestellte Deckungsbeitrag. Des Weiteren werden die Vorgaben aus der Aktionsplanung als Soll-Grössen für die Durchführungsphase herangezogen. So geben Differenzen zwischen geplanten und realisierten Kontakten wichtigen Aufschluss über die tatsächliche Arbeitsweise der Mitarbeiter des Key-Account-Teams.

Für eine vertiefte Literatur empfehlen wir folgendes Werk:

Key Account Management
Praxistipps – Beispiele – Werkzeuge

Küng, Toscano, Schillig, Willi
Midas Management Verlag

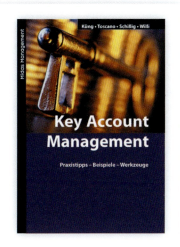

Aufgaben zu Kapitel 12

1. Nach welchen Faktoren können Schlüsselkunden definiert werden?

2. Was bedeutet ein integriertes KAM?

3. Erklären Sie die Hauptaufgaben eines KAM.

13 Exportkonzepte

Lernziele
Nach der Bearbeitung dieses Kapitels …

- kennen Sie die Anforderungen im Export.
- können Sie die Vor- und Nachteile des direkten und indirekten Exportes nennen.
- können Sie verschiedene Absatzmittler aufzählen.
- können Sie einen geeigneten Exportpartner finden.

13.1 Einleitung

Verschiedene Presseartikel zeigen, dass die Erschliessung von ausländischen Märkten für Schweizer Unternehmen nicht unproblematisch ist. Oft werden die Ziele nicht erreicht und es muss teures Lehrgeld bezahlt werden. Die erfolgreiche Erschliessung resp. Optimierung von Exportmärkten nimmt oft viele Jahre in Anspruch. Untersucht man die Einzelfälle intensiver, dann kann man oft feststellen, dass die Gründe für das Nichterreichen der Ziele durch mangelhafte Marktanalysen, schlechte Konzepte, falsche Partner und Personalentscheide bedingt sind.

13.2 Grundsatzentscheide

Wie im Inland bieten sich auch beim Export verschiedene Wege an, um die Waren zu verteilen. Der Exporteur kann entweder direkt an die Kunden verkaufen oder die Hilfe von Absatzmittlern in Anspruch nehmen.

Jeder Exporteur muss zu Beginn einen wichtigen Grundsatzentscheid fällen: Er muss entscheiden, wie seine Produkte den Zugang zu dem von ihm gewählten Exportmarkt finden und wie sie verteilt werden sollen. Um diese Entscheidung treffen zu können, muss er wissen,

- welche Absatzmittler er einschalten kann,
- welche Kanäle für sein Produkt effektiv existieren,
- welche Leistungen die Absatzmittler erbringen und
- mit welchen Kosten zu rechnen ist.

Absatzmittler und Absatzwege sind in den einzelnen Märkten keinesfalls festgeschrieben. Die Marktbedingungen ändern sich ständig, wie im Heimmarkt auch, und müssen in der Folge immer wieder neu überdacht werden.

Bevor der Exporteur die Distributionsentscheide treffen kann, sollte er ganz genau über eine Reihe von Punkten informiert sein, d.h. er muss die Marktstrukturen des betreffenden Landes kennen. Dazu wird er eine Analyse vornehmen und folgende Punkte abklären:

1. markt-, produkt- und logistikbezogene Faktoren
   - Grösse und Wachstum des Marktes
   - nötiger Service- und Dienstleistungsgrad (inkl. Lieferfristen, Anpassungen)
   - Erklärungsbedürftigkeit
   - Lagerfähigkeit
   - Transportempfindlichkeit
   - Sprache
   - Kultur
   - geografische Verteilung
   - Bedarfshäufigkeit
   - Kundenerwartungen
   - Entscheidungspersonen und Einkaufsgewohnheiten

2. konsumenten- und produktverwenderbezogene Faktoren
   - Zahl, Potenzial und geografische Verteilung
   - Bedarfshäufigkeit und Kundenerwartungen
   - Entscheidungspersonen und Einkaufsgewohnheiten (Entscheidungsprozess)

3. distributionsbezogene Faktoren
   - Umsatzanteile der Kanäle
   - Verfügbarkeit der Absatzkanäle
   - Distributionsgrad und Image der Kanäle und der (möglichen) Partner
   - Kosten des Absatzwegs (Spannen etc.)
   - Kontrolle der Absatzmittler resp. der Kanäle
   - Kooperationsbereitschaft der Absatzmittler resp. der Kanäle
   - Aufbaudauer und Flexibilität

4. unternehmensbezogene Faktoren
   - Strategie des Unternehmens inkl. Mittelfristziele
   - Management- und Verkaufspotenzial
   - Finanzkraft
   - bisherige internationale Erfahrungen, Export-Know-how, Produktions-Know-how im Ausland

5. konkurrenzbezogene Faktoren
   - Stärke und Schwäche der Hauptkonkurrenten
   - Positionierung im Markt
   - Marktanteil/numerische und gewichtete Distribution
   - Distributionswege der Konkurrenten

6. rechtliche Faktoren
   - ökologische Vorschriften
   - Beschäftigungsvorschriften der öffentlichen Hand
   - Schutz von Vertriebsverbindungen
   - Konsequenzen bei der Auflösung von Vertragsverhältnissen
   - steuerliche Belastung

13.3 Exportstrategie: Direkter oder indirekter Export

13.3.1 Direkter Export

Beim direkten Export fakturiert der Anbieter für einen Kunden im Ausland (Importeur/Grosshandel/Detailhandel/Endkonsument), also nach der Grenze. Der Ort der Warenübergabe im physischen Sinn hängt dabei von den vereinbarten Konditionen ab. Daraus lässt sich dann unter Umständen auch der Zeitpunkt des Eigentumswechsels ableiten. Das ist wichtig für die Übernahme der Transportkosten und von Risiko, Nutzen und Gefahr. Diese Konditionen sind in den «International Commercial Terms» (INCOTERMS, internationale Handelsklauseln) geregelt.

Die INCOTERMS sind eine Reihe internationaler Regeln zur Interpretation spezifizierter Handelsbedingungen im Aussenhandelsgeschäft.

13.3.2 Indirekter Export

Beim indirekten Export stellt der Anbieter Rechnung für einen Kunden im Inland (Produzent/Exporteur/Endkonsument), also vor der Grenze. Der Ort der Warenübergabe im physischen Sinn ist in der Regel im Inland. Ebenso wechselt das Eigentum vor der Grenze und mit ihm Risiko, Nutzen und Gefahr. Das ist vor allem wichtig für den Zoll und die Steuern (MwSt.).

13.4 Direktvertrieb oder indirekter Vertrieb

Obwohl in der Regel für die Verteilung von Produkten im Ausland Absatzmittler eingeschaltet werden, stellt sich bei folgenden Fällen die Frage, ob der Direktvertrieb nicht doch sinnvoller wäre:

- wenn das Umsatzvolumen auf einem bestimmten Markt bereits eine gewisse Grösse erreicht hat und die Gründung einer eigenen Vertriebsgesellschaft Kosten senken und/oder einen positiven Einfluss auf die Marktposition haben könnte
- wenn ein direkter Kontakt mit den Verwendern notwendig ist, um sicherzustellen, dass die technische Beratung klappt und diese nur von Spezialisten des eigenen Hauses richtig durchgeführt werden kann
- wenn im Markt nur wenige Kunden zu bearbeiten sind, die ohne Weiteres vom Stammhaus aus besucht werden können

Da der Direktverkauf an die Verwender im Exportmarkt zwangsläufig Investitionen in die entsprechende Infrastruktur nötig macht, sollte der Entscheid zugunsten des Direktvertriebs nur nach einer sorgfältigen Analyse erfolgen.

Das folgende Entscheidungsmodell ist ein möglicher Lösungsansatz, der den Planer Schritt für Schritt zur Lösung führen kann. Die Ausgangslage, das Problem und alle sich bietenden Möglichkeiten werden aufgelistet (Problemanalyse):

1. Die möglichen Handlungs- und Vorgehensalternativen werden erfasst (Distributionsalternativen).
2. Die Daten werden einander gegenübergestellt, bewertet und die beste Alternative wird ausgewählt.

Das Entscheidungsmodell hat aber «Sackgassen». Wenn z.B. keine leistungsfähigen Absatzmittler vorhanden sind, ändert sich die Problemstellung. Es müssen in diesem Fall keine Alternativen mehr verglichen werden, sondern es geht nur noch um den Entscheid, ob man auf diesem Markt direkt oder gar nicht präsent sein will. Fällt der Entscheid zugunsten einer direkten Bearbeitung des Auslandmarktes, so bieten sich folgende drei Möglichkeiten:

1. Auslandreisende
2. Zweigniederlassung
3. Tochtergesellschaft

13.4.1 Absatzmittler im Export

In der Regel arbeitet jedes Unternehmen im Export mit mehreren Arten von Absatzmittlern zusammen, je nach Bedeutung, Art des Markts, zu verkaufendem Produkt und verfügbaren Absatzmittlern.

In der Regel gibt es beim Export folgende Absatzmittler: **Absatzmittler**

- **Inländische Absatzmittler:** Händler im Land des Produzenten, die neben der Verteilung im eigenen Land auch den Export übernehmen. Der Hersteller weiss oft nicht, was mit seinen Waren geschieht, wohin exportiert wird, wer die Kunden sind. Er verliert die Kontrolle über seine Produkte.
- **Exporthändler:** Überseehandelshäuser, Import- und Exportunternehmen. In vielen Fällen sind sie in den grossen Handelsmetropolen wie z.B. Hamburg, Zürich, Frankfurt und London vertreten. Adressen bekommt man bei den jeweiligen Industrie- und Handelskammern. Der Exporthändler ist ein Eigenhändler, d.h., er kauft und verkauft in eigenem Namen und auf eigene Rechnung.
- **Exportkommissionär:** Er kauft seine Waren auf Rechnung seines Auftraggebers (Kommittent), jedoch unter eigenem Namen. Für seine Leistung erhält er eine Kommission.
- **Export-Management-Unternehmen:** Sie funktionieren als Exportabteilung mehrerer sich nicht konkurrenzierender Hersteller. Sie verkaufen im Namen der Hersteller an die ausländischen Abnehmer und wickeln Versand, Finanzierung, Versicherung usw. ab. Diese Gesellschaften arbeiten für mehrere Kunden. Dadurch wird es möglich, die Fixkosten der notwendigen Infrastruktur auf mehrere Unternehmen aufzuteilen.
- **Ausländische Einkäufer:** Sie sind meist Angestellte grosser Firmen im Ausland, oft aus dem Konsumgüterbereich. Sie kaufen vor allem Produkte ein, für die eine konstante Nachfrage besteht oder bei denen der Einkauf vor Ort wesentliche Vorteile bei Preis und Qualität bringt. Für den inländischen Anbieter hat die Zusammenarbeit mit ausländischen Einkäufern wesentliche Vorteile: Er muss sich nicht um Abnehmer im Ausland kümmern.
- **Exportkooperation:** Diese Form hat in letzter Zeit an Bedeutung gewonnen. In der einfachsten Form gründen Hersteller komplementärer Produkte eine gemeinsame Exportkooperation, bei der die einzelnen Partner Mitinhaber sind. Die gemeinsame Exportkooperationsgesellschaft bearbeitet die interes-

santen Exportmärkte und wickelt den Versand und die Finanzierung ab. Eine Weiterentwicklung der Exportkooperationsidee sind die Exportkonsortien. Durch diese werden mittlere Firmen in die Lage versetzt, als Gruppe auch bei grösseren Aufträgen mitbieten zu können.
- **Exportmakler oder Broker:** Sie übernehmen die Vermittlung von Verträgen, allerdings ohne dabei in einem ständigen Vertragsverhältnis zu ihrem Auftraggeber zu stehen. Ihre Tätigkeit erstreckt sich nur auf die reine Vermittlung und den Nachweis von Einkaufs- und Verkaufsgelegenheiten. Für ihre Tätigkeit erhalten sie die Maklergebühr, die oft sogar von beiden Parteien je zur Hälfte zu bezahlen ist.
- **Importvertreterin:** Sie ist rechtlich selbstständig. Die Geschäfte werden in fremdem Namen und auf fremde Rechnung abgeschlossen. Für ihre Tätigkeit erhält sie eine Provision. Durch den Geschäftssitz im Exportland verfügt sie über genaue Kenntnisse der Branche und des ganzen Marktumfelds.
- **Distributor:** Er arbeitet in eigenem Namen und auf eigene Rechnung. Sein Gewinn ist die klassische Handelsmarge. Im Konsumgüterbereich sind Beteiligungen der Hersteller üblich.
- **Handelsgesellschaften:** Starke Handelsorganisationen gehen immer mehr dazu über, benötigte ausländische Produkte direkt vom Hersteller einzukaufen. Sie lehnen es häufig ab, mit den Distributoren und Vertretern zu verhandeln, und bestehen auf dem direkten Kontakt mit dem Hersteller.
- **Staatliche Einkaufsstellen:** Diese sind entweder Einkaufsstellen, die den eigenen Bedarf decken, oder die eine Monopolstellung im Aussenhandel haben und alle Einfuhren für das betreffende Land abwickeln.

13.4.2 Vorgehen zur Auswahl geeigneterer Absatzmittler im Export

Bei der Wahl der Absatzmittler im Export empfiehlt sich folgendes Vorgehen:

1. die eigenen Probleme genau analysieren
2. Kontakte mit möglichen Absatzmittlern herstellen
3. Auswahl des optimalen Absatzmittlers
4. Vertrag mit den detaillierten Bedingungen der Leistungen beider Parteien

13.4.3 Analyse der eigenen Exportprobleme

Bei der Analyse müssen folgende Fragen geklärt werden:

- Wer sind die wichtigsten Verbraucher des Produkts?
- Was sind die besonderen Vorteile des Produkts?
- Sind für die eigenen Produkte Markennamen und Patente eingetragen?
- Welche Preispolitik soll verfolgt werden?
- Welche Lieferfristen müssen beachtet werden?
- Welche Art von Absatzmittler wäre ideal?
- Wie kann ein Absatzmittler die Marktbearbeitung unterstützen?
- Welche Kontakte bestehen bereits zu diesem Markt?
- Wer wird im eigenen Betrieb für den Export verantwortlich sein?

13.4.4 Anforderungen an Absatzmittler

Die Anforderungen gehen in der Regel aus der Analyse der Exportprobleme hervor und betreffen folgende Punkte:

- Grösse der Firma
- Ziele des Unternehmens
- Kapitalausstattung
- Produktangebot
- Beziehungen zum Handel
- Aussendienst
- Geschäftssitz
- Lagermöglichkeiten
- Marketinginfrastruktur

13.4.5 Wie findet man den geeigneten Absatzmittler?

Listen der Branchenverbände und der Handelskammern informieren über die Absatzmittler. Doch damit sind erst die Adressen und eventuell noch ergänzende Angaben vorhanden. Der Exporteur sucht jedoch nicht einfach Namen und Adressen, sondern den optimalen Partner.

Weitere Möglichkeiten:

- Besuch von möglichen Partnern im Ausland
- Besuch von internationalen Messen
- Branchenverbände
- OSEC, neu: Swiss Global Enterprise (Business Hubs)

13.4.6 Verkaufsniederlassung/Tochterfirma im Ausland?

Mit einer eigenen Verkaufsniederlassung sollen die Marktpräsenz verbessert und der Marktanteil erhöht werden. Mit der Gründung einer Tochtergesellschaft ist oft die Auflösung oder Änderung der (exklusiven) Vertragsverhältnisse mit den bisherigen Partnern verbunden.

Für den Entscheid pro oder contra eine Tochterfirma können folgende Hinweise sinnvoll sein:

Wichtige Voraussetzungen aus den Analysen

- Unsere Marktkontakte sind genügend tragfähig.
- Der Umsatz und der Marktanteil können markant gesteigert werden.
- Der Markt wächst und/oder unsere Produkte weisen eindeutige Vorteile gegenüber der Konkurrenz auf.
- Die Kundennähe kann mit der schnelleren Belieferung, mit direkten Kontakten und mit geeigneteren Kommunikationsmassnahmen verbessert werden.
- Wir kennen die Verhältnisse im definierten Auslandsmarkt sehr gut.
- Das Investorenrisiko ist berechenbar.
- Die Wirtschaftlichkeit und die DBs können entscheidend verbessert werden.

Wichtige Voraussetzungen bezüglich Konzepte, Infrastruktur und Ressourcen

- Klare Mittelfristkonzepte in den Bereichen Marketing, Distribution, Verkauf, Logistik sowie die damit zusammenhängenden Wirtschaftlichkeitsrechnungen sind erarbeitet und überprüft.
- Die Tragfähigkeit von Schlüsselkunden ist analysiert und die optimale Bearbeitung ist gesichert.
- Die Management-Kapazität für die Betreuung der Tochtergesellschaft ist vorhanden.
- Geeignete Mitarbeiter von der Schweizer Zentrale können für die Leitung zur Verfügung gestellt werden.
- Die Logistik- und Serviceprobleme sind im Griff.
- Die Kosten sind perfekt im Griff (Personalkosten).
- Die Investitionen in die Infrastruktur, für das Lager, die Debitoren und die allgemeinen Betriebskosten können (aus eigenen Mitteln) finanziert werden.
- Es sind genügend geeignete Standorte vorhanden.
- Wichtige Controlling- und Führungsinstrumente sind geschaffen oder können mit entsprechender Anpassung übernommen werden.
- Die Transferpreise und die Steuer- und Rechtsfragen sind eindeutig abgeklärt.
- Es finden genügend Koordinationssitzungen statt.

13.5   Fehler bei Erschliessung/Ausbau eines Exportmarktes

Eine Analyse der wichtigsten Fehler von Schweizer Unternehmen bei der Erschliessung von Exportmärkten zeigt folgendes Bild:

Fehler bei der Situationsanalyse

- Verzicht auf eine systematische Informationsbeschaffung und/oder Situationsanalyse
- reine Datensammlung ohne Konsequenzen auf die strategischen Überlegungen

Fehler auf der Ebene der Strategien und Konzepte

- die Anforderungen an eine erfolgreiche Bearbeitung des ausländischen Marktes werden unterschätzt
- mangelnde Konzentration der Kräfte
- konzeptionslose Bearbeitung des ausländischen Marktes oder unüberprüfte Übernahme von «Schweizer Konzepten»
- unklare Vorstellungen bezüglich Vertriebsweg und/oder Vertriebspartner
- Überschreitung von Qualitätsstandards, die nicht wahrgenommen oder nicht honoriert werden, oder Lancierung nicht marktkonformer Produkte
- fehlende realistische Budgets, Schönfärberei in den Budgets und Wirtschaftlichkeitsberechnungen

Fehler bei der operativen Planung und bei der Umsetzung der Strategien

- «faule Kompromisse» bei der Wahl der Instrumente und Partner
- fehlende kritische Überprüfung von Einzelmassnahmen
- zu wenig intensive Kontakt- und Betreuungsarbeit der Kunden, Mitarbeiter und Distributionspartner auf der Basis eines klaren Verkaufskonzeptes
- falsche Wahl der Export-Mitarbeiter
- mangelnde Professionalität bei der Gestaltung der Kommunikationsmittel oder reine Übernahme der Schweizer Mittel
- mangelnde Systematik in der Verkaufs- resp. Exportführung und als Folge unzulängliche Kontakte
- unzuverlässige Lieferfristen, Logistikprobleme werden nicht konsequent angegangen
- Streitereien mit Tochterfirmen bezüglich Transferpreisen und Overhead-Kosten

Fehler bei Grosskonzernen

Migros (Deutschland und Österreich)

Oftmals wird das Thema Kultur sträflich vernachlässigt.

Einige Beispiele

- Migros: «Das Engagement entwickelte sich rasch zum Waterloo für die Migros. Zwischen 1993 und 1995 verbrannte sie 300 Millionen Franken in Österreich.» (Quelle Handelszeitung, 18.06.2013)
- Nike musste 1997 ungefähr 40 000 Laufschuhe vernichten, weil das Logo am Schuh aussah wie ein Zeichen für Allah. Solche Zeichen sind auf allen Alltagsgegenständen streng verboten.
- Die Ronnie-McDonald-Werbung fiel in Japan durch. Ronnie trat als Clown mit weiss geschminktem Gesicht auf. In Japan gilt aber ein weiss bemaltes Gesicht als ein Synonym für den Tod.
- Bei Philips machte man in Japan erst dann Gewinne, als man seine Kaffeemaschinen so verkleinerte, dass sie zu den kleineren japanischen Küchen passten, und die Rasierapparate verkleinerte, sodass sie den kleineren Händen der japanischen Männer angepasst waren.
- Coca-Cola musste seine 2-Liter-Flasche in Spanien zurückziehen, nachdem man entdeckt hatte, dass nur wenige Spanier Kühlschränke besassen, deren Kühlfächer dafür gross genug waren.
- Fiat musste ihren Fiat Uno in Finnland auch anders benennen, weil «Uno» auf Finnisch «Trottel» heisst.
- Der Marlboro-Cowboy sah für die Chinesen aus wie ein armer Schlucker, der verschwitzt schmutziger Arbeit nachgeht und auf einem schwarzen Pferd reitet, das Unglück bedeutet.
- Chevrolet: Der Name des Modells «Nova» klingt auf Spanisch wie « no va»; das bedeutet: funktioniert nicht!
- Mitsubishi: Warum verkaufte sich der «Pajero» in Spanien nicht? «Pajero» bedeutet im Spanischen «Wichser».
- In Brasilien floppte das Modell «Pinto», das bedeutet umgangssprachlich «kleiner Pimmel».

Aufgaben zu Kapitel 13

1. Welche Risiken bestehen beim Export?

2. Welche Formen der Zusammenarbeit im Export kennen Sie?

3. Nennen Sie fünf Möglichkeiten, um einen Exportpartner zu finden.

4. Ausgangslage: Wir sind ein grosser, internationaler Maschinenbauer und beliefern die ganze Welt. Unsere Kundschaft erwartet einen schnellen und professionellen Service vor Ort. Welche Möglichkeiten haben wir, um unserer Kundschaft einen solchen Service anzubieten? Nennen Sie drei Möglichkeiten.

14 Distribution

> **Lernziele**
> Nach der Bearbeitung dieses Kapitels …
>
> - kennen Sie die Definition von Distribution.
> - kennen Sie die zentralen Aufgaben der Distribution.
> - können Sie qualitative und quantitative Ziele formulieren.

14.1 Marketing

Der langfristige Erfolg von Unternehmen hängt letztlich vom Bestreben auf den Absatzmärkten ab. Der Markt- bzw. Kundenorientierung muss daher eine zentrale Rolle im Rahmen der Unternehmensplanung, d.h. auch innerhalb des Marketings, zukommen.

Marketing lässt sich als Definition von zahlreichen Autoren unterschiedlich darstellen.

> *Gem. Philip Kotler/Friedhelm Blielmel*
> Marketing ist ein Prozess im Wirtschafts- und Sozialgefüge, durch den Einzelpersonen und Gruppen ihre Bedürfnisse und Wünsche befriedigen, indem sie und andere Dinge von Wert erzeugen, anbieten und miteinander austauschen.

> *Gem. Prof. Dr. Heinz Weinhold-Stünzi*
> Marketing ist mehr als nur «Vermarktung» (wie die wörtliche Übersetzung lauten könnte). Marketing stellt eine Brücke dar zwischen der anbietenden Unternehmung und dem Markt. Marketing ist aber auch eine unternehmerische Denkart. Es umschreibt jene Unternehmerhaltung, bei der man sich primär marktgerichtet und marktgerecht verhält.

Abgeleitet aus dieser Umschreibung ergeben sich folgende Marketingziele:

- Welche **Bedürfnisse** will die Unternehmung abdecken?
- Welche **Leistungen** will die Unternehmung erbringen?
- Welche Ziele in Bezug auf **Umsatz**, **Marktanteile** etc. will die Unternehmung erreichen?
- Welche **Märkte** will die Unternehmung erreichen?
- Welche **Stellung** innerhalb des Marktes will die Unternehmung erreichen?

Die Zielsetzungen werden aufgrund umfassender Analysen festgelegt. Diese Marketingziele sind Bestandteil der leistungswirtschaftlichen, finanzwirtschaftlichen und sozialwirtschaftlichen Ziele jeder Unternehmung.

Anhand der Marketingziele wird dann der konkrete Marketing-Mix abgeleitet. Der Marketing-Mix beinhaltet die folgenden Instrumente, die 4 P:

- Product
- Preis
- Promotion
- Place = Distribution

14.2 Definition der Distribution

«Distribution umfasst alle unternehmerischen Entscheide und Handlungen, die im Zusammenhang mit dem Weg eines Produktes bzw. einer Dienstleistung vom Hersteller zum Bedarfsträger (Verbraucher, Verwender, Endverbraucher) stehen.»

Man spricht auch vom Supply-Chain-Management, das die Steuerung der gesamten logistischen Prozesse entlang der Wertschöpfungskette bestimmt. Vom Lieferanten zum Hersteller zum Händler bis zum Endkunden.

Zentrale Aufgabe der Distribution:

- richtige Marktleistung
- richtige Menge
- richtiger Ort
- richtige Zeit
- richtige Qualität
- richtigen Kosten
- richtige Information
- richtige Transportmittel

Um die Ziele der Distribution zu erfüllen, müssen Entscheidungen gefällt werden bezüglich zweier wichtiger Aspekte:

Strategisch:

- Wahl der Absatzkanäle
- Anzahl Stufen
- Grad der Bindung der Vertreiber
- Art der Vertriebsorgane
- Grad der Mobilität der Verkaufsstelle

Physisch:

- Lager
- Transport
- Verpackung

Distributionsziele
Qualitative Ziele:

- Wissen Absatzpartner
- Firmenimage
- Positionierungsziele
- Kundenzufriedenheit
- Kostenziele

Quantitative Ziele:

- Marktdurchdringung
- Verfügbarkeit
- Distributionsgrade

Aufgaben zu Kapitel 14

1. Formulieren Sie je ein qualitatives und quantitatives Distributionsziel.

2. Nennen Sie je ein konkretes Beispiel für die zentralen Aufgaben (8 Rs) für Konsumgut.

15 Strategische Distribution

> **Lernziele**
> Nach der Bearbeitung dieses Kapitels ...
>
> - kennen Sie die Flüsse der strategischen Distribution.
> - können Sie verschiedene Vertriebsformen anwenden.
> - kennen Sie die unterschiedlichen Formen der Handelsorganisationen.
> - kennen Sie die Evolution im Handel.
> - kennen Sie die Distributionsdifferenzierung.
> - können Sie die Standortfaktoren anwenden.

15.1 Absatzkanäle

Die meisten Produkte werden nicht direkt vom Hersteller an den Bedarfsträger weitergegeben, sondern es liegen eine Anzahl von Zwischengliedern, auch Stufen genannt, zwischen Hersteller und Bedarfsträger.

> «Ein Absatzweg umfasst alle Institutionen, die zusammengenommen alle Aktivitäten (Funktionen) ausführen, die dazu benutzt werden, ein Produkt und das Eigentum an ihm von der Produktion zum Konsum hinzubewegen.»

Im Rahmen der strategischen Distribution gilt es,

- Flüsse zu bestimmen.
- die Distributionsbox zu definieren.

15.1.1 Funktionen der Distribution

Grundsätzlich müssen auch hier die 8 Ws erfüllt werden. Strategisch muss die Frage der fünf Flüsse geklärt werden.

Folgende Funktionen (Flüsse) werden unterschieden:

15.1.1.1 Eigentumsflüsse

Wann gehen das Eigentum, die Rechte und das Risiko vom Käufer zum Verkäufer über? Insbesondere im Export ist diese Frage zu klären.

Die Funktionen der Eigentums- und somit Risikoübernahme durch verschiedene Institutionen innerhalb eines Distributionssystems müssen klar im Rahmen der strategischen Distribution entschieden werden.

Die INCOTERMS (International Commercial Terms, internationale Handelsklauseln) helfen uns, im Exportgeschäft eine einheitliche Regelung zu treffen.

15.1.1.2 Zahlungsflüsse

Wann wird die Ware bezahlt? Vorauskasse, Kreditkauf, Akkreditiv, Ratenzahlung, In-Konsignation etc. sind Möglichkeiten. Konkrete Zahlungsmöglichkeiten:

- Detailhandel (Barzahlung, Kreditkarte)
- Internet (Rechnung, Kreditkarte)
- Investitionsgüter (Vorauszahlung, Teilzahlung, Akkreditiv)

Diese Zahlungsfunktionen, wiederum durch verschiedene Institutionen wahrgenommen, müssen im Rahmen der strategischen Distribution geregelt werden, haben jedoch, je nach Branche, eine unterschiedlich wichtige Bedeutung.

Die nachfolgende Aufstellung über die neuesten INCOTERM-Kürzel gibt Auskunft über:

- internationale Zahlungsbedingungen
- internationale Eigentumsbedingungen

Alle Waren, die im Ausland bestellt und dorthin geliefert werden, fallen unter Aussenhandelsgeschäfte. Welche Lieferbedingungen, Rechte und Pflichten dabei die Vertragspartner (also Käufer und Verkäufer) allgemein zu erfüllen haben, hat die Internationale Handelskammer (International Commercial Chamber = ICC) in einigen Vertragsformeln festgelegt. Diese werden allgemein «INCOTERMS» genannt, jeweils mit drei Buchstaben abgekürzt und sind im gesamten Welthandel geläufig.

Bei der letztmaligen Überarbeitung 2010 hat die Internationale Handelskammer folgende elf Formeln aufgestellt:

EXW	Ab Werk (engl.: **EX W**orks)
FCA	Frei Frachtführer (engl.: **F**ree **CA**rrier)
FAS	Frei längsseits Schiff (engl.: **F**ree **A**longside **S**hip)
FOB	Frei an Bord (engl.: **F**ree **O**n **B**oard)
CFR	Kosten und Fracht (engl.: **C**ost **A**nd **F**Reight)
CIF	Kosten, Versicherung und Fracht bis zum Bestimmungshafen (engl.: **C**ost **I**nsurance **F**reight)

DAT	Geliefert Terminal (engl.: *D*elivered *A*t *T*erminal)
DAP	Geliefert benannter Ort (engl.: *D*elivered *A*t *P*lace)
CPT	Fracht bezahlt bis (engl.: *C*arriage *P*aid *T*o)
CIP	Fracht und Versicherung bezahlt (engl.: *C*arriage *I*nsurance *P*aid)
DDP	Geliefert Zoll bezahlt (engl.: *D*elivered *D*uty *P*aid)

15.1.1.3 Informationsflüsse

Der Produzent möchte möglichst bedürfnisgerechte Produkte entwickeln und herstellen. Falls die Distribution über unternehmensfremde Absatzkanäle geht, ist ein rückwärtsgerichteter Informationsfluss enorm wichtig. Man spricht hier auch vom «Ohr am Markt» haben.

15.1.1.4 Absatzförderungsflüsse

Bei der Definition des Absatzförderungsflusses geht es ausschliesslich um die Entscheide im Zusammenhang mit der Bestimmung des Marketing-Mix. Wer übernimmt in welchem Fall Marketing-Mix-Funktionen?

Die Definition der Marketing-Mix-Funktionen, die eine (eigene nahestehende oder fremde) Institution innerhalb eines Distributionssystems zu übernehmen hat, ist ebenfalls eines der zentralsten Anliegen der strategischen Distribution.

Neben der Gestaltung der Flüsse gilt es auch, Folgendes zu definieren:

- **Methoden der Distribution** (Versand, Tür zu Tür usw.)
- **Distributionsdifferenzierung** (nach Region, Endverbraucher usw.)
- **Grad der Dezentralisation** (Stadt, Agglomeration, Land usw.)
- **Schwerpunktbildung** (Städte, Autobahnkreuze usw.)

Distributionsdifferenzierung
Grundsätzlich unterscheiden wir drei Formen:

- intensive Distribution
- selektive Distribution
- exklusive Distribution

Die intensive Distribution wird oftmals bei Gütern des täglichen Bedarfs angewendet.

Bei der selektiven Distribution muss der Partner spezifische Anforderungen erfüllen (Luxusuhren, Autos etc.).

Bei der exklusiven Distribution arbeitet man mit einem Partner pro Absatzgebiet zusammen. Dabei werden Image und Prestige gestärkt, was auch zu höheren Margen führen kann.

Distributionsbox
Die Ausgestaltung der Absatzkanäle kann nach folgenden vier Kriterien unterschieden werden:

Anzahl der Stufen	Art der Vertriebsorgane
Grad der Bindung des Vertriebs	Grad der Mobilität der Verkaufsstellen

15.1.1.5 Unterscheidung nach der Anzahl der Stufen

Zwischen dem Hersteller und dem Endverbraucher können verschiedene Intermediäre stehen. Grosshändler, Importeur, Exporteur, Verteilerzentren, Einzelhändler (Retailer), Vertreter, Generalvertreter, Broker, Agenten, Makler usw. können die Rollen eines Intermediärs übernehmen. Intermediäre sind Absatzpartner und stehen beim Hersteller für einen Absatzweg. Je nach Branche werden diese unterschiedlich bezeichnet.

Das Stufenmodell
Es sind, wenn auch selten, noch längere Wege anzutreffen als in der unten stehenden Zeichnung (z. B. ein Importeur, der dem Grosshändler vorgelagert ist). Mit der Anzahl der Stufen nimmt aber auch das Problem des Managements und der Kontrolle der Distribution durch den Hersteller zu, und dies bei gleichzeitigem Anstieg der Kosten.

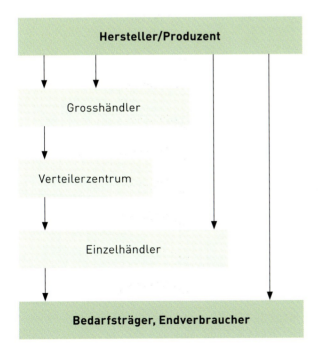

Produzent-Konsumenten-Beziehungen ohne Zwischenhandel

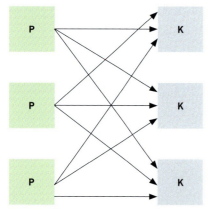

P = Produzent = 9 Kontakte
K = Konsument

Produzent-Konsumenten-Beziehungen mit einem Zwischenhandel

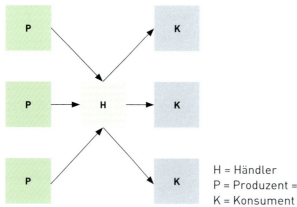

H = Händler
P = Produzent = 6 Kontakte
K = Konsument

Ein eigener Aussendienst ist oftmals kostspielig. Dafür hat der Produzent den Absatz unmittelbar unter seiner Kontrolle. Die Gründe für die Einschaltung von Stufen in den Vertriebsprozess sind, je nach Branche, unterschiedlich:

– Händler/Vertreter vertreiben in der Regel ein **Sortiment** aus Lieferungen mehrerer Produzenten und können den Endverbraucher demzufolge besser bedienen
– die **Kapitalbildung** für den Hersteller ist bei dieser Lösung niedriger als bei der Alternative der «vertikalen Integration», d.h. der Bedienung des Marktes mit eigenem Aussendienst
– Händler/Vertreter sind im Handel erfahren, verfügen also über die notwendigen Kontakte, sind dank ihrer Grösse effizient und besitzen zudem in der Regel eine höhere **Markttransparenz**
– verbesserter **Marktzutritt** für die Produkte des Herstellers
– grössere **Flexibilität** des Herstellers, kein schwerfälliger und kostenintensiver eigener Aussendienst

Kombiniert ein Hersteller verschiedene Stufen im Sinne einer Distributionsdifferenzierung, d.h. verteilt er beispielsweise gleichzeitig über Grossverteiler, eigenen Aussendienst und Detaillisten, so spricht man von einem Mehrkanalsystem

(Multi-Channel). Dabei handelt es sich also immer um eine Kombination verschiedener Stufenvarianten.

Multi-Channel

In den letzten Jahren erfuhr der direkte Verkauf (Nullstufenweg oder vertikale Integration) einen Zuwachs, wobei dies insbesondere folgende Methoden der Distribution betrifft:

- Versandhandel (Angebot in Katalogen/Broschüren)
- Angebote in Massenmedien
- Direktverkauf an der Haustür (bei erklärungsbedürftigen Produkten auch in der Investitionsgüterindustrie)
- Direktverkauf per Telefon
- Internet/E-Commerce

POS-Massnahmen
Bei Verkauf von FMCG (Fast Moving Consumer Goods) im Detailhandel ist es enorm wichtig, dass der POS attraktiv gestaltet ist:

- Aufmerksamkeit wecken
- Erst- und Zweitplatzierungen
- Laden-Layout
- Information durch Broschüren/audiovisuelle Medien
- Regalstopper, Hinweisschilder etc.

Dienstleistungs-Distribution hat dafür andere Herausforderungen:

- physisch nicht vorhanden
- nicht lager- bzw. speicherbar

Daher arbeitet man in der Dienstleistungsbranche oftmals zusätzlich mit Bildern und Emotionen (Reisebüro, Versicherungen, Banken etc.). **«Wir machen den Weg frei» ist kein Werbeslogan eines Tiefbauunternehmens ...**

15.1.1.6 Unterscheidung nach dem Grad der Bindung des Vertriebs

Man unterscheidet zwischen:

Beim **herstellereigenen Vertriebssystem** (Nullstufenweg) erfolgt der Absatz über eigene Aussendienste/Filialen, die wirtschaftlich und rechtlich unselbstständige Teile der Unternehmung darstellen.

Formen:
Aussendienst (Direktverkauf)
Filialsystem
Niederlassungssystem
Versandhandel
Automaten
Showrooms
Direct Marketing
Shop in Shop
E-Commerce
M-Commerce

Zusammenstellung der wichtigsten Unterschiede in der Distribution:

Kriterien	Konsumgüter	Dienstleistungen	Investitionsgüter
Anzahl Stufen	1–3	0–1	0–1
Beratung	Gering	Intensiv	Intensiv
POS	Geschäfte	Filialen, Besuche	Besuche, Messen
Bezahlung	Cash	Rechnung	Rechnung
Lager	Hoch	Keines	Eher klein
Einfluss auf Kunden	Gering, nur über POS	Gross, da oftmals direkt	Gross, da oft direkt
Kaufentscheid	Spontan	Spontan und langfristig	Langfristig
VF-Massnahmen	Sehr wichtig	Wichtig	Unbedeutend

Unterscheidung nach der Art der Vertriebsorgane
Man unterscheidet die Vertriebsorgane im Wesentlichen in:

   Händler

   Vertreter

Händler sind Eigentümer der Ware und verkaufen sie auf eigenen Namen und auf eigene Rechnung weiter.

> **Beispiele**
> Alleinvertreter, Importeure, Gross- und Einzelhändler.

Vertreter verkaufen im Namen und auf Rechnung des Herstellers und werden vom Hersteller hierfür entschädigt (in der Regel durch eine prozentuale Umsatzprovision). Sie erwerben damit niemals Eigentum an der von ihnen verkauften Ware. Unterhalten diese ein Lager, so «in Kommission», d. h. in eigenen Räumen, ohne aber Eigentümer der Ware zu sein.

> **Beispiele**
> Makler, Generalvertreter, Verkaufsvertreter.

Für den Produzenten liegt der Vorteil bei der Distribution mittels Händler (anstatt dem Vertreter):

- im Zeitpunkt, zu dem er sein Geld erhält (Ausnahme: Konsignationslager)
- in der Tatsache, dass er das Risiko des Untergangs der Ware weitergibt
- in der Weitergabe des Delkredere-Risikos, d. h. der Gefahr, dass ein Schuldner nach getätigtem Verkauf nicht zahlt

Die Handelsmarge ist deshalb in der Regel deutlich grösser als die Vertreterprovision.

Ein Sonderfall existiert in Form sogenannter Konsignationslager, die der Hersteller beim Händler einrichtet, um diesen zur Aufnahme seines Produktes in das Sortiment zu bewegen. In diesem Fall lagert der Hersteller seine Ware beim Händler auf dessen Kosten, der Händler bezahlt aber nur jenen Teil, den er tatsächlich verkauft. Der Verkauf erfolgt jedoch im Unterschied zum Vertreter auf Namen und Rechnung des Händlers.

Der Vollständigkeit halber sei erwähnt, dass die sogenannten Distributionsunterstützer (Transportunternehmen, unabhängige Lagerhäuser, Banken, Versicherungen usw.) ebenfalls zu den Vertriebsorganen gezählt werden. Diese übernehmen aber vor allem begleitend (unterstützend) zur eigentlichen marketingrelevanten Distribution wichtige Aufgaben: die Transportunternehmen bei der Auslieferung, die Banken bei der Abwicklung der Zahlungen (z. B. Akkreditive), die Lagerhäuser bei der Verwahrung der Produkte usw.

15.1.1.7 Unterscheidung nach dem Grad der Mobilität der Verkaufsstellen

Man unterscheidet hiernach:

- Ambulante (mobile) Verkaufsstellen
- Stationäre (ortsfeste) Verkaufsstellen

Während bei den stationären Verkaufsstellen der Endverbraucher zum Produkt «geht», bewegt sich im Fall der mobilen (ambulanten) Verkaufsstelle das Produkt zum Kunden.

Die Möglichkeiten der Wahl der Absatzkanäle lassen sich fast beliebig kombinieren. Um alle Möglichkeiten präsent zu haben, bietet sich eine Distributionsbox an.

Stationär		Mobil/Ambulant	
Nullstufig	Einstufig	Zweistufig	Dreistufig
Eigener Vertrieb	Gebundener Vertrieb		Unabhängiger Vertrieb
Handel		Vertreter	
Normal	Konsignationslager		

15.2 Organisationsformen des Handels

Der Handel hat sich vor allem im Konsumgüterbereich vielfältig organisiert. Dies tat er mit dem Ziel, die Marktmacht gegenüber vor- und nachgelagerten Stufen zu erhöhen und Kosten einzusparen.

Gründe für den Handel:

- Einbindung in ein Sortiment
- Verkaufskosten für den Hersteller zu hoch
- hohe Frequenz bei den Absatzmittlern

Im Einzelnen unterscheidet man folgende Formen der Handelsorganisation:

15.2.1 Unabhängige Detaillisten

Der unabhängige Kaufmann stellt die weitest verbreitete Art des Detailhändlers dar. Er handelt frei in der Wahl von Produkten, Lieferanten und Mitarbeitern (z. B. Bäckereien, Metzgereien, Kleidergeschäfte, Floristen etc.).

Für die Hersteller stellen diese Detaillisten ein dichtes Distributionsnetz dar, das allerdings nur mit grösstem Aufwand (häufige Besuche, kleine Mengen) genutzt werden kann. Daher bedient sich der Hersteller oftmals der Grossisten, die den Vertriebsaufwand auf ein breites Sortiment mehrerer Hersteller umlegen können.

Der unabhängige Detaillist wird im Zuge der Handelskonzentration seltener («Lädelisterben»).

Sie verfügen über begrenzte Verkaufs- und Lagerflächen und finanzielle Mittel.

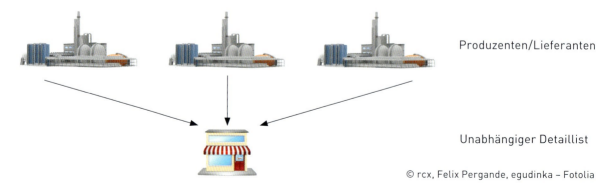

© rcx, Felix Pergande, egudinka – Fotolia

15.2.2 Angeschlossener Detailhandel

Unabhängige Detailhändler schliessen sich zusammen, um den Einkauf, die EDV und/oder das Marketing zu poolen und somit Kosten zu sparen. Beispiele sind Drogisten, Apotheken, Intersport und Electronic Partners.

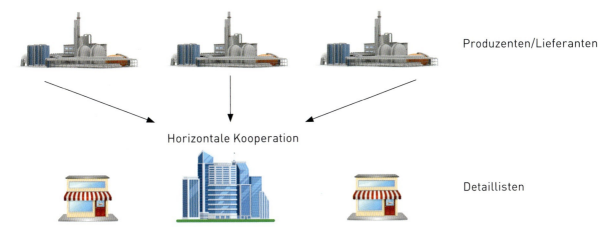

15.2.3 Freiwillige Ketten

Die Initiative zu Bildung freiwilliger Ketten ist von den Grossisten ausgegangen, um ein Gegengewicht zu den vollintegrierten Unternehmungen zu schaffen (z. B. Migros). Die freiwilligen Ketten ähneln zwar den Einkaufsgenossenschaften des Handels, sind mit ihnen aber nicht identisch. Der hauptsächliche Unterschied besteht in der Tatsache, dass es beim angeschlossenen Handel die Detaillisten sind, die sich zusammenfinden («horizontale Vereinigung»), während es im Falle der freiwilligen Ketten um eine Zusammenarbeit von Detaillisten und Grossisten geht («vertikale Kooperation»).

Das Ziel der freiwilligen Ketten liegt vor allem im zentralisierten Einkauf, dem verschiedene Dienstleistungen angegliedert sind, von denen die Mitglieder profitieren können. Die hauptsächlichen Tätigkeiten freiwilliger Ketten sind üblicherweise die folgenden:

- zusammengefasster Einkauf
- gemeinsame Werbekampagne (Verwendung von Fabrikationsmarken innerhalb der ganzen Kette)
- Standardisierung des Sortiments
- Rationalisierung der Verwaltungs- und Auslieferungsarbeiten (Bestellungen und Rechnungen)
- Unterstützung der Mitglieder in Geschäftsführung und Verkaufsmethoden (z. B. Warendisposition, Organisation der einzelnen Abteilungen)
- finanzielle Hilfe (Vermittlung langfristiger und kurzfristiger Kredite)

Die Entwicklung freiwilliger Ketten erfolgte rasch und ist noch nicht abgeschlossen. Sie umfassen heute einen wesentlichen Teil des Detailhandels und gewisse freiwillige Ketten haben ihre Tätigkeit sogar auf verschiedene Länder in Europa ausgedehnt. Beispiele dafür sind Spar, Denner Satelliten, Volg.

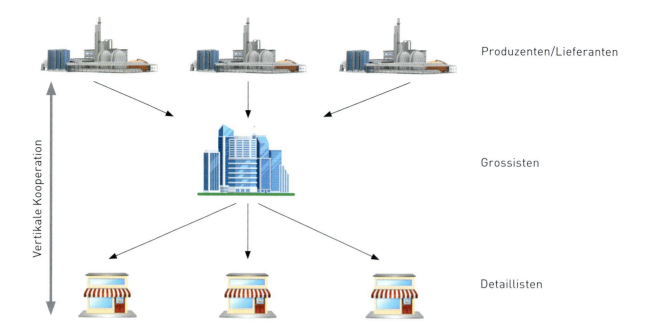

15.2.4 Integrierter Handel

Bei dieser Handelsform stehen die Verkaufsgeschäfte im Besitz einer Zentralorganisation, die sie beliefert und mit eigenem bezahltem Personal führt, oder durch Geschäftsleiter, die am Umsatz beteiligt sind – je nach gewähltem Modus. Diese Organisationen umfassen sowohl Gross- als auch Detailhandel. Man unterscheidet verschiedene Formen des integrierten Handels:

Gesellschaften mit eigenem ausgedehnten Filialnetz (sogenannte Filialgeschäfte)

Einkaufsgenossenschaften der Konsumenten (sogenannte Konsumentengenossenschaften)

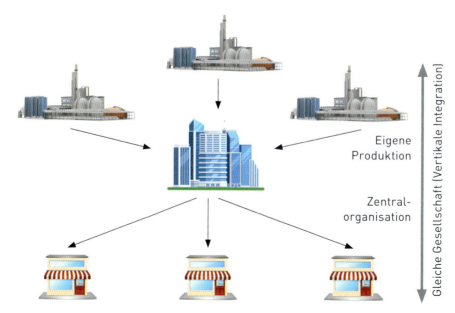

Die Gesellschaft mit ausgebautem Filialnetz

Die Gesellschaft mit entwickeltem Filialnetz ist sozusagen zur «industriellen Form» des Detailhandels geworden. Das Mutterhaus verfügt über ein Filialnetz, dieses wird mit einer Auswahl von Artikeln innerhalb eines abgestimmten Sortiments beliefert. Die Artikel werden in einem Zwischenlager auf Abruf bereitgestellt und nach Bestellung sofort an die Detailgeschäfte ausgeliefert. Die Bestellgrösse richtet sich nach der Verkaufsfrequenz. Die Muttergesellschaft kontrolliert die Geschäftsführung der einzelnen Tochter-Geschäfte, bildet das Personal aus und führt moderne Verkaufsmethoden ein. Die Errichtung eines Geschäftes, dessen Führung und sein Sortiment stützen sich auf vorausgehende Studien und Planungen und richten sich nach dem Profil der mutmasslichen Käuferschaft. Die Gesellschaften legen das Schwergewicht auf die Rentabilität (des investierten Kapitals und der abgewickelten Geschäfte) sowie auf einen hohen Leistungsgrad. Ihre Geschäftsführungsmethoden und ihre Finanzkraft verhelfen ihnen zu beträchtlicher Marktmacht. In den meisten europäischen Ländern besitzen sie denn auch ein entsprechendes Gewicht und entsprechende Marktanteile.

Einkaufsgenossenschaften der Konsumenten

Einkaufsgenossenschaften der Konsumenten stützen sich in ihrer juristischen Ausgestaltung auf den Grundgedanken der Genossenschaft. Die Genossenschaft verdankt ihren Ursprung der Initiative der Konsumenten, die sich in einer Organisation zusammenschlossen, um billiger in eigenen Geschäften einkaufen zu können; der erzielte Gewinn wird im Verhältnis der getätigten Verkäufe (in Form von Rückvergütungen) weiterverteilt.

GfK Switzerland: Grafik von Monika Mullis/SCHWEIZER BAUER

Anders als die Filialgeschäfte haben die traditionsbewussten Konsumgenossenschaften einige Führungsschwierigkeiten zu bewältigen und waren deshalb gezwungen, sich zu reorganisieren. Die Konsum-Genossenschaften befinden sich heute in einem starken Umwandlungsprozess. Ihre zentrale Organisation nimmt an Bedeutung zu. Moderne Führungsmethoden werden eingeführt, die Geschäfte modernisiert und neue Verkaufsstellen eröffnet. Heute sind Migros und Coop absolute Marktführer mit einem Marktanteil von zusammen über 70 %. Man könnte somit auch von einem Oligopol in der Schweiz sprechen. Zudem zeichnen sich beide Unternehmen durch einer enorm hohen Eigenproduktion aus (z. B. Migros, Micarna, Bina, Jowa etc.).

Food-verteiler	Waren-häuser	Beklei-dungs-filialisten	Schuh-filialisten	Sport-filialisten	Wohnungs-einrich-tungshäuser	Multimediafi-lialisten, On-linehändler	DIY Super-stores/Gar-ten Centers
coop	coop city	Beldona	BINGO	ATHLETI-CUM	Conforama	BRACK.CH Electronics	coop bau+hobby
Denner	Globus	C&A	Dosenbach	OCHSNER SPORT	FLY	Conforama	JUMBO
Migros	Manor	Herren Globus	MAX Shoes	Sports Lab	IKEA	dicitec.ch | GALAXUS	DO IT + GARDEN MIGROS
Spar		La Redoute	My SHOES	SPORT XX	interio	DIE POST	Wyss Samen Pflanzen
Volg		mode bay-ard group	Ochsner Shoes		Lumimart	Inter Discount	
		PKZ Gruppe	Tschüm-perlin		micasa MIGROS	Media Markt	
		SCHILD	Vögele Shoes		Pfister	m electronics Migros	
		Vögele			toptip	microspot.ch	
		WE				Office World	
						SATURN	
						STEG	

GfK Switzerland (2013): Markt Monitor Schweiz

15.2.5 Evolution von Handelsorganisationen

Organisationen unterliegen stets einer gewissen Entwicklung, auch Evolution genannt. Die Analyse verschiedener Branchen, vorwiegend aus dem Konsumgüter- und Industriebereich, hat ein Evolutionsschema ergeben, wie es sich in der folgenden Abbildung präsentiert.

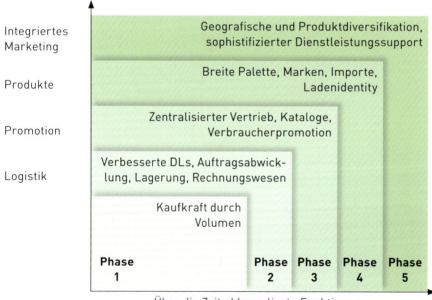

Entscheidungen beim Entwurf des Absatzkanals
Jeder Hersteller möchte seine Produkte möglichst effizient vertreiben. Zu beachten sind die folgenden drei Vorgehensschritte:

1. Feststellen der gegebenen **Beschränkungen** und Festlegung der **Absatzkanalziele**
2. **Differenzierung der Absatzkanalalternativen**
3. **Bewertung** der Absatzwegalternativen

15.2.6 Feststellen der gegebenen Beschränkungen und Festlegung der Absatzkanalziele

a) klare Beschreibung der zu bearbeitenden Märkte (Regionen, Segmente) anhand der Marketing-Ziele
b) Beurteilung der zur Verfügung stehenden Absatzkanäle
c) Erfassung der situationsbedingten Beschränkungen

- **Kundencharakteristika:**
  Zahl; geografische Verteilung; Dichte; Kaufgewohnheiten; Kaufkraft; Bedeutung der Lieferbereitschaft; Periodizität der Nachfrage; nachgefragte Menge; Preiselastizität; Art der erwünschten Bedingung/Zusatzleistung
- **Produktcharakteristika:**
  Verderblichkeit; Zerbrechlichkeit; Sperrigkeit; Standardisierbarkeit; Erklärungsbedarf; Lagerfähigkeit; Servicebedarf, Bearbeitungsbedarf; Dimension
- **Charakteristika des Zwischenhandels:**
  Eignung für Verkaufsverhandlungen; Verkaufsförderung; Lagerhaltung; Kontaktpflege; Image, Grössen-Struktur; Ausbildung; «Stand der Evolution»; Informationssysteme; Qualität; Kundennetz; Dichte und Verteilung usw.
- **Charakteristika der Konkurrenz:**
  erwünschte Nähe der Präsenz zu Konkurrenzproduktion; vorhandene Exklusivverträge der Konkurrenz; Innovations- und Profilierungsmöglichkeiten usw.
- **Charakteristika des Herstellers:**
  Grösse, Liquidität, finanzielle Mittel; Sortiment; Erfahrungen und Know-how; Kontakte; Marketing-Strategie; Image; geografische Herkunft, Kultur; Konjunkturlage/Bedeutung des Preises; gesetzliche Einschränkungen; Währungslage usw.

15.2.7 Differenzierung der Absatzkanalalternativen

Diese lassen sich grob anhand der Distributionsbox ermitteln. Um weiter zu detaillieren, sind folgende Fragen zu beantworten:

a) Wie intensiv soll die Verteilung sein? Sollen Gruppen von Händlern/Vertretern exklusive beliefert werden?
b) Welche Marketing-Aufgaben sollen den einzelnen Mitgliedern des Absatzkanals zugeteilt werden?
c) Welche Geschäftsbedingungen und Freiheiten sollen den Mitgliedern des Absatzkanals eingeräumt werden? Diese Festlegung bezeichnet man an «Handelsbeziehungen-Mix»: Preisfreiheit, Verkaufskonditionen (Zahlungsbedingungen, Garantieleistungen), territoriale Rechte, zu erbringende Serviceleistungen.

Bewertung der Absatzwegalternativen
Die Bewertung der erarbeiteten Alternativen erfolgt anhand von vier Kriterien:

a) **Wirtschaftliche Kriterien**
   Gegenüberstellung der Kosten in den alternativen Kanälen bei den geplanten Umsätzen (inkl. Break-even-Analysen).
b) **Marketingstrategische Kriterien**
   Besteht Harmonie zwischen der Alternative und unserer Marketingstrategie (inkl. Image Produkt/Firma, Preisniveau, Kommunikationsmittel und -aufwand, Produktionskapazität, Marketing-Infrastruktur)? Besteht Harmonie zwischen allfälligen konkurrierenden Absatzkanälen? Bietet sich eine Chance zur Differenzierung?
c) **Kontrollkriterien**
   Welches Mass an Einfluss auf die Vertriebsstufen steht uns offen? Welches Feedback ist möglich?
d) **Anpassungskriterien**
   Wie flexibel sind wir bezüglich Anpassungen an veränderte Verhältnisse?

15.3 Distributionsdifferenzierung

Je nach gewünschter Marktabdeckung wird eine exklusive, selektive oder intensive Distribution gewählt.

Exklusive Distribution
Von exklusiver Distribution spricht man, wenn ein einzelner Absatzmittler allein pro Region oder Branche für das eigene Unternehmen tätig ist.

Exklusivität

Es ist die Distributionsform, die dem eigenen Vertrieb am nächsten kommt. Sie baut auf eine enge Zusammenarbeit zwischen Hersteller und Absatzmittler und ist dort zu empfehlen, wo der Kunde das angebotene Produkt sucht und sich nicht scheut, zu einem ihm unbekannten oder gar unerwünschten Absatzmittler zu gehen, um das Produkt zu erwerben.

Im Zusammenhang mit exklusiver Distribution spricht man auch von vertikaler Kooperation. Damit will man ausdrücken, dass Produzent und Absatzmittler so zusammenarbeiten, dass sie aus «einem Guss» operieren. Meistens setzt dies eine zweiseitige Exklusivität voraus, d.h. der Absatzmittler hat nicht nur die exklusiven Vertriebsrechte in seinem Gebiet, sondern er verpflichtet sich auch, in seinem Sortiment kein Konkurrenzprodukt zu führen.

Selektive Distribution
In einer selektiven Distribution sind nur einzelne, speziell ausgewählte Absatzmittler für das eigene Unternehmen tätig.

Die selektive Distribution kann die Folge einer selektiven Marketingstrategie sein. Der Produzent wählt nur Absatzmittler, die dem Charakter seines Produktes und der Art, wie er diese im Markt zeigen will, entsprechen.

Selektive Distribution liegt aber auch vor, wenn durch wenige Absatzmittler bereits eine genügende Marktabdeckung erreicht wird. Dies gilt beispielsweise für Produkte mit einer gewissen Bekanntheit, wie Fahrradmarken, Haushaltgeräte, Werkzeuge oder Personal Computer. Der Kunde verlangt nach der entsprechenden Marke und sucht sich den Absatzmittler, der diese führt. Allerdings ist der Kunde nicht bereit, beliebig grossen Suchaufwand zu betreiben.

Intensive Distribution

Bei der intensiven Distribution will man so viele Absatzmittler wie möglich zu Förderung des Produktes einschalten. Man sucht eine möglichst breite Marktabdeckung, da man weiss, dass der Marktanteil direkt von der erreichten Distribution abhängt.

Man geht davon aus, dass bei intensiver distribuierten Produkten häufiger Impulskäufe stattfinden. Diese Art der Distribution ist bei alltäglichen Gebrauchsartikeln üblich.

Benötigt ein Produkt spezielle Unterstützung wie Service oder Reparatur, so kann eine intensive Distribution auch kontraproduktiv wirken, da der Kunde, der diese spezielle Dienstleistung von seinem Absatzmittler nicht erhält, das Produkt kaum ein zweites Mal kaufen wird.

15.4 Standort

Der Standort eines Unternehmens spielt neben der Beschaffung von Gütern auch für den Absatz von Gütern und Dienstleistungen eine entscheidende Rolle. So ist der Landwirt im wahrsten Sinne des Wortes an die Scholle gebunden; dem Transport von landwirtschaftlichen Gütern über längere Strecken sind wegen der Verderblichkeit Grenzen gesetzt. Beim sekundären Wirtschaftssektor hat die Verfügbarkeit von Energie und Rohstoffen, Arbeitskräften usw. einen massgebenden Einfluss auf die Standortwahl. Und beim Dienstleistungssektor zählt fast ausnahmslos die Kundennähe.

15.4.1 Standortwahl

Bedeutung des Standorts

Der Standort eines Unternehmens ist meist nur historisch erklärbar. Grundsätzlich ist es einfacher, auf der «grünen Wiese» einen neuen Standort zu bauen. Aldi und Lidl nutzen z. B. die gute Verkehrsanbindung, günstiges Bauland und unterschreiten oftmals die Anzahl der Parkplätze von 100, um diese nicht bewirtschaften zu müssen.

Zudem ist es wichtig, verschiedene Kriterien wie Image, Kosten, Erreichbarkeit etc. zu berücksichtigen.

Verschiedene Standorte

Grundsätzlich können folgende fünf Standorte unterschieden werden:

- Produktionsstätte
- Rohstoff- und Halbfabrikatelager
- Verwaltung
- Filialen
- Fertigfabrikatelager

15.4.2 Standortfaktoren

Standortfaktoren dienen der Beurteilung eines Standorts. Dieses Problem stellt sich vor allem beim Ausbau oder bei der Redimensionierung einer Unternehmung. Man analysiert den Standort aufgrund von wenigen «Kernfaktoren» und erhält damit möglichst schnell eine Entscheidungshilfe.

Bestimmungsfaktoren

Nach einer Vorlage des amerikanischen Industrial Development Research Council wurde eine solche Liste der Standortfaktoren für europäische Verhältnisse überarbeitet. Als allgemeine Kriterien für die Standortbestimmung gelten:

Ressourcen	Infrastrukturen	Staatliche Auflagen	Immaterielle Werte
– Arbeitskräfte – Rohstoffe – Energieversorgung – Wasserversorgung	– Märkte – Transport und Verkehr – Nachrichtenverbindungen – Dienstleistungen	– Raumplanung – Öffentliche Wirtschaftsförderung – Steuern und Abgaben	– Wohnwert – Klima – Reinhaltung der Umwelt – Prestige

Jedes dieser Kriterien wird weiter differenziert. Am Beispiel Märkte und Arbeitskräfte werden solche Kriterien aufgezeigt.

© Rawf8 – Fotolia

Standortfaktor Markt
Bei diesem Bestimmungsfaktor ist entscheidend, dass die Konsumenten am gewählten Standort ihr Geld ausgeben. Typisches Beispiel sind die sogenannten Schlafstätten in den Vorortsregionen der grossen Städte. Die in der Grossstadt arbeitenden Bewohner dieser Siedlungen pflegen mehrheitlich noch am Arbeitsort oder im Einkaufszentrum ihr Geld auszugeben.

Märkte	
Beschreibung Vergangene, gegenwärtige und zu erwartende Trends der Nachfrage im Wirtschaftszweig **Standort** Übersichtsplan über das Stadtgebiet, vorhandene und geplante Strassen und Eisenbahnen Topografie, gegenwärtige Bebauung und Bebauungspläne, Verwaltungsgrenzen **Bevölkerungsveränderungen** Unterteilung nach Altersgruppen und Geschlecht, Bildungsstand, Wachstumsrate **Einkommensentwicklung** Verfügbares Einkommen, gesamt, pro Kopf und Familie, Einkommensverteilung nach Gruppen (Alters-, Berufsgruppen) **Verbraucherdaten** Durchschnittliche Familiengrösse Berufe Besitz von Eigenheimen, Autos, Haushaltgeräten	**Marktanteile im Einzelhandel** Anteil der einzelnen Handelsformen (Kaufhaus, Verbrauchermarkt, Einzelhändler etc.) Saisonale Umsatzschwankungen Artikel mit örtlich besonders hohem Umsatz **Industriemärkte** Wichtige Industriezweige Industrieproduktion Industriebedarf an Gütern und Dienstleistungen Zugang und Abgang von Industrien aus dem Gebiet (Gründe) Industriewachstum und bekannte Expansionspläne bestehender Industrien Zweigwerke wirtschaftlich starker Firmen **Konkurrenz** Frühere Umsätze der Konkurrenzfirmen in dem gleichen Gebiet, verglichen mit den eigenen Umsätzen Standorte der Konkurrenz Mögliche neue Standorte der Konkurrenz als Reaktion auf die eigene Standortwahl Möglicherweise neu entstehende Konkurrenz Zukünftiger Marktanteil der zu erwartenden Konkurrenz

15.4.3 Standortplanung

Planungsprozess
Voraussetzung zur Planung eines Standorts sind klare unternehmungs- und absatzpolitische Zielsetzungen. Beispiele solcher Ziele sind:

- Erschliessung neuer Märkte
- Verbesserung des Kundenservice
- Abwehr von Konkurrenzmassnahmen
- Kostensenkung in der Verwaltung und Produktion
- Ausweitung der Fertigung

Eine Berechnung der Wirtschaftlichkeit eines Standorts und ein Vergleich mit anderen Standorten kann erst aufgrund solcher Vorgaben erfolgen.

Bewertungs- und Beurteilungsmethoden

Die gebräuchlichste Methode ist die gewichtete Nutzwertanalyse.

Kriterien	Gewichtung	A	A × G	B	B × G	C	C × G
Standort							
Hauptstrasse	7	5	35	7	49	3	21
Nähe zu anderen Geschäften	9	5	45	3	27	10	90
Lagernähe	8	10	80	8	64	6	48
Kosten							
steuerliche Belastung	6	4	24	5	30	5	30
Bau-/Mietkosten	15	6	90	7	105	4	60
Werbung	10	7	70	4	40	8	80
Gewinnpotenziale							
wenig Konkurrenz	15	3	45	4	60	3	45
Kunden sind offen für Neues	10	5	50	5	50	6	60
Arbeitslosenquote gering	20	7	140	5	100	6	120
Gesamt	100		579		525		554
Rang			1		3		2

1 = schlecht, 10 = sehr gut

Standortkonzept

1. Analyse
2. Ziele
3. Kriterien und Gewichtung definieren
4. Suche nach Standorten
5. Bewertung der Möglichkeiten
6. Entscheid
7. Umsetzung (Plan, Budget etc.)
8. Kontrolle

Der Aufbau enthält nachfolgende neun Schritte.

1. Schritt: Angaben und Vorgaben aus dem Marketingkonzept
Zuerst erfolgt die Beschaffung der übergeordneten Angaben aus dem Marketingkonzept, vor allem der Entscheid über die zu wählenden Absatzwege und allenfalls zu bearbeitende Kanäle. Möglicherweise finden sich auch Angaben in den Unternehmenszielen.

2. Schritt: Situationsanalyse
– Zuerst betrachtet man die bisherige Vertriebspolitik. Was haben wir bisher gut gemacht, wo gab es Probleme?
– Wir formulieren die distributionsspezifische Ausgangslage unter Berücksichtigung von Rahmenbedingungen und Problempunkten.
– Was haben wir für eine Infrastruktur in der eigenen Organisation, bei den Handelspartnern? Was für eine Infrastruktur hat unsere Konkurrenz?

- Was wird für einen optimalen Ablauf benötigt?
- Was gibt es für Trends und Entwicklungen im Bereich Vertrieb? Gibt es allenfalls neue alternative Methoden, neue Hilfsmittel in der Logistik und der Kundenbearbeitung?

3. Schritt: Zielsetzungen
- Aufgrund dieser Ausgangslage sowie der Vorgaben erfolgt die Festlegung der qualitativen und quantitativen Distributionsziele.
- Was streben wir für eine Distributionsdifferenzierung (intensiv, selektiv, exklusiv) an?
- Was für einen Lieferservice wollen wir bieten?
- Was für eine Marktdurchdringung wollen wir erreichen (Distributionskennziffern: numerische und gewichtete Distribution)?

4. Schritt: Vertriebsstrategie (Vertrieb, Logistik, Standort)
In diesem Schritt werden die strategischen Entscheidungen getroffen. Man legt die Vertriebsstrategie fest (z. B. direkt, indirekt, Absatzkanäle) und fällt den Entscheid betreffend Differenzierung und Handelsstufen.
Auch die Logistikstrategie (Lieferservice, Lager, Transport usw.) und die Frage des Standorts (sofern relevant und allenfalls veränderbar) werden festgelegt.

5. Schritt: Bestimmung der Infrastruktur
Es wird die Infrastruktur bestimmt, die benötigt wird, um die Aufgaben gemäss Strategie zu bewältigen. Der Aufbau und die Anpassung müssen der Strategie entsprechen. Selbstverständlich ist nicht in jedem Fall eine Anpassung notwendig. In der Situationsanalyse wurde festgestellt, was vorhanden ist. Wenn keine Anpassungen nötig sind, kann dieser Punkt auch übersprungen werden.

6. Schritt: Erarbeitung eines konkreten Durchführungsplans
Aufgrund der Zielsetzung und der strategischen Planung sind hier die konkret durchzuführenden Massnahmen festzulegen. Es geht z. B. darum, mit welchen Massnahmen wir die Handelspartner gewinnen und möglichst an unser Unternehmen binden, wie wir den Lieferservice gestalten und den Transport organisieren wollen. Dann werden die Massnahmenpläne erstellt. Was wird gemacht, wann soll das erledigt sein und wer ist verantwortlich dafür?

7. Schritt: Budget
Auf der Basis der Strategie und der Massnahmen wird nun ein detailliertes Budget aufgestellt, das den finanziellen Rahmen für die Vertriebsaktivitäten bestimmt. Alle Kosten werden übersichtlich zusammengetragen (Massnahmen für den Handel, Infrastrukturanpassungen, Listinggebühren, Lager, Transport usw.).

8. Schritt: Realisierung
Nun geht es an die Umsetzung des Konzepts. Je genauer geplant wurde, desto einfacher ist die Realisierung.

9. Schritt: Kontrolle
Wie bei jedem Konzept, steht auch beim Distributionskonzept am Schluss die Kontrolle. Es ist im Detail zu prüfen, ob die operativen und strategischen Ziele erreicht wurden und wo allenfalls Abweichungen bestehen. Was sind die Ursachen der Abweichung und was für Massnahmen können eingeleitet werden?

Es müssen laufend die Angaben der Marktforschung, z. B. von Nielsen, eigene Statistiken und auch eigene Beobachtungen in den Verkaufsstellen berücksichtigt werden, beispielsweise: Welchen numerischen und gewichteten Distributionsgrad haben wir erreicht?

Einzelne Schritte können in der Praxis in unterschiedlicher Reihenfolge erarbeitet oder auch weggelassen werden.

Durchführungsplan
Der Durchführungsplan hält die zu realisierenden Schritte in einer chronologischen Reihenfolge fest, teilt Verantwortlichkeiten zu und dient als Kontrollinstrument bei der termingerechten Realisation.

In einen Durchführungsplan gehören:

Was?	Was für eine Massnahme?
Wann?	Bis wann soll sie erledigt sein?
Wer?	Wer ist verantwortlich für die Realisierung?
Kontrolle?	Wie wird kontrolliert und was für eine Massnahme wird bei Bedarf eingeleitet?

Distributionskosten
Zunächst müssen wir wissen, was für Kosten in der Distribution entstehen können. Wir führen nachfolgend einige Distributionskosten auf:

- Aufbau der Infrastruktur (Investitionen für Lager, Transportmittel)
- Abschreibungen auf Investitionen
- Lagerkosten (Wert der Waren am Lager, Lagerraummiete, Kühlgeräte usw.)
- Transportkosten
- Löhne der Mitarbeitenden in der Distribution (Lager, Transport, evtl. Verkauf)
- Listinggebühren
- Auslistungs-Verhinderungs-Gebühren
- Umsatzprozente an den Handel für Administration
- Einführungsrabatte
- Vertriebsmarge (Handelsmarge, evtl. Gross- und Detailhandelsmarge)
- Händlergeschenke, Einladungen
- Tagungen mit Absatzmittlern, Schulungen
- Verkaufsordner für den Handel (auch andere Werbemittel)
- Werbekostenbeiträge
- permanentes Merchandising (falls nicht dem Verkaufsbudget zugeordnet)
- Verkaufskosten (evtl. eigenes Verkaufsbudget)
- EDV, Administration

Aufgaben zu Kapitel 15

1. Nennen und beschreiben Sie vier INCOTERMS-Formeln.

2. Welche Formen der Distributionsdifferenzierung kennen Sie?

3. Nennen Sie je ein Beispiel.

4. Welche Grade der Bindung des Vertriebs kennen Sie?

5. Nennen Sie die Formen der Handelsorganisationen.

6. In welcher Phase der Handelsevolution befindet sich Intersport?

7. Nennen Sie je vier wichtige Standortfaktoren für folgende Unternehmungen: Filiale Helsana Versicherung, Logistikcenter der Migros, Produktionsstandort der Firma Bühler AG.

16 Physische Distribution

Lernziele
Nach der Bearbeitung dieses Kapitels ...

- kennen Sie die 8 Rs.
- kennen Sie die vertikale und horizontale Lagerorganisation.
- können Sie Begriffe wie ECR, CRP, Cross Docking, VMI, Milk Run, CPFR, RFID beschreiben.
- kennen Sie die Verpackungsfunktionen.
- können Sie eine Distributionskontrolle durchführen.
- können Sie physische Distributionsziele definieren.

16.1 Einleitung

Unter physischer Distribution versteht man die Logistik, die Warenbewegung vom Hersteller bis zum Endkunden.

Ziel der Logistik ist es, eine optimale Warenversorgung zu geringen Kosten zu gewährleisten. Dabei gibt es wichtige Unterschiede zwischen der Investitionsgüterindustrie und den Konsumgütern.

Grundsätzlich werden folgende 8 Rs beantwortet:

- Richtige Qualität
- Richtiger Ort
- Richtige Kosten
- Richtige Informationen
- Richtige Transportmittel
- Richtige Zeit
- Richtige Verpackung
- Richtige Menge

Entlang der Wertschöpfungskette spricht man von Beschaffungs-, Produktions- und Absatzlogistik. Für eine optimale Versorgung benötigen wir folgende Instrumente:

- Lagerbewirtschaftung
- Transport
- Verpackung
- Auftragsabwicklung

In der Automobilindustrie spricht man von JIT (Just in Time), d. h. das Lager befindet sich eigentlich auf der Strasse (auf den Lkw der Lieferanten), die minutengenau die jeweiligen Bänder der Automobilproduzenten beliefern.

16.2 Serviceniveau

Der Kunde beurteilt das Serviceniveau z. B. nach folgenden Leistungen:

- Geschwindigkeit der Lieferung
- Sorgfalt
- Kulanz bei mangelhafter Lieferung
- Ersatzteilversorgung, Installations- und Instandhaltedienst
- Kosten
- Kompetenz und Freundlichkeit des Kontaktpersonals
- Information (z. B. Track and Trace)
- umweltgerecht

Beispiele von Distributionszielen
- Lieferung innert 24 Stunden nach Bestelleingang
- 80 % des Sortiments sind am Lager
- Fehllieferquote ist unter 0,5 %
- Out-of-Stock-Rate ist kleiner als 1 % (nicht verfügbar im Verkaufsraum)
- 35 % der Transporte erfolgen durch die Bahn

16.3 Servicekosten

Die Kosten spielen in der Distribution eine grosse Rolle. Bei Investitionsgütern rechnet man mit ca. 5–10 % vom Verkaufspreis, bei Konsumgütern kann der Anteil bis zu 30 % betragen.

Wichtige Faktoren sind:

Wahl der Transportwege

Wahl der Lieferrhythmen

Wahl des Transportmittels

Wahl der Transportverpackung

Wahl der Transportmengen

16.4 Kosteneinsparung durch E-Procurement in Unternehmen

Nur 50 % der Kleinunternehmer nutzen E-Business. Bei Unternehmen mit mehr als 250 Beschäftigten nutzen über 80 % E-Business. Die Nutzung von E-Business wird insbesondere in den Bereichen Marketing, Vertrieb, elektronische Beschaffung, Kundendienst, Logistik, Auftragsabwicklung und Lieferantenbeziehungen eingesetzt.

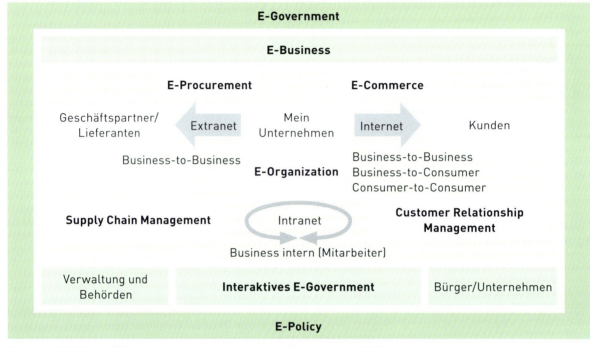

Schubert, P, Wölfle, R. E-Business erfolgreich planen und realisiern. Hanser; 2000.

16.5 Supply-Chain-Management

Durch eine optimale Steuerung und Koordination der Warenflusskette kann eine optimale Warenversorgung zu geringen Kosten sichergestellt werden. Ein standardisierter Datenaustausch (EDI = Electronic Data Interchange) vereinfacht diesen Prozess.

Distributionsstruktur
Die Standortauswahl für ein Auslieferungs- oder Zentrallager ist von besonderer Bedeutung. Rasche Erreichbarkeit, Ausbaumöglichkeiten, verkehrspolitische Entwicklungen etc. müssen dabei beachtet werden.

Die Distributionsstruktur eines Warenverteilungssystems hängt von folgenden Elementen ab, die zueinander in enger Beziehung stehen:

1. Zahl der unterschiedlichen Lagerstufen
2. Zahl der Lager auf jeder Stufe sowie deren Standort
3. räumliche Zuordnung der Lager zu den Absatzgebieten.

16.5.1 Vertikale Distributionsstruktur

Die vertikale Distributionsstruktur gibt an, wie viele unterschiedliche Lagerstufen vorhanden sind. Man kann zwischen vier Lagerstufen unterscheiden:

- Werkslager/Fertigwarenlager
- Zentrallager
- Regionallager
- Auslieferungslager

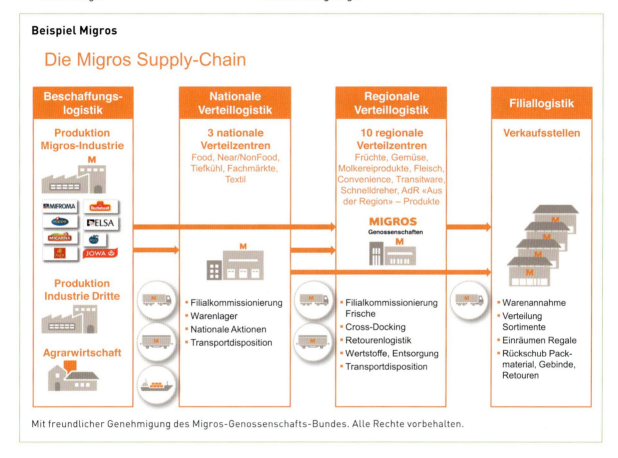

Mit freundlicher Genehmigung des Migros-Genossenschafts-Bundes. Alle Rechte vorbehalten.

16.5.2 Horizontale Distributionsstruktur

Die horizontale Distributionsstruktur gibt die Anzahl der Lager pro Stufe und ihre unterschiedliche Standortbestimmung (Infrastruktur) an.

16.5.3 Kostenstruktur der Distributionslogistik

Die Unternehmensstrategie und die davon abgeleiteten Distributionsziele entscheiden die Lieferservicepolitik eines Unternehmens.

Folgende Faktoren beeinflussen die Kostenstruktur der Distributionslogistik:

- Anzahl und Grösse der Lager
- Auslieferungskosten zum Kunden
- Bestandshöhe
- Transportkosten

16.5.4 Efficient Consumer Response (ECR)

Der Kunde steht im Zentrum, d.h. eine Kundenorientierung steuert den Weg des Produktes von der Herstellung bis zum Verkauf. Somit kann eine effiziente Reaktion auf die Kundennachfragen sichergestellt werden.

ECR setzt sich aus mehreren Bestandteilen zusammen, die entweder unter Logistik- oder Marketingstrategien einzuordnen sind. Es verbindet Logistik und Marketing mithilfe von Informationstechnologie. Das ECR-Konzept verspricht bemerkenswerte Einsparpotenziale. Durch eine Optimierung des Sortiments können Out-of-Stock-Situationen vermieden werden. Dies kann, wie einige ECR-Projekte zeigen, zu Umsatzsteigerungen von bis zu 35 % führen.

Zusammenfassend bietet ECR folgende Potenziale:

- Reduzierung der Bestandshöhen im Distributionszentrum von über 40 %
- optimierte Nutzung der Transportkapazitäten um bis zu 20 %
- Reduzierung der Durchlaufzeiten von 50–80 %
- Reduzierung der Prozesskosten um bis zu 50 %
- Erhöhung der Produktverfügbarkeit am Point of Sales um 2–5 %

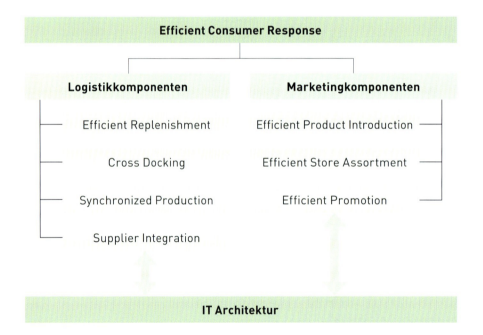

16.5.4.1 Logistikkomponenten

Efficient Replenishment kann als «kontinuierlicher Warennachschub» bezeichnet werden. Es wird das Ziel einer Zeit- und Kostenreduzierung beim Warenfluss mithilfe eines automatischen Bestellwesens verfolgt. Der Abgang der Ware beim Hersteller erfolgt mithilfe eines Scanners, der die Daten vom Barcode der Waren abliest und weitergibt. Die sofortige Übermittlung der Verkaufsdaten am Point of Sales wird über Kommunikationsstandards wie z.B. über das Internet mit WebEDI realisiert. Beim Erreichen des Mindestbestandes wird der Bestellprozess ausgelöst. Mit Vendor Managed Inventory (lieferantengesteuerte Bestandsführung) übernimmt der Lieferant eine grössere Verantwortung. Aus Sicht des Verkaufs ist es zudem eine wichtige Kundenbindungsmassnahme.

Ziele von ECR/VMI:

- Kostensenkung (Transport und Lager)
- kürzere Durchlaufzeiten
- Qualitätsverbesserungen
- höhere Flexibilität

© kamonrat – Fotolia

Efficient Replenishment besteht aus folgenden Elementen:

Continuous Replenishment Program (CRP)
Der Begriff **Continuous Replenishment** (CRP) oder **Efficient Replenishment** (kontinuierliche Warenversorgung) ist ein partnerschaftliches und automatisiertes Wiederbestellsystem, der tatsächliche Verkauf oder die Bestellprognosen bestimmen den Bestellprozess.

Logistik-Pooling
Um die Kosten in der Logistik zu optimieren, gibt es verschiedene Möglichkeiten:

Roll Cage Sequencing
Roll Cage Sequencing ist eine filialgerechte Kommissioniermethode, bei der die Palette, die zuerst geliefert wird, zuletzt geladen wird.

Synchronized Production
Synchronized Production (synchronisierte Fertigung) bezeichnet die Abstimmung der Kundennachfrage mit der Produktion des Lieferanten (Pull-Prinzip). Der Lieferant kann durch den frühzeitigen Erhalt der Verkaufsdaten des Kunden seine Produktionsplanung und -steuerung optimieren.

Supplier Integration
Supplier Integration (Zulieferintegration) meint die Zusammenarbeit mit wenigen Systemlieferanten. Durch die Kooperation mit wenigen Lieferanten sind eine engere Zusammenarbeit und eine bessere Qualitätskontrolle möglich.

Cross Docking
Cross Docking ist eine Form der Warenverteilung, die aufgrund des Engpasses an Laderampen aufgekommen ist. Vor allem in Innenstädten ist es oft schwierig, wenn mehrere Lieferanten in engen Strassen Händler beliefern wollen, zudem ist die Zufahrt oftmals zeitlich beschränkt.

In der Schweiz ist die Firma Pistor (Lieferant für Bäckereien/Konditoreien und Gastronomie) ein erfolgreiches Beispiel für diese Methode.

Zudem nutzen diese Dienstleistung heute auch viele Versandhäuser, z. B. Manor, Lagerung und Lieferung übernimmt eine externe Firma im Bereich E-Commerce. Die Waren mehrerer Hersteller werden zu einem Transshipment Point gebracht. Dabei handelt es sich um ein Distributionszentrum, das als Umschlagplatz dient. Die Lkws docken an einer Rampe, der «Docking Station», an und werden entladen. Danach erfolgt ohne Zwischenlagerung, entsprechend den Bestellungen, die filialgerechte Kommissionierung. Die kundenspezifisch zusammengestellten Waren werden dann an der quer gegenüberliegenden Rampe bereitgestellt, auf andere Lkws verladen und dem Kunden (hauptsächlich dem Einzelhandel) ausgeliefert.

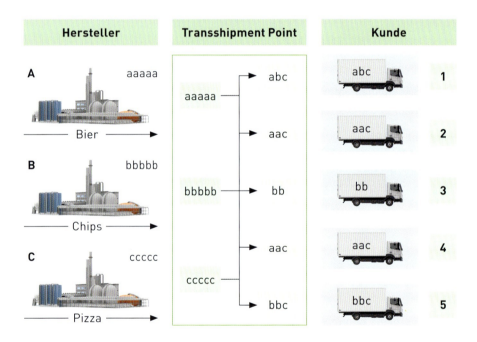

Vendor Managed Inventory (VMI)
VMI ist ein Konzept des Efficient Replenishment und beinhaltet die selbstständige Lagerdisposition durch den Lieferanten beim Hersteller. So übernimmt der Lieferant das Bestandsmanagement des Herstellers. Voraussetzung dafür ist die informationstechnologische Verknüpfung beider Parteien. Der Lieferant muss in der Lage sein, permanent aktuelle Bestände im Lager seines Kunden abzurufen. Eine in diesem Zusammenhang oft genutzte Technologie ist EDI.

Der Lieferant erstellt selbstständig auf Grundlage der übermittelten Daten eine Prognose des Kundenverbrauchs, ermittelt Lieferzeitpunkte und -mengen, startet daraufhin die Aufträge in der Produktion und füllt letztlich die Bestände des Kunden auf. Eine ständige Überwachung der Ergebnisse stellt die Optimierung von Umschlaghäufigkeit und Lieferbereitschaft sicher. Dadurch werden Kosten reduziert und die Kundenzufriedenheit erhöht, was eine Verbesserung der Wettbewerbsfähigkeit zur Folge hat.

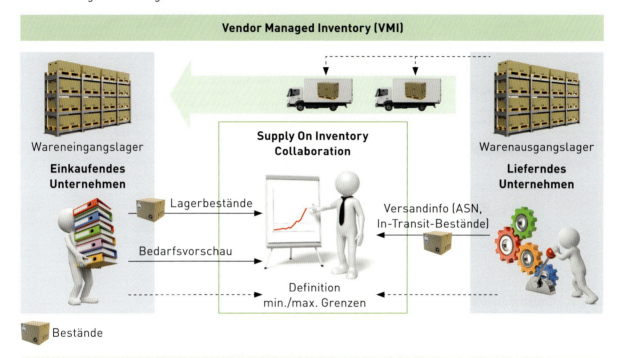

Lieferant steuert eigenständig das Lager des Kunden innerhalb definierter Min.-/Max.-Grenzen

Vorteile von VMI im Überblick

- optimierte Produktionsplanung und Auslastung der Kapazitäten
- aktuelle Bestände und Bedarfsprognose für alle Partner transparent
- Warnmeldungen von möglichen Engpässen im Vorfeld
- senken von Lager-, Fracht- und Verwaltungskosten
- Vermeidung von Lieferengpässen oder Überlieferungen, Sonderschichten sowie kostspieligen Sondertransporten
- Reduzierung von Beständen und Kapitalbindungskosten

16.5.4.2 Milk Run

Der Milk Run (Milchmann-Prinzip) bezeichnet eine Sonderform des Direkttransportes auf einer festgelegten Route mit vorgegebenen Abfahrts- und Ankunftszeiten bei den Absendern und Empfängern. Man kann diese Methode auch mit einer vorgegebenen Busroute vergleichen.

Innerhalb der geschlossenen Route fährt ein Spediteur mehrere Lieferanten an, sammelt die auszuliefernden Produkte ein und transportiert diese zum Abnehmer. Bei einem Milk Run werden die Lieferungen ab Werk bezogen. In der Regel sollte ein Milk Run aus zwei bis zehn Lieferanten bestehen, um eine optimale Auslastung des Ladevolumens zu erzielen.

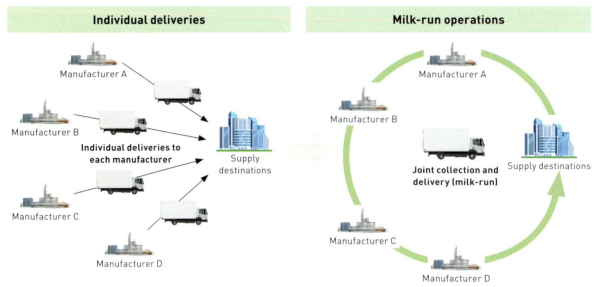

Nippon Express Co.,Ltd. (http://www.nipponexpress.com/)

16.5.5 Collaborative Planning, Forecasting and Replenishment (CPFR)

Durch die Entwicklung von einer Push- zur Pull-Produktion wird eine genaue Abstimmung der Prozesse (Produktion, Lagerung, Lieferung etc.) enorm wichtig, um erhöhte Lagerbestände zu vermeiden oder Kosten einzusparen.

CPFR bedeutet übersetzt «kooperatives Planen, Prognostizieren und Managen von Warenströmen». Zentraler Punkt ist dabei das Erstellen einer möglichst genauen Bedarfsprognose durch ein Planungsteam, das aus Logistikern und Marketingmitarbeitern aus Industrie und Handel zusammengesetzt ist.

16.5.6 Telematiksysteme und Strategien der Sendungsverfolgung

Telematik setzt sich aus den Begriffen Telekommunikation und Informatik zusammen. Telematik beinhaltet den direkten Datenaustausch und die Verarbeitung zwischen beliebiger Informationstechnik und mobiler Kommunikationstechnik auf digitaler Basis. In Verbindung mit dem Internet bietet die Telematik jedem Unternehmen im Bereich der internen und externen Logistik Einsparpotenziale.

Zu den Vorteilen der internetbasierten Telematiksysteme zählen:

- Ortung und Routenplanung, Kommunikation zwischen Disponent und Fahrer
- Kosten- und Leistungsvergleich zwischen Fahrzeugen
- Leistungsvergleich zwischen Fahrern
- bessere Kommunikation mit Kunden und Kooperationspartnern
- bessere Abstimmung der Einsatzzeiten, weniger Leerfahrten
- Optimierung der wartungsbedingten Stillstandzeiten

16.5.6.1 Tracking and Tracing

Unter Tracking and Tracing versteht man die Sendungsverfolgung per Internet in der Transportlogistik. Damit ist eine effektive Bewältigung des bereits seit Jahren dynamisch wachsenden Aufkommens von Gütertransporten in Industrie und Handel möglich. Die zunehmende Globalisierung hat einen steigenden internationalen Materialfluss zur Folge. Dabei stehen Unternehmen vor der Herausforderung, diesen Materialfluss zu optimieren, um lokale Überbestände bzw. -engpässe zu vermeiden.

16.5.6.2 Barcoding

Der Barcode ist ein maschinell lesbarer Strichcode, der auf sämtlichen Produkten bzw. Produktverpackungen aufgedruckt ist. Mithilfe eines Scanners wird der Strichcode eingescannt und der Abgang der Ware verbucht.

Der Barcode enthält u. a. Informationen über den Artikel, den Bestimmungsort sowie die Artikelherkunft, die anhand der ersten Ziffer zu erkennen ist. In produzierenden Unternehmen erhalten alle Arbeitsgänge von Fertigungsaufträgen ebenfalls Barcodes. Mithilfe des Barcodelesers wird jeder Arbeitsgang nach Beendigung im ERP-System zurückgemeldet. Dadurch besitzen der Vertrieb, die Montage oder andere Stellen die Möglichkeit, sich ständig über den Arbeitsfortschritt von Aufträgen zu informieren.

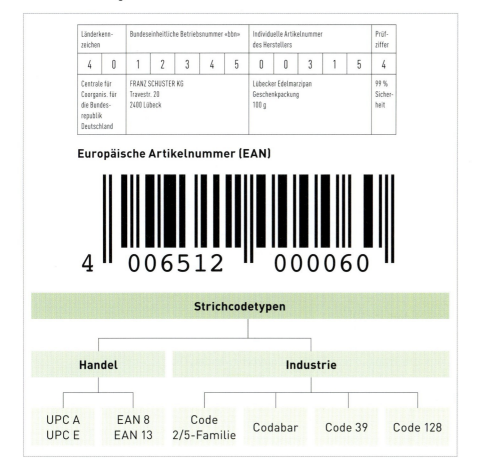

16 Physische Distribution

16.5.6.3 EAN-Codes

Der bekannteste Barcode ist die 13-stellige, rein numerische europaeinheitliche Artikelnummer (EAN), die dem amerikanischen UPC-System (12-stelliger numerischer Code) sehr ähnlich ist.

Die Bestandteile des EAN-Codes sind:

Länderkennzeichen:	2-stellig
Betriebsnummer:	5-stellig (wird in der Schweiz von EAN Schweiz vergeben)
Artikel-Nummer:	5-stellig (wird vom Hersteller festgelegt)
Prüfziffer:	1-stellig (wird vom System errechnet)

Einige Länderkennzeichen:

00 bis 13	USA und Kanada
30 bis 37	Frankreich
40 bis 44	Deutschland
76	Schweiz
80 bis 83	Italien
977	Periodika (ISSN)
978 bis 979	Bücher (ISBN)
99	Coupons

Aufgrund der Länderkennzeichnung kann nicht auf die Herkunft des Produktes geschlossen werden, weil internationale Firmen sich sowohl inländischen wie auch ausländischen EAN-Vereinen anschliessen können.

16.5.6.4 Radio Frequency Identification (RFID)

Neben den bekannten Barcodes zur automatischen Identifikation und Datenerfassung werden in der logistischen Kette Transponder-Technologien verwendet. Die Technik, bei der ein berührungsloser und funkgesteuerter Datenaustausch stattfindet, wird als Radio Frequency Identification (RFID) bezeichnet. RFID beruht, wie die Barcode- oder Magnetstreifen-Technik, auf einer Lese- und Schreibeinheit, kommt jedoch ohne optischen Kontakt zwischen Leser und Transponder aus. Der Transponder ist ein passiver Mikrochip, der vollständig in ein Produkt integriert werden kann und seine Energie aus den elektromagnetischen Impulsen des

Lasers erhält. Dabei liegt die Sende-Reichweite in Europa im Bereich bis zu einem Meter, während in den USA durch höhere Funkfrequenzen auch Reichweiten bis zu mehreren Metern möglich sind.

Transponder werden in verschiedenen Formen und Ausstattungen wie Klebe-Etiketten, Kreditkarten, Kunststoffmünzen oder Glasröhrchen gefertigt und bieten daher ein fast unbeschränktes Anwendungsfeld.

16.5.6.5 Global Positioning System (GPS)

GPS ist ein Positionierungssystem, das Satelliten benutzt, um bestimmte Dinge zu orten. Ein Unternehmen besitzt dadurch z. B. die Möglichkeit, den Standort eines Frachtschiffes, das seine Ware ausliefert, festzustellen. Dazu muss die Ware mit einem GPS-Empfänger ausgestattet werden, danach ist die Position, teilweise zentimetergenau, bestimmbar.

GS1-System
Das GS1-System ist ein weltweiter Standard, um eine eindeutige Identifikation vorzunehmen. Mit dieser Nummer (Global Trade Idem Number = EAN-Code) kann ein Artikel eindeutig zugeordnet werden.

Bei einigen Produkten (Lebensmittel, Medikamente, Autos etc.) ist zudem eine Chargen- oder Lot-Nummer zwingend, um die Lieferkette genau identifizieren zu können. Dies ist vor allem wichtig, falls ein Rückruf erfolgen muss.

Es gibt zwei Arten von Rückrufen:

- öffentlicher Rückruf (behördlich vorgeschrieben oder Gefahr für den Konsumenten)
- stiller Rückruf (Information nur an die Händler oder Instandsetzung ohne Information, z. B. beim Service eines Fahrzeuges)

16.5.7 Verpackung

Man unterscheidet verschiedene Verpackungsarten: Ein- oder Mehrwegverpackungen, Primär- oder Sekundärverpackungen. Die Anforderungen an die Verpackungen sind hoch, z. B. optimale Warenpräsentation, geringes Gewicht, hohe Stabilität.

Zu den meist gebrauchten Verpackungsmaterialien zählen Karton (46 %), Metall (21 %), Kunststoff (20 %) und Glas (8 %). Holz und Textil sind heute eher die Ausnahme und noch verhältnismässig teuer.

> **Beispiele**
> - **Aluminium** (Food, Pharmabereich)
> - **Glas und Blech** (Food, Technik)
> - Karton (in allen Branchen)
> - Kunststoffe (in allen Branchen)

Verpackungsfunktionen

1. **Informationsfunktion**
   - Inhalt, Gewicht
   - Deklarationen
   - Haltbarkeit
   - Hersteller
   - EAN-Code

2. **Schutz- und Hygienefunktion**
   - Schutz des Produktes vor Ausseneinflüssen (Wärme, Licht, Gerüche etc.)
   - Schutz der Umwelt vor dem Inhalt

3. **Lagerfunktion/Transportfunktion**
   - stapelbar
   - stabil

4. **Kommunikationsfunktion**
   - Produktidentifikation/Markenidentifikation
   - aufmerksamkeitsfördernde Wirkung (AIDA)
   - Profilierung
   - Erwähnung von Produktvorteilen

5. **Verwendungsfunktion**
   - Verwendung, Gebrauch, Lagerung etc.

6. **Umweltfunktion**
   - Materialien
   - Recycling

Medikamente, aber auch z. B. Süsswaren wie Halsbonbons, müssen zudem eine Swissmedic-Zulassung haben und den entsprechenden Code auf der Verpackung ausweisen:

- Kategorie A: einmalige Abgabe auf ärztliche oder tierärztliche Verschreibung
- Kategorie B: Abgabe auf ärztliche oder tierärztliche Verschreibung

Verschreibungsfreie Medikamente (OTC-Präparate, Over the Counter):

- Kategorie C: Abgabe nach Fachberatung durch Medizinalpersonen
- Kategorie D: Abgabe nach Fachberatung
- Kategorie E: Abgabe ohne Fachberatung

16.5.8 Transport

Der Transport ist das letzte Glied in der Lieferkette und steht meistens unter enormem Zeitdruck.

Folgende Punkte sind zu beachten:

- Geschwindigkeit (wann muss die Ware wo sein)
- geschlossene Kühlkette (z. B. bei Fleisch)
- Wirtschaftlichkeit (z. B. See- vs. Flugfracht)

- Transportmittel (z. B. Lkw, Pkw, Velokurier)
- Transportweg (z. B. Land, Luft, Wasser, digital)

16.5.8.1 Transportmittel

Das Bestimmen der Transportmittel ist ein Optimierungsproblem. Kriterien sind: Entfernungen, Art der Strecke, Art der Packung (Container, Palettierung, lose usw.), gewünschte Schnelligkeit, Umlade- und Umpackhäufigkeit usw. Zu unterscheiden ist zwischen der Lieferung von loser Ware (Zement, Holz, Autos, Getreide, Obst) und abgepackter Ware (Getränke, Waffen, Maschinen).

16.5.8.2 Transportwege

Grundsätzlich kann unterschieden werden zwischen:

- Landweg (Strasse, Schiene, Pipeline)
- Luftweg
- Wasserweg
- digital (Kabel oder Satellit)

16.5.8.3 Lagerarten

In einem Unternehmen können Lager als Bestandteile des Beschaffungssystems (Rohstofflager), des Produktionssystems (Halbfabrikatelager) und des Vertriebssystems (Fertigfabrikatelager) auftreten. Bei dem hier interessierenden Fertigwarenlager bestehen Wahlmöglichkeiten.

Grundsätzlich müssen wir uns entscheiden, ob wir ein Eigenlager betreiben oder ein Fremdlager beauftragen. Zudem spricht man von der vertikalen Lagerorganisation (Anzahl unterschiedliche Lagertypen, z. B. Zentrallager, Regionallager, Verteillager) und der horizontalen Lagerorganisation (Anzahl Lager auf der gleichen Stufe, z. B. Verteillager).

In der Automobilindustrie wird oftmals gar kein Lager mehr benötigt, da die Belieferung über die sogenannte Just-in-Time-Methode erfolgt. Der Lieferant liefert die gewünschte Ware minutengenau an die gewünschte Produktionsstätte.

Aufgaben zu Kapitel 16

1. Was ist der Unterschied zwischen der klassischen Distribution und dem Milk-Run-System?

2. Nennen Sie die wichtigsten Verpackungsfunktionen.

17 Distributionskontrolle

> **Lernziele**
> Nach der Bearbeitung dieses Kapitels ...
>
> - kennen Sie die Distributionskennzahlen.
> - können Sie Begriffe wie Out of Stock, Benchmarking, Value Chain etc. beschreiben.
> - können Sie Distributionsziele setzen.
> - kennen Sie die Einflussfaktoren, um Entscheidungen in der Distribution zu fällen.

Zur Sicherstellung der Erreichung der Distributionsziele benötigt ein Unternehmen ein Kontrollsystem, das gleichzeitig leistungsfähig und kostengünstig ist.

Wir kennen zwei Quellen:

1. interne Quellen, also alle Partner im Distributionssystem
2. externen Quellen, z. B. Marktforschungsinstitute

17.1 Distributionskennzahlen

17.1.1 Gewichteter/numerischer Distributionsgrad

Die **numerische Distribution** gibt an, wie viele Geschäfte ein Produkt führen.

$$\frac{\text{Anzahl (\%) Geschäfte mit Produkt X} \times 100}{\text{Anzahl (\%) Geschäfte mit Produktgruppe XY}}$$

> **Beispiel**
> Wir verkaufen Lebensmittel (z. B. Oliven) und messen somit unser Produkt X im Verhältnis aller Geschäfte XY, die Lebensmittel verkaufen und somit auch potenzielle Kunden sind. Die numerische Distribution zeigt somit die Marktpenetration.
> In der Region hat es 100 Lebensmittelgeschäfte, 40 davon verkaufen unsere Oliven. Somit ist die numerische Distribution 40 %.

17.1.2 Gewichteter Distributionsgrad

Die **gewichtete Distribution** zeigt auf, **welche umsatzmässige Bedeutung** diese Geschäfte X haben.

$$\frac{\text{Umsatz des Geschäftes mit Produkt X} \times 100}{\text{Umsatz des Geschäftes mit Produktgruppe XY}}$$

> **Beispiel**
> Unsere Geschäfte, also diejenigen, die unsere Oliven verkaufen, machen einen Umsatz von CHF 6 000 000.00, alle Geschäfte, die Lebensmittel verkaufen, machen einen Umsatz von CHF 10 000 000.00. Somit ist der gewichtete DG 60 %.
>
> **Beispiel numerischer/gewichteter DG**
> Die Distributionskennziffer 40/60 bedeutet:
> 40 % aller untersuchten Geschäfte führen das Produkt X.
> Diese 40 % der Geschäfte realisieren in dieser Produktkategorie 60 % des Umsatzes.
> Die vorliegende Distributionsqualität kann als gut bis sehr gut bezeichnet werden; unser Produkt ist in den wirklich umsatzstarken Läden vertreten.

17.1.3 Distributionsfaktor

Berechnung:

$$\frac{\text{\%-Anteil gewichteter Distribution (Umsatz)}}{\text{\%-Anteil ungewichteter Distribution (Anzahl)}}$$

Resultate:
Unter 1.0: Das Produkt wird an vielen Orten verkauft, doch sind diese Läden umsatzschwach.
Bei 1.0: Gewichtete und ungewichtete Distribution im gleichen Verhältnis. Das Produkt ist in umsatzstarken und umsatzschwachen Verkaufsstellen verteilt.
Über 1.0: Das Produkt ist in umsatzstärkeren Verkaufsstellen platziert; je höher der Faktor, desto umsatzstärker sind die Verkaufsstellen.

Unser Beispiel ergibt: $^{60}/_{40}$ = 1.5 = wir sind in den umsatzstarken Läden vertreten.

17.1.4 Out of Stock

Die Out-of-Stock-Rate gibt an, in wie vielen Geschäften unser Produkt nicht gefunden wurde. Aufgaben des Aussendienstes bzw. Merchandiser ist es, dass ein Produkt immer verfügbar ist.

17.1.5 Share in Handlers

Beim Share in Handlers handelt es sich um einen theoretisch berechneten Marktanteil bei angenommener Volldistribution. Diese Berechnung ermittelt den maximal möglichen Marktanteil, den man erreichen könnte, wenn der Distributionsaufbau abgeschlossen ist.

> **Beispiel**
> Marktanteil heute: 5 %
> Distribution gewichtet: 40 %
> Share in Handlers: (5 × 100) / 40 = 12.5 %

17.1.6 Forward Stocks

Der Forward Stock gibt an, wie viel Ware im Verkaufsraum vorhanden ist. Diese Angabe zeigt unsere Ladenpräsenz.

17.1.7 Coverfaktor

Der Coverfaktor ist eine Verhältniszahl zur Kontrolle der Qualität von Marktzahlen.

> **Beispiel**
> Unsere Verkäufe in Tonnen: 1 000 Tonnen
> In den Marktzahlen ausgewiesen: 800 Tonnen
> Ergibt den Coverfaktor von: 80 %

17.2 Logistik-Controlling

Unter Logistik-Controlling versteht man die Wahrnehmung von Controlling-Aufgaben im Logistikbereich des Unternehmens.

Das Ziel des Logistik-Controllings besteht vor allem darin, die Wirtschaftlichkeit der Logistik zu gewährleisten. Dabei werden laut Praxisumfragen vor allem Verbesserungen in folgenden Bereichen gesehen:

- Bestandsoptimierung
- Durchlaufverkürzung
- Transparenz logistischer Kosten und Leistungen
- Minimierung logistischer Kosten
- Erhaltung der Lieferbereitschaft
- Transportoptimierung

17.2.1 Beispiele für Lagerkennzahlen

- Sicherheitskoeffizient (Verhältnis zwischen dem Sicherheitsbestand und dem durchschnittlichen Lagerbestand)
- Lagerreichweite
- Umschlaghäufigkeit
- durchschnittlicher Lagerbestand
- durchschnittliche Lagerdauer (Umschlagdauer)
- durchschnittliche Wiederbeschaffungszeit

17.2.2 Benchmarking in der Logistik

Benchmarking ist ein Instrument der Wettbewerbsanalyse. Dabei wird ein Unternehmen mit einem (oder mehreren anderen) verglichen. Ziel des kontinuierlichen Vergleichs mit anderen Unternehmen ist, die Leistungslücke zum sogenannten Klassenbesten systematisch zu schliessen. Die erhobenen Bestwerte werden als Benchmarks bezeichnet und die Lücke als Gap.

Wichtige Benchmarking-Arten sind:

17.2.2.1 Internes Benchmarking

Internes Benchmarking beinhaltet den Vergleich der einzelnen Unternehmensbereiche miteinander. Dies kann auch der Vergleich von verschiedene Standorten einer Unternehmensgruppe sein.

17.2.2.2 Externes Benchmarking

Externes Benchmarking ist der Vergleich unterschiedlicher Unternehmen miteinander, die innerhalb der gleichen Branchenstruktur sein können.

17.2.2.3 Wettbewerbs-Benchmarking

Das Wettbewerbs-Benchmarking bezieht sich auf den direkten Wettbewerber derselben Branche, deren Kundenkreis weitgehend mit dem des eigenen Unternehmens identisch ist (z. B. Migros und Coop).

17.2.2.4 Branchen-Benchmarking

Das Ziel ist hier die Ermittlung der Best Practices innerhalb der Branche. Bei dieser Methode werden die Best Practices national und weltweit, und zwar innerhalb einer Branche, untersucht. Bei weltweit wenigen Herstellern muss die Suche nach Benchmarking-Partnern weltweit erfolgen. Im nationalen Bereich kann die Untersuchung z. B. alle Betriebe der Möbelbranche umfassen.

© Jakub Jirsák – Fotolia

Fachausdrücke

Product Category	Waren-/Produktgruppe	Interne betriebswirtschaftliche Zusammenfassung von Produkten mit ähnlichen kennzeichnenden Merkmalen
Value Chain	Wertschöpfungskette	Gesamter Weg eines Produktes oder einer Dienstleistung bis zum Produktverwender inklusive der in jeder Stufe erfolgten Wertsteigerung
Supply Chain	Versorgungskette	Gesamte logistische Wertschöpfungskette vom Lieferant zum Hersteller, Händler bis zum Endkunden
Category-Manager	Warengruppenmanager	Manager für eine ganze Warengruppe
Category-Management	Warengruppenmanagement	a) produktgruppenbezogene, enge Zusammenarbeit zwischen Hersteller und Handel b) Management von verschiedenen Warengruppen nach einheitlichen Kriterien zur objektiven Vergleichbarkeit und anschliessender Regal-/Ladengestaltung
Life Cycle Management	Management des gesamten Produktlebenszyklus	Marketing-, Preis- und Distributionsmanagement von der Einführungs- bis zur Eliminationsphase
FMCG	Fast Moving Consumer Goods	Schnelldrehende Konsumgüter
RFID	Radio Frequency Identification (Identifikation mithilfe von Radiowellen)	RFID ist ein Verfahren zur automatischen, berührungslosen Identifizierung von Produkten am POS mithilfe von Radiowellen
ECR	Efficient Consumer Response (effiziente Reaktion auf den Konsumenten)	Enge Zusammenarbeit von Herstellern und Händlern im Bereich der Logistik, aber auch z. B. in der Produktentwicklung
CRP	Continuous Replenishment Program (fortlaufendes Warennachschubprogramm)	Mit CRP wird auf Basis laufender und auch prognostizierter Nachfrage sichergestellt, dass immer eine ausreichende Menge des Produktes im Warenregal des Handels für die Käufer bereitsteht
EDI	Electronic Data Interchange (elektronischer Datenaustausch)	Austausch von Daten zwischen Industrie und Handel in elektronischer Form in Echtzeit
E-Procurement	Elektronische Beschaffung	Beschaffung mithilfe der EDV (VPNs = Virtual Private Networks, in sich geschlossene virtuelle Netzwerke)
Out of Stock	Ausverkauftes Regal	Das Regal ist ausverkauft, obwohl seitens Konsument noch rege Nachfrage besteht
Visual Merchandising	Ansprechende Warenpräsentation	Visual Merchandising umfasst die Präsentation an allen POS-Bereichen (Schaufenster, Eingang, Displays etc.)
Rackjobbing	Regalbewirtschaftung (Rack = Regal, Job = Arbeit)	Die Bewirtschaftung eines bestimmten Regals und die gesamte Sortimentsverantwortung werden komplett an eine Drittfirma übertragen

17.3 Einflussfaktoren auf die Entscheidungen der Distribution

Faktoren	Kriterien	Bedeutung für eigene Firma
Konsument	– Bedürfnisse – Struktur – Zahl – geografische Verteilung Einkaufsgewohnheiten – Kaufentscheidung – neue Verkaufsmethoden	
Eigenes Unternehmen	– Grösse – Finanzkraft – Angebotsmodalitäten – Standort – Vertriebspartner – Organisation	
Konkurrenz	– Anzahl – Art der Konkurrenzprodukte – Angebotsmodalitäten – Finanzkraft – Grösse – Organisation – Standort – Partner	
Politik und Recht	– Schutz von Vertriebsbindungen – Auflagen WECO – Vorschriften – Gesetzte etc.	
Marktleistungsgestaltung, Produkt	– Art des Produktes: materiell, immateriell – Erklärungs-, Beratungsbedürftigkeit – Verderblichkeit, Lagerfähigkeit – Bedarfshäufigkeit – Transportempfindlichkeit – zeitliche Verfügbarkeit	
Preispolitik	– Zahlungsart – Aktionstätigkeit – Währung – Vertriebswege (Zwischenhändler) – Margen – Zahlungskonditionen – Zahlungshäufigkeiten	

17.3.1 Distributions-Ziele

Quantitativ	Qualitativ
- numerische Distribution - gewichtete Distribution - gewichtete Lieferfähigkeit - Lieferbereitschaft - Marktaufbaudauer - Bildung von Schwerpunktregionen - Marktanteil - Distributionsdichte - Marktbearbeitungsziele (Anz. Kontakte etc.) - Marktziele (Kanalanteil etc.) - Umsatz/Absatz/Deckungsbeitrag/Gewinn - Geschwindigkeit - Distributionsrationalisierung - Lagerumschlag - Distributionsfinanzierung	- Erschliessung/Aufbau eines neuen Kanals - Reduktion der Fehllieferungen - Marktkenntnisse erhöhen - Image eines Absatzkanals (Anforderungen) - Erhöhung der Kundenzufriedenheit - Handelsbeziehungen - Informationsfluss - Platzierung im Regal und 2. Verkaufspunkt

Bestimmungsfaktoren zur Standortwahl

Faktor	Kriterien
Ressourcen	- Arbeitskräfte - Rohstoffe - Energieversorgung - Wasserversorgung
Infrastrukturen	- Märkte - Transport und Verkehr - Nachrichtenverbindungen - Dienstleistungen
Staatliche Auflagen	- Raumplanung - öffentliche Wirtschaftsordnung - öffentliche Wirtschaftsförderung - Steuern/Abgaben
Immaterielle Werte	- Wohnort - Klima - Reinheit der Umwelt - Prestige

17.3.1.1 Lager

Faktoren für die Bestimmung der Lagerorganisation
- Anzahl der zu lagernden Artikel
- Bestellmenge und Bestellpunkt zur Wiederauffüllung der Lagerbestände
- Sicherheitsbestand

- Lagerbestandskontrolle
- kurzfristige Bestandsprognose
- Eigenlager/Fremdlager
- Kauf oder Miete von Lagerhaus
- Kauf, Miete oder Leasing von Lagerausrüstung
- Anzahl, Standorte, Kapazitäten und Liefergebiete der Lagerhäuser
- Eigen- und Fremdbezug der Lagerhäuser
- technische Einrichtungen für Magazinierung und Kommissionierung im Lagerhaus
- Lagerorte im Lagerhaus
- Lagermethode (Gestaltung des Lager-/Stapelplatzes)
- Gestaltung der Laderampe
- Abfertigen der Transportmittel
- Organisation der Kommissionierung
- produktiver Einsatz des Lagerhauspersonales
- Pick- und Pack-Abläufe

17.3.1.2 Transport

Grundlagen für die Wahl der Transportmittel
- Eigentransport oder Fremdtransport
- Art der Transportmittel
- Kauf, Miete oder Leasing der Transportmittel
- Kombination der Transportmittel
- Organisation der Transportabwicklung (optimale Transportwege, Einsatzpläne und Beladung der Transportmittel)

17.3.1.3 Make or Buy

Kriterien für den Entscheid Make or Buy
- Kosten
- vorhandenes bzw. fehlendes Know-how
- Abhängigkeit
- Prestige
- Informationsfluss
- Strategie

17.3.1.4 Geldstrom

Grundlagen für die Wahl der Zahlungsmöglichkeiten
- Zahlungsart
- Aktionstätigkeit
- Währung
- Vertriebswege (Zwischenhändler)
- Margen
- Zahlungskonditionen
- Zahlungshäufigkeiten
- Konsignation
- Vorfinanzierung

Aufgaben zu Kapitel 17

1. Nennen Sie drei physische Distributionsziele.

2. Nennen Sie ein konkretes Beispiel für Efficient Consumer Response.

3. Was ist der Vorteil von Vendor Managed Inventory?

4. Wie kann ein Lebensmittel zurückverfolgt werden?

5. Wo kann RFID eingesetzt werden?

6. Nennen Sie sechs Verpackungsfunktionen für eine Pet-Flasche (Mineralwasser).

7. Unser Produkt ist in 200 von 1 000 möglichen Geschäften vertreten. Diese 200 Geschäfte machen einen Umsatz von 500 Mio. CHF (1 000 Geschäfte machen einen Umsatz von 1 000 Mio. CHF). Berechnen Sie die drei Distributionskennzahlen.

8. Was versteht man unter Fast Moving Consumer Goods?

Anhang

Literaturverzeichnis

Bruhn, Manfred	Marketing, 9. Auflage, Wiesbaden: Springer Gabler; 2009.
Bruhn, Manfred	Marketing als Managementprozess, 3. Auflage, Zürich: Versus Verlag AG; 2008.
Dubs, R.	Volkswirtschaftslehre, 5. Auflage, Bern: Paul Haupt Verlag; 1983.
Kaltenbach, H.G.	Verkaufen – aber marketingorientiert. In; Absatzwirtschaft, Heft 1/1982, S. 86–89
Küng, P, Toscano-Ruffilli, R, Schillig, B, Willi-Piezzi, D.	Key Account Management, 3. Auflage, Zürich: Midas Management; 2006.
Lüttgens, Manfred R.	Marketingplanung, 4. Auflage, Bern: Crusius; 2008.
Weinhold-Stünzl, H.	Marketing in zwanzig Lektionen, 12. Auflage, Heerbrugg: Fachmed AG Verlag für Fachmedien; 1988.
Weis, Christian	+Marketing, 8. Auflage, Herne: NWB Verlag GmbH & Co. KG; 1999.

Bildquellenverzeichnis

www.fotolia.com; 2017.

Datei: #116345455 | Urbehber: klesign
Datei: #84433907 | Urbehber: dizain
Datei: #81918874 | Urbehber: Kheng Guan Toh
Datei: #106078200 | Urbehber: alphaspirit
Datei: #104260750 | Urbehber: ipopba
Datei: #157315474 | Urbehber: Rawf8
Datei: #120313328 | Urbehber: kamonrat
Datei: #116934156 | Urbehber: Jakub Jirsak
Datei: #104260750 | Urheber: ipopba

Datei: #36345977 | Urheber: rcx
Datei: #47974794 | Urheber: Felix
Datei: #131084776 | Urheber: egudinka
Datei: #125058308 | Urheber: Thomas Söllner
Datei: #127295036 | Urheber: fotomek
Datei: #90262177 | Urheber: magann
Datei: #134007875 | Urheber: fotomek
Datei: #125100254 | Urheber: Thomas Söllner
Datei: #85956812 | Urheber: Cybrain

Maslow, A.: Maslow-Pyramide

R. Kuhn, U. Fuhrer, Marketing-Analyse und Strategie, 15. Auflage, Thun 2016, S. 28

Kung & Partner, Dr. Pius: Integration des Key-Account-Managements in der Gesamtorganisation

GfK Switzerland: Grafik von Monika Mullis/SCHWEIZER BAUER

GfK Switzerland (2013): Markt Monitor Schweiz

Migros-Genossenschafts-Bund: Die Migros Supply Chain; Alle Rechte vorbehalten.

Nippon Express Co.,Ltd. (http://www.nipponexpress.com/)

Stichwortverzeichnis

Symbole
5-Kräfte-Modell 23, 47
5-K-Regel 89

A
ABC-Kundenanalyse 34, 113
Absatzförderungsfluss 170
Absatzhelfer 15
Absatzkanalalternativen 181
Absatzkanalziele 181
Absatzkontrolle 79, 81
Absatzmarktpartner 15
Absatzmittler 15
Absatzwegalternativen 181
Abschöpfungsstrategie 131
Account-Managementprozess 128
Account-Management-Prozess 149
Account-Manager 116
Accountplan 149
Accounts 131
Account-Team 127
Ampelsystem 35
Anforderungsprofil 60
angeschlossener Detailhandel 177
Aufgabenbild 59

B
Barcoding 199
BC-Analyse 48
Benchmarking 207
Beschaffungsmarktpartner 15
Beziehungsmanagement 102, 121
Blattprinzip 53
Break-Even 28
Broker 160
BSC 82
BSC (Balanced Scorecard) 82
Business Process Reengineering 121
Buying Center 36, 43, 117, 128, 133, 135, 136, 151, 153

C
Callcenter 50
CAS (Computer-Aided-Selling-Systeme) 117
Category-Management 113, 208
Category-Manager 208
Cloud 99
Collaborative Planning 198
Continuous Replenishment Program (CRP) 195
Controlling 75
Coverfaktor 206
CRM 96
CRM-Systeme 67
Cross-Buying 103, 106, 114
Cross Docking 196
Cross-Selling 35, 36, 96
CRP 208
Customer-Relationship-Management 102

D
Database-Management 107, 112
DB-Rechnung 72
Deckungsbeitrag 126, 130
Diffusionsprozess 116
Direct Mail 110
Distribution 165, 166
Distributionsentscheide 156
Distributionsfaktor 205
Distributionskennzahlen 204
Distributionsstruktur 192
Distributions-Ziele 210
Distributor 160
Down-Selling 36

E
EAN-Code 200
E-Commerce 117
ECR 208
EDI 208
Efficient Consumer Response 113
Efficient Consumer Response (ECR) 194
Efficient Replenishment 194
Eigentumsfluss 169
Einkaufsgenossenschaften 179
Einliniensystem 57
Employability 99
Entscheidungskompetenz 134
E-Procurement 192, 208
Erfolgspotenziale 123
ERP-Systeme 67
Event-Marketing 110
Everywhere Commerce 98
exklusive Distribution 170, 182
Exporthändler 159
Exportkommissionär 159
Exportkooperation 159
Exportmakler 160
Export-Management-Unternehmen 159
Exportmarkt 156
externe Beeinflusser 132

F
Fast Moving Consumer Goods 173
Feldgrösse 33, 44
Feldverkauf 40
Filialnetz 179
Flowchart 62
Flussdiagramm 62
FMCG 208
FMCG (Fast Moving Consumer Goods) 16
Follow the customer 132
Follow-up-Phase 88
Forecasting 198
formale Kompetenz 134
Forward Stock 206
Franchising 84
freiwillige Ketten 177
Führungsfunktion 76
Funktionendiagramm 61

G
Gatekeeper 135
Geschäftsbeziehungsmanagement 102
Geschäftsprozesse 122
Gewinnkontrolle 79
gläserne Decke 37, 125
Global-Account 132
Global-Accounts 127
Globalisierung der Märkte 117
Global Positioning System (GPS) 201

H
Handelsgesellschaften 160
horizontale Distributionsstruktur 193

I
Importvertreterin 160
INCOTERMS 158, 169
Informationsfluss 170
Informationshilfen 67
informelle Kompetenz 135
Instanzenbild 59
integrierter Handel 178
intensive Distribution 170, 183
Intermediär 171
International Commercial Chamber = ICC 169
interne Beeinflusser 135
Investitionskunden 132
Investitionsstrategie 131

J
Just in Time 190

K
Kernkompetenzen 121, 122
Key-Account 127, 134
Key-Account-Management 113, 116, 117, 121, 123, 125, 137, 138
Key-Account-Plan 116

Key-Accounts 127, 128
Kommunikations-Mix 86
Konkurrenten 127, 132
Konsignationslager 175
Konsolidierungsstrategie 131
Kontaktperiodizität 33, 43, 53
Kontaktqualität 32, 39, 40
Kontaktquantität 32, 42, 43
Kontrollarten 78
Kontrolle 76
Kontrollmethoden 79
Konzepthierarchie 123
Kostenkontrolle 79, 81
Kuchenprinzip 52
Kundenbindung 101, 102, 106, 113
Kundenbindungsinstrumente-Mix 110
Kundenbindungsmanagement 106, 107, 108, 112
Kundenkategorisierung 129
Kundenloyalität 102
Kundennutzen 122
Kundenportfolio 35, 131, 132
Kundenportfolio-Methode 131
Kundenselektion 32, 33

L
Lean Production 121
Leistungsbild 59
Leitbild 123
Lessons Learned 90
Life Cycle Management 208

M
Major-Account 132
Major-Accounts 127
Make or Buy 211
Margenkontrolle 79, 81
Markentreue 102
Marketing-Mix 86, 109, 152
Marketing-Mix 4 Ps 13
Marketingstrategie 123
Marktführer 132
Marktinformationen 131
Marktkontrolle 79, 81
Marktleader 132
Marktpartner 15, 127, 128, 129
Marktsystem 13, 132
Matrixorganisation 58
Messebudget 87
Messekonzept 90
Messen 86
Milk Run 197
MIS 81
Motivationsplanung 63
Multichannel 98
Multichannel-Marketing 98
Multikanalstrategie 98

N
Network 99

Networking 98
Nullsummenspiel 116
Nutzwertanalyse 186

O
Online-Marketing 110
operative Ebene 123
Organisation 56
Organisationsformen 57
Out of Stock 205, 208

P
Pay-Back 28
Personalkontrolle 79, 81
Personalplanung 58
physische Distribution 190
Platzverkauf 40, 41
POS 28
POS-Massnahmen 173
Preiskontrolle 79, 81
Product Category 208
Produktselektion 32, 38
Produkttreue 102

R
Rackjobbing 208
Radio Frequency Identification (RFID) 200
Rationalisierungsdruck 116
Recovery 17, 33
Recruitment 17, 33
Relationship-Marketing 101, 102
Replenishment 198
Retailer 171
Retention 17, 33
Retention-Marketing 102
RFID 208
Risikotheorie 105
ROI 28
Roll Cage Sequencing 195

S
Sales Promotion 93
Schlüsselkunde 132
Schlüsselkunden 125, 126, 127, 151, 152, 154
Schlüsselkunden-Management 125, 132
Segmentierung 112
sekundäre Verkaufsplanung 56
selektive Distribution 170, 182
SGF (Strategisches Geschäftsfeld) 16
Share in Handlers 205
SMART 27, 77
Social Media 99
staatliche Einkaufsstellen 160
Stellenbeschreibung 59
strategische Distribution 168
strategische Ebene 123
strategische Erfolgsgrundsätze 118

strategische Erfolgsposition 125
Streuplanung 48, 52
Supplier Integration 195
Supply Chain 208
Supply-Chain-Management 192
Swiss Global Enterprise 161
SWOT-Analyse 22, 25
Synchronized Production 195

T
taktische Ebene 123
Target-Account 132
Target-Accounts 127
Teambildung 66
Telematiksysteme 198
Tourenpläne 52
Tourenplanung 53
Tracking and Tracing 199
Transaktionskostentheorie 105
Transporthilfen 68
Transshipment Point 196

U
Ubiquität 110
Umsatzkontrolle 79, 81
unabhängige Detaillisten 176
Unternehmensstrategie 123, 125
Up-Selling 35, 36, 96

V
value-added Services 109
Value Chain 208
Vendor Managed Inventory 17, 43
Vendor Managed Inventory (VMI) 196
Verkauf 12
Verkaufsförderung 93
Verkaufsförderungsmassnahmen 94
Verkaufshilfen 67
Verkaufskosten 70, 73
Verkaufs-Mix 86
Verkaufsprozess 40
Verkaufsstufenplan 54
vertikale Distributionsstruktur 193
Visual Merchandising 208
VMI (Vendor Managed Inventory) 96

W
Wachstumsstrategie 122
Wertschöpfungskette 121, 123, 127
Wettbewerbsposition 132
Wettbewerbsvorteile 121
Wirtschaftlichkeit 122

Z
Zahlungsfluss 169
Zapping 109
Zeitschere 117
Ziellohn 65